江苏高校哲学社会科学重点研究基地
东南大学"道德哲学与中国道德发展"研究所成果
国家"985"三期"哲学社会科学创新基地"研究成果

古代民本伦理思想研究

李天莉　著

中国社会科学出版社

图书在版编目(CIP)数据

古代民本伦理思想研究/李天莉著.—北京：中国社会科学出版社，
2016.4

ISBN 978 - 7 - 5161 - 5859 - 3

Ⅰ.①古…　Ⅱ.①李…　Ⅲ.①民本思想—伦理思想—研究—
中国—古代　Ⅳ.①D092.2②B82 - 092

中国版本图书馆 CIP 数据核字(2015)第 063993 号

出 版 人	赵剑英
责任编辑	冯　斌
特约编辑	丁玉灵
责任校对	王雪梅
责任印制	戴　宽

出　　版	中国社会科学出版社
社　　址	北京鼓楼西大街甲 158 号
邮　　编	100720
网　　址	http://www.csspw.cn
发 行 部	010 - 84083685
门 市 部	010 - 84029450
经　　销	新华书店及其他书店

印刷装订	北京君升印刷有限公司
版　　次	2016 年 4 月第 1 版
印　　次	2016 年 4 月第 1 次印刷

开　　本	710×1000　1/16
印　　张	16.5
插　　页	2
字　　数	281 千字
定　　价	66.00 元

总　序

　　东南大学的伦理学科起步于 20 世纪 80 年代前期，由著名哲学家、伦理学家萧昆焘教授、王育殊教授创立，90 年代初开始组建一支由青年博士构成的年轻的学科梯队，至 90 年代中期，这个团队基本实现了博士化。在学界前辈和各界朋友的关爱与支持下，东南大学的伦理学科得到了较大的发展。自 20 世纪末以来，我本人和我们团队的同仁一直在思考和探索一个问题：我们这个团队应当和可能为中国伦理学事业的发展作出怎样的贡献？换言之，东南大学的伦理学科应当形成和建立什么样的特色？我们很明白，没有特色的学术，其贡献总是有限的。2005 年，我们的伦理学科被批准为"985 工程"国家哲学社会科学创新基地，这个历史性的跃进推动了我们对这个问题的思考。经过认真讨论并向学界前辈和同仁求教，我们将自己的学科特色和学术贡献点定位于三个方面：道德哲学；科技伦理；重大应用。

　　以道德哲学为第一建设方向的定位基于这样的认识：伦理学在一级学科上属于哲学，其研究及其成果必须具有充分的哲学基础和足够的哲学含量；当今中国伦理学和道德哲学的诸多理论和现实课题必须在道德哲学的层面探讨和解决。道德哲学研究立志并致力于道德哲学的一些重大乃至尖端性的理论课题的探讨。在这个被称为"后哲学"的时代，伦理学研究中这种对哲学的执著、眷念和回归，着实是一种"明知不可为而为之"之举，但我们坚信，它是我们这个时代稀缺的学术资源和学术努力。科技伦理的定位是依据我们这个团队的历史传统、东南大学的学科生态，以及对伦理道德发展的新前沿而作出的判断和谋划。东南大学最早的研究生培养方向就是"科学伦理学"，当年我本人就在这个方向下学习和研究；而东南大学以科学技术为主体、文管艺医综合发展的学科生态，也使我们这些 90 年代初成长起来的"新生代"再次认识到，选择科技伦理为学科生长点是明智之举。如果说道德哲学与科技伦理的定位与我们的学科传统有关，那么，重大应用的定位就是基于对伦理学的现实本性以及为中国伦理道德建设作出贡献的愿望和抱负而作出的选择。定位"重大应用"而不是一般的"应用伦理学"，昭明我们在这方面有所为也有所不为，只是试图在伦理学应用的某些重大方面和重大领域进行我们的努力。

基于以上定位，在"985 工程"建设中，我们决定进行系列研究并在长期积累的基础上严肃而审慎地推出以"东大伦理"为标识的学术成果。"东大伦理"取名于两种考虑：这些系列成果的作者主要是东南大学伦理学团队的成员，有的系列也包括东南大学培养的伦理学博士生的优秀博士论文；更深刻的原因是，我们希望并努力使这些成果具有某种特色，以为中国伦理学事业的发展作出自己的贡献。"东大伦理"由五个系列构成：道德哲学研究系列；科技伦理研究系列；重大应用研究系列；与以上三个结构相关的译著系列；还有以丛刊形式出现并在 20 世纪 90 年代已经创刊的《伦理研究》专辑系列，该丛刊同样围绕三大定位组稿和出版。

"道德哲学系列"的基本结构是"两史一论"。即道德哲学基本理论；中国道德哲学；西方道德哲学。道德哲学理论的研究基础，不仅在概念上将"伦理"与"道德"相区分，而且从一定意义上将伦理学、道德哲学、道德形而上学相区分。这些区分某种意义上回归到德国古典哲学的传统，但它更深刻地与中国道德哲学传统相契合。在这个被宣布"哲学终结"的时代，深入而细致、精致而宏大的哲学研究反倒是必须而稀缺的，虽然那个"致广大、尽精微、综罗百代"的"朱熹气象"在中国几乎已经一去不返，但这并不代表我们今天的学术已经不再需要深刻、精致和宏大气魄。中国道德哲学史、西方道德哲学史研究的理念基础，是将道德哲学史当作"哲学的历史"，而不只是道德哲学"原始的历史"、"反省的历史"，它致力探索和发现中西方道德哲学传统中那些具有"永远的现实性"的精神内涵，并在哲学的层面进行中西方道德传统的对话与互释。专门史与通史，将是道德哲学史研究的两个基本纬度，马克思主义的历史辩证法是其灵魂与方法。

"科技伦理系列"的学术风格与"道德哲学系列"相接并一致，它同样包括两个研究结构。第一个研究结构是科技道德哲学研究，它不是一般的科技伦理学，而是从哲学的层面、用哲学的方法进行科技伦理的理论建构和学术研究，故名之"科技道德哲学"而不是"科技伦理学"；第二个研究结构是当代科技前沿的伦理问题研究，如基因伦理研究、网络伦理研究、生命伦理研究等等。第一个结构的学术任务是理论建构，第二个结构的学术任务是问题探讨，由此形成理论研究与现实研究之间的互补与互动。

"重大应用系列"以目前我作为首席专家的国家哲学社会科学重大招标课题和江苏省哲学社会科学重大委托课题为起步，以调查研究和对策研究为重点。目前我们正组织四个方面的大调查，即当今中国社会的伦理关系大调查；道德生活大调查；伦理—道德素质大调查；伦理—道德发展状况及其趋向大调查。我们的目标和任务，是努力了解和把握当今中国伦理道德的真实状况，在此基础上进行理论推进和理论创新，为中国伦理道德建设提出具有战略意义和创新意义的对策思路。这就是我们对"重大应用"的诠释和理解，今后我们将沿着这个方向走下去，并贡献出团队和个人的研究成果。

"译著系列"、《伦理研究》丛刊，将围绕以上三个结构展开。我们试图进行的努力是：这两个系列将以学术交流，包括团队成员对国外著名大学、著名学术机构、著名学者的访问，以及高层次的国际国内学术会议为基础，以"我们正在做的事情"为主题和主线，由此凝聚自己的资源和努力。

马克思曾经说过，历史只能提出自己能够完成的任务，因为任务的提出表明完成任务的条件已经具备或正在具备。也许，我们提出的是一个自己难以完成或不能完成的任务，因为我们完成任务的条件尤其是我本人和我们这支团队的学术资质方面的条件还远没有具备。我们期图通过漫漫兮求索乃至几代人的努力，建立起以道德哲学、科技伦理、重大应用为三元色的"东大伦理"的学术标识。这个计划所展示的，与其说是某些学术成果，不如说是我们这个团队的成员为中国伦理学事业贡献自己努力的抱负和愿望。我们无法预测结果，因为哲人罗素早就告诫，没有发生的事情是无法预料的，我们甚至没有足够的信心展望未来，我们唯一可以昭告和承诺的是：

我们正在努力！

我们将永远努力！

樊　浩

谨识于东南大学"舌在谷"

2007 年 2 月 11 日

目　　录

"民本"问题研究的重大突破(代序)

——祝贺《古代民本伦理思想研究》出版

民本论,亦称"民为邦本"或"以民为本",是中华民族古代文化的一个核心命题,影响巨大而且深远,至今尚有许多人非常关注。天莉同志以此作为博士论文的选题,进行了认真的思索和写作,在顺利地通过毕业答辩后,又殚精竭虑,进行了补充和修改,终于完成了这本《古代民本伦理思想研究》(以下简称《研究》)。我觉得这本书写得好,对于民本思想的研究有着三个方面的重大突破:

首先,这本《研究》突破了以往对于民本文化的狭隘理解,全面细致地探讨了这个命题的政治和伦理内涵,它的意义和价值。"以民为本"这个命题看起来比较简单清楚,其实它之中还包括德法关系、义利关系等,内容非常丰富;它具有多重身份和地位,其中充满着矛盾。例如,它既反映了人类的一般价值诉求,也代表着某些时代里,某些阶级的特殊价值要求;既有理想价值,也有现实意义;既有其理论内涵,也有一定的实践内容;既有目的价值,也含有工具价值,如此等等。再如,它既反映着社会某些进步人士的意愿,代表着人民群众的真诚和正义的呼声,也含有历代剥削阶级对于君主专制的辩解和欺骗;既推动过社会历史的进步,也曾经阻碍过时代的发展。在论述这些问题时,本书把古今中外的资料和理论都联系起来,进行了比较分析,内容深入细致,丰富多彩。

其次,这本《研究》突破了以往人们对于"以民为本"的简单理解,对于它在中国古代的思想源流进行了系统的梳理。书里不仅研究儒家的民本思想,还挖掘了墨家、道家的此类思想;不只研究先秦时期的以民为本的思想,包括它在西周时期的萌芽和春秋战国时期的形成,而且还研究了它在汉唐、明清时期的发展状况,特别是比较详细地分析了它在近代的衰亡；不仅概述了它的发生、发展的全部历史，并且从中总结出若干规律性的东西来，努力对民本伦理进行系统化地阐述。它指出，民本伦理在其发展过程中充满着的内在矛盾和外部挑战，它的发展史正是在这双重压力之下不断地发展变化的历史。

最后，也是最重要的，这里关于民本问题的研究，突破了以往许多人留恋和徘徊于古代文化领域的习惯，眼界更加开阔，它立足于现代社会，寻求民本思想具有长久生命力的原因，着重探讨了它的现代意义和价值。它通过民本与民权、民主、人权、人本的分析比较，结合现代社会发展的目标和理念，阐述了民本论在人类通往理想社会的过程中的作用和局限，继承民本伦理中的合理内核，抓住民本和人本的差异与联系，从而最终论证了民本走向人本的可能与必然，将民本文化与今天我们共产党人的"以人为本"的执政理念联系起来，并将其延伸到经济、社会、政治、文化等各个领域，成为我们落实科学发展观和构筑和谐社会的必然要求和关键。

天莉同志一向在学术上富有进取心，而且特别勤奋，她今天取得的巨大成绩绝非偶然。也许她的这本《古代民本伦理思想研究》还有若干生涩之处，某些逻辑分析，语言的运用上还不够圆熟，个别观点和结论也还可以再继续商榷，但是就总体来说，她的这个民本问题的研究无疑是成功的，这是一个良好开端，我为此而高兴，并盼望她在今后的研究工作中取得更大的进步。

陈　瑛

（2012 年 7 月 4 日）

导　论

博大精深、源远流长的中华民族文化中，"民惟邦本"的思想，贯穿中国几千年的发展历程而经久不衰，充分体现了中华民族的卓识和智慧。历史表明，民本思想与民族存亡、王朝兴衰、社会治乱、民众苦乐紧密相关。统治者如果奉民本思想为圭臬，就会带来政治清明、经济发展、社会稳定、百姓安乐，刻下盛世、治世的印记，否则便会导致民怨沸腾，统治者也难逃身死国亡的命运，因而，对民本思想的研究一直受到学界和政界等多方的重视，但本书主要讨论其中的伦理内容。但是民本思想的内涵极端丰富，民本伦理只是其中的一部分，因而书中在狭义上考察民本时多采用民本伦理的说法，在广义上评说民本时又采用民本思想的概念，希冀能够挖掘历史资源，鉴往知来，为今天的社会发展提供有益的借鉴。

一　进行民本伦理研究的缘由

政治统治既非神的意志，又非血缘的传递，也非社会的契约，更不是什么技术的特权，它是利益冲突与利益调和的必然结果，因而政治统治的基础实际上就是政治统治行为主体的权威基础，这个基础也就是所谓政治统治的合法性和合理性问题。政治统治的合法性不仅来自正式的法律或命令，更主要的来自根据有关价值体系所判定的、由社会成员给予积极的社会支持与认可的政治统治的可能性与正当性。柏拉图认为："国家的任务就在于实现德性和幸福；国家体制和法的目的在于为使尽量多的人为善而创造条件，即保证社会福利。"① 亚里士多德也将公共利益视为正义的依据，并认为照顾公共利益的政府就是正当的政府。作为国家和政府代表的

---

① 转引自［美］梯利《西方哲学史》，葛力译，商务印书馆2000年版，第73页。

统治阶层，必须根据社会的文化传统和实践条件，寻求政权运作的合理性价值，以便使政治权利得以延续并获得最大的有效性。中国古代社会的政治体制长期延续的原因之一便是民本伦理思想的实践与调适，因而对这一问题的深入研究将会对社会的持续发展提供有益的帮助。

人民群众是历史的创造者，这是马克思主义经典作家深入研究历史后得到的科学结论。人民群众尽管不是决定历史的显层力量，却是决定历史的最终力量，是他们主宰着历史的命运，只有得到他们的拥护和支持，英雄人物才能成为英雄并成就伟业，故而历史上的明君贤臣都将民众视为治国兴邦的根本，认识到政治统治的正当性在于权利符合民意并为民众服务。正是由于这种任何一个统治者都无法违背的铁的规律，才使他们在建构国家意识形态的时候就赋予它一个最基本的功能：必须能够使统治者与被统治者之间的关系由对立转换为相互依存，必须使这种实际上更有利于统治者的观念系统看上去对每一个国家成员都是公正合理的，必须使这种具有行为规范功能的评价系统对统治者与被统治者双方都具有约束性，从而具有某种超越于双方利益之上的性质。民本伦理思维追求的理想就是通过保证民众公共利益来维继政治统治的运行，反映的是德治仁政的主流传统，想要实现的是充满伦理气息的治理目标，民本思想反映的是一种伦理模式，在其思想体系中又反映了天人之间、君民之间、政权与民众之间密不可分的错综复杂关系，代表了中国社会的主要价值取向，体现着国家的目的和正义的某些内涵，因而对民本伦理智慧的总结，能够更好地推动建设一个公平正义的和谐社会。

政治伦理中的基本问题就是官（政府）和民的关系问题，官民何为本，其实就是一个为什么人服务的问题，正如毛泽东指出的那样："为什么人的问题，是一个根本的问题，原则的问题。"[1] 民本伦理的核心就是统治和被统治的关系，其主旨就是如何正确处理君民关系，追求的目标是既坚持民本理念的基础，又维持君本统治的事实，这种意识形态唯一的价值指向就是这个共同体的稳定与和谐。但是由于在这个既定的共同体中各阶级的地位本来就是不平等的，所以这种旨在稳定现实秩序的意识形态实际上更有利于统治者，因为稳定和谐就意味着统治者的统治一直有效地持续下去。这种意识形态充当的是协调者的角色——说服在根本利益上对立

---

① 毛泽东：《毛泽东选集》第 3 卷，人民出版社 1991 年版，第 857 页。

的阶级各自牺牲部分利益来换取双方的和平共处，它虽披着华丽的外衣并以优美的说辞来展示自己的公允与公平，但它要求统治者为此付出的代价只是克制自己过于贪婪的欲望，将自己的利益部分地转让给被统治阶级，要求被统治者的却是极大的牺牲和忍辱负重。理论的触角虽经常在理想和现实之间摇摆，但往往用对现实妥协的方式获得自身的延续和发展，因而使其思想内部处处蕴涵着伦理与道德、理性与现实、目的价值与工具价值、人治与法治之间的不一致甚至冲突。这种思维理路和实践，已经积淀在中国人的思维习惯和行为方式之中，成为现代社会政治生活中不可回避的文化背景和文化意识。

传统民本思想作为几千年来中国社会政治伦理文化的积淀，是传统社会中的有识之士据以对抗专制君主欺天害民的重要思想武器，也是历史上一些清官贤臣关心民生、重视民意的重要为政原则，因为在一个存在统治与被统治两种力量的社会共同体中，完全站在任何一方的思想系统都无法成为这个共同体的整体意识形态，因为它必将引起社会矛盾的激化而导致社会的不安甚至动荡。就根本利益而言，统治者与被统治者是天然对立的，因为统治就意味着一部分人的权利被剥夺，而另一部分人至少是一定程度上支配另一部分人，主流意识形态的作用恰恰是将不同人的利益整合为共同体的整体利益，民本伦理思想的作用就在于它在维护统治合法性的前提下尽量照顾到社会各个阶层的利益。它必须扮演双重角色：时而站在统治者的立场上向着被统治者言说，告诫他们这种统治是天经地义的，合法的，是必须服从的，否则他们的利益将受到更加严重的损害；时而又要站在被统治者的立场上向着统治者宣教，警告他们如果过于侵害被统治者的利益，他们的统治就可能失去合法性而难以为继。这种"和事老"角色虽有其局限和不足，但这种治理智慧对我国当前的民主政治制度和民主思想的影响还通过种种方式和途径在起作用。民本思想之所以长期受到学界关注，主要原因是它虽然产生于遥远的古代，但其精神代表了人类的某些根本性价值诉求。

当代中国在致力于建设参与型或主体性公民文化和民主政治时，一方面需汲取传统政治文化中的优秀思想，另一方面要警惕和防止不适宜的思想文化的侵蚀和干扰。培植自主、自立、自强的民族意识，摒弃个人依附观念，既要重视个人权利的实现，又要维系社会的优良秩序，促进个人与社会的和谐共处，这就必然要对传统政治文化进行批判性继承，对传统的民本伦理进行全面梳理，弄清其精华和糟粕所在，为实现传统文化的创造性转变寻求良策。民本伦理思想的持久生命力主要体现在两个方面：一方面是它的德性诉求的根源性意义；另一方面是它设计的理想家园的精神感召力。然而，其局限性也比较明显，关注个体善忽略制度善的偏差使它的理想变成空想，关注集体人忽视个体人的缺陷又使它远离人的真正本质即自由。我们既要承继历史，又要超越传统，做到民本和人本结合，德法并治，为以人为本的和谐社会到来寻求文化支撑和发展理路，既改变自己，也改变环境，最终在改变不太完满的社会过程中与社会一起变得比较完满。在现代社会中，民本和民生、民主、民权、人权相互倚重，延伸到经济、社会、政治、文化等任一领域，无所不包。建设和谐社会是一项系统工程，坚持以人为本，始终把广大人民的根本利益作为一切工作的出发点和落脚地，充分体现马克思主义中国化开创者们以民为本的执政理念，今天人们关心的已不是单纯的衣食住行问题，而是与社会安定团结、国家建设发展、人民安居乐业等关系更加密切的现实问题，时代赋予了民本更新的内容等待我们去发现和研究，这也是落实科学发展观和构筑和谐社会的必然要求和关键所在。

二　国内研究现状概述

（一）民本伦理的发展轨迹

民本思想作为中国传统政治思想的核心，普遍认为其萌芽于西周时期的敬德保民意识，一开始便具备政治伦理双重特性，百家争鸣时期，儒、墨、道等流派又从不同的角度对之进行了理论阐释，从而形成了各自富有特色的民本思想。儒家治国理政思想的核心是"民为邦本，本固邦宁"，《管子》指出："以人为本，本治则国固，本乱则国危。"《左传》强调："政之所兴，在顺民心。"不论其代表人物倾向性善性恶，都认定人性有趋善的可能，善养善教即可成就君子人格，故而贵人重德，使人的价值得以凸显。其政治理想中重王轻霸，希冀德治仁政，为我国长期的开明专制奠定了理论根基，甚至提出民贵君轻的观点，将民本伦理的理性设计推向极致。但崇高的理想遭遇了现实的壁垒，为了学理的延续和实用，荀子用君舟民水说论证了等级秩序维持的必要与礼法并用的实践智慧，使民本伦理呈现法治化倾向。随后出现的君权神授和天人感应之说，虽然在理论上也试图对无限君权予以一定的制约，但现实中却进一步强化了君权。至此，儒家的民本伦理思想得以系统化完善，但纲常和等级的维护进一步加剧了民本伦理的内在矛盾。

为了在矛盾中求得利益平衡并遏制学派门户之见导致的弊端，思想家们另辟蹊径，在民本园地里种出了一些奇花异草，墨家民本和道家民本异趣横生。墨家的伦理目标是兼爱，爱的对象是天下民众，爱民的具体表现就是利民，但此利绝非一己私利，而是利万民之公利，具有义利统一的倾向，目的是想创设一个人人相亲相爱的和谐社会。道家以道和德的不同解释设计了民本伦理思想的新方案，依据"善恶"、"高下"和"强弱"之间的辩证转换，提出社会治理的特殊理路。认定万物皆从道出，社会治理的最高境界就是依顺道的本性，采取义利俱轻的态度，达到无为而无不为的境界，期望达成"众皆平等"的伦理目标。

尽管各家学派都有自己的民本主张，但由于各种社会因素的交互作用，儒家民本伦理思想在实践中最终占据了主导地位，其功绩主要归因于思想家们的极力提倡和统治者的理性自觉。然而，思想观念的发展总要遭遇实践条件的挑战，伴随明末清初社会条件的巨大变化，民本伦理面临威胁与解构。因为资本主义的萌芽和西方文化的渗入，古代社会后期的商品经济发展和壮大，慢慢地动摇了民本思想的自然经济基础，使工商皆本、商为国本的观念出现，解构了传统民本的经济伦理意识。经济领域中本末观的变化导致思想家对义利观念的重新审视。与此同时，人性本私和天理就是人欲的说法也对德性的纯粹提出了挑战，经济领域的本末观和义利观都发生了某种程度的变更，使传统民本伦理意识发生转变。由于西方文化思潮的输入，民权意识觉醒，传统民本伦理遭受前所未有的冲击，后期的孙中山对民本伦理进行了制度化设计，但由于内外环境交困再加上理论本身的缺陷，美好的理想最终化为泡影，传统民本伦理终于迈向了顶峰，也走到了自己的尽头。传统民本思想的解构最主要的还是表现为思想家们对君权的合法性与合理性的质疑，希望通过相关制度制约君主权力。可由于思想者自身以及当时社会条件的限制，他们的质疑虽有某种程度的理性分析和判断，但主要是出自于情感的义愤而非学理的剖析，最后仍囿于民本思想的视阈，仍期待依靠圣王实施理想统治。令人欣慰的是，后期的思想家们逐渐意识到制度制约的优越性，希望通过相关制度的设立和推行来约束君主权力，但制度化的设计却自掘一个陷阱，在学理上把民本的理想目标推向了顶峰，使民的权利地位确立并有了切实的保障，但现实中却完全背离了民本的实践目的，对无限君权的剥夺使传统民本伦理思想在实践中走到了自己的尽头。总之，民本的制度化设计面临内外双重困境使之无法轻松前行，民本思想必须经过扬弃并借鉴外来资源，才能得以转换并继续发展。民本思想的发展跌宕就这样和古代统治的兴衰更替交织在一起，或强化或制约或削减着统治的合理性与合法性，政治统治也反过来或维护或压抑或矫正着这一思潮的理想化发展。

总之，民本思想的发展经历了一个漫长的过程，学界一般按中国历史的演进把它分为几个时期：（1）西周之初是萌芽期，统治者将天命和民意联系起来思考，提出"天命靡常"、"敬天保民"等看法。（2）先秦时期，先人后神的观念大大提升了民众在政治思维中的价值，政治思想家们又认识到民为神主、君因民存、君为民立，民众才是政治兴衰的决定性因素，使民本伦理得以形成。（3）汉唐时期是民本思想的系统完善和实际运作时期，政治思想家们从哲学上论证以民为本的必要性，使民本思想达到一个哲理化的高度。（4）明清时期是民本思想的极致时期，主要表现为对封建专制的批判，甚至试图限制君主的权力。（5）到了近代，民本思想又经历了三个不同的历史演变阶段：鸦片战争到甲午战争前为民本思想开始动摇阶段，虽然早期改良派设议院、伸民权、行君民共治的主张并没在现实政治中得以实施，但这些言行本身已表明民本的传统信念开始动摇，加上他们对专制弊端的揭露和对西方政治制度的肯定以及对发展工商业的提倡，虽然还带有民本意识，但无论是理论上或实践上都表明民本思想需要在参用西法的基础上进行自我调整；戊戌变法时期为民本思想衰变阶段，这时民族危机更加剧烈，特别是进化论、天赋人权和契约论等西方民主学说的传入，使废专制、开议院、兴民权的主张一时成为主流；辛亥革命时期为民本思想走向衰亡和政治生命终结阶段，封建专制的被推翻，使传统民本思想失去了存在的前提。①

（二）民本伦理相关概念的内涵

1．"民"的内涵

在民本思想变迁的不同阶段，"民"的概念也存在差异。古代文献

---

① 胡波：《民本思想在近代中国的演变及其特点》，《现代哲学》2005 年第 4 期，第 99—104 页。

中，"人"与"民"尽管有时混同使用，但许多时候又有着各自不同的内涵。"人"是指区别于其他物种群体的人类；而"民"则不同，广义上凡是处于统治视野之下的一切民众皆为民，狭义上专指某一特定阶层或类别的群体，其有地位的差别、种族的差异及分工的不同。在不同的历史时期，统治者对不同类别和阶层之民的关注与重视程度也是存在差异的，尽管有士、农、工、商"四民"之说，但由于农业是古代具有决定意义的生产部门，因而，历史上的农民理所当然地被看作是民的主体。春秋之前，"民"没有摆脱对神和君的从属地位，但春秋之后，"民"渐渐被当作独立的认识对象。随着资本主义萌芽的出现，特别是西方文化渗入而引起的商品经济的发展，商人在经济和社会其他领域的地位凸显出来，市民阶层最终也进入了民本伦理的视阈。伴随"民"的范围的扩充，"民"的个体意识也逐渐加强，但传统民本思想只颂扬抽象的虚化的"民众"及"民心"、"民意"，而贬抑具体的"民"，"民"一具体到个人，就转化为趋利的小人，需要圣君贤人的教化，既无主体地位当然无权利资格。一旦视角转向个体意识和权利地位，古代民本伦理便开始了自我解构，迈开向近代伦理转型的步伐。

　　2."民本"的内涵

　　古代思想家们也常常用"国本""政本""治本"之类的词语论说在国家政治生活中举足轻重的事物，诸如民为国本、君为政本、礼为治本之类。《词源》对"本"的释义有七项之多，主要分为两类：其一指事物的基础或主干部分，又转指事情的重要部分，是关于构成事物的要素在该事物总体之地位的判断，突出的是该要素在总体性事物中的重要程度。用现代观点来看，体现在这种思维方式中的是工具理性。其二指根据、本原，主要是一种解释性的陈述，其思维意向往往在于揭示事物现象背后起支配作用的东西，体现出对本体或本质的认识。它陈述的是事物的本体，是事物存在的意义归属，具有终极关怀的意义，是价值之元。以这种"本"的陈述为前提的思维展开，就形成具有规范性特点的思想或观念体系。金耀基先生把民本的含义概括为：第一，以人民为政治之主体。第二，君之居位，必须得到人民之同意。君尽君职，民尽民责，叛乱权、革命权为合法正当。第三，保民、养民。以人民为最高价值性的存在，保障人民之生存，自为逻辑上必有之归结。第四，义利之辨。第五，王霸之争。第六，君臣之际，人民为政治之目的，人君不过是一种手段或工具，二者之间是双边的互约关系。学者张分田认为民本的核心理念是以民为本，基本思路是立君为民、民为国本、政在养民，并认定由这三个基本思路可以推导出民本思想的全部内容。冯天瑜教授认为"民本学说在本质上不是民本位理论，而是一种明智的、眼光远大的君本位理论"[1]，所谓"民本"，即国之有民，犹如树之有根、木之有干，兼具上述双重意义，故而对此含义的理解也不尽一致。但君与民究竟何为本末，不可一概而言。在讨论国家的来源、根本和基础的时候，人们认为"民为国本"，但在讨论政治的首脑、主体和关键的时候，人们又认为"君为政本"，实际的历史进程中，上述两种君主民臣本末观有时是并行不悖的。后来"有人以传统的民本论嫁接西来的近现代民主和权利理念，希望实现民本伦理近代转型，但最终化为泡影，因为近现代虽然对君权和封建道德进行了无情的批判，提出了民主、民权、自由、平等观念，但在社会现实中并没有得到充分的体现，学理上也没有得到真正的厘清，中国近代伦理思想，恰恰缺少适合于中国国情的近代伦理观"[2]。

3. "民本"产生的根源与分类

之所以产生民本思想，学界认为其原因大致有以下几点：第一，原始时代部落首领的民主作风对阶级社会君民关系的正确定位产生了深远的影响。每一个想成为君主的人或期望自己能够长久统治的人，都不敢忽视民众的存在，因为"天"、"神"只辅助那些有道德的人。对统治者来说，只有克制自己的欲望，关心民间疾苦，才能证明自己有德，才能感动上帝，获得天命，获得百姓的支持而稳固政权。第二，社会经济原因。从春秋战国时起，封建专制制度确立了统治地位，封建王朝的财税主要依靠分散经营的小农业和手工业相结合的自然经济，自给自足的个体农民在交粮、纳税和服役之外能获得相对自由。这种相对独立的小生产者，在国家的政治生活中必然发生影响，使统治者不得不关注小民的问题。封建社会后期，出现的资本主义生产关系萌芽和伴之而生的市民阶层，要求冲破专制制度的束缚，获得自由发展的机会，有助于提高对民众地位和作用的认识。第三，社会政治原因。作为被统治者，民既是国家政权赖以存在的基础，又是一支客观存在的制约王权的政治力量。王朝总是在血与火的洗礼

---

① 冯天瑜：《人文论衡》，武汉出版社 1997 年版，第 279 页。

② 张岂之、陈国庆：《近代伦理思想的变迁》，中华书局 2000 年版，第 9 页。

中发生更替，人民群众在此显示了自己的力量，社会变动越剧烈，人民群众的决定性力量越显示其伟大，促使统治者采取重民、利民的政策来巩固自己的统治地位，由此推动了民本思想的发展。

通观中国古代历史，金耀基先生认为，古代有民本、非民本和反民本三派。民本思想起源于《尚书》"民惟邦本"之语，后经儒家继承发扬光大；非民本思想为老庄、杨朱一派，他们在哲学上极尽璀璨奇丽之致，但于现实政治影响不大；反民本思想以申韩、李斯等辈为健者，此派在嬴秦时称尊，厥后 2000 余年在思想上并未真正得势。① 夏勇先生认为，其实这"三派"人物在政治思想方面都是讲民本的，他们之间的不同，不过是讲法的不同，是关于民本的具体解释和政治方案的不同，其中，既有君权的讲法，也有民权的讲法。② 梁启超认为，商周以前，民本主义极有力，西周之末尚然，东迁以后渐衰，至春秋末几无复道此者。③ 学者周舜南根据民本的内涵和特点将之分为七种类型，即以墨家为主的功利型、以道家为主的率性自然型、以儒家为主的仁德型、以管子、荀子为代表的德法兼治型、以韩非为主的严以治吏型、以董仲舒为代表的天威限君型、明清之际的民主萌芽型。

（三）民本伦理效用研究辨析

1. 民本思想的局限

由于民本思想产生于遥远的古代，不可避免地被刻下时代的烙印，具有历史的局限性，对此研究的成果主要体现在以下几个方面：第一，思想和实践背离。整个古代，不仅民本思想家、政论家经常宣扬民本思想，而且统治者也并没有把民本思想排除在官方意识之外，但提倡的往往就是缺少的，他们没有、也不可能确切认识人民群众在创造历史的实践活动中的伟大作用，不可能懂得人民群众是历史的主人，因此，理性的天平倾向了封建君主，企图通过君主手中的绝对权力释放社会能量，达到社会的和谐与稳定。以民为本的目的是巩固以君为本，这从总体上决定了民本思想的实现必然受到种种限制，并且最终变成一种根本无法实现的政治空话。

---

① 金耀基：《中国民本思想史》，商务印书馆 1993 年版，第 1 页。
② 夏勇：《中国民权哲学》，生活·读书·新知三联书店 2004 年版，第 2—3 页。
③ 梁启超：《先秦政治思想史》，天津古籍出版社 2003 年版，第 44 页。

第二,民本思想在某种程度上钝化了群众斗志,延缓了历史进程。由于民本思想主张德治教化以宣扬君权神授和封建伦理道德,使百姓成为循规蹈矩的"驯民",在一定程度上缓和了阶级矛盾,使百姓安于现存剥削制度,加固了封建统治的稳定。民本思想中存在两个内在规定性,一是君主拥有至高无上的权力,二是君主为了永久地保有皇权应对人民实行仁政,这就决定了民本思想不会从根本上否定君主与君主专制制度,只是通过寄希望于君主觉悟的办法来达到对君主的行为进行限制,因此就注定了它的功能的有限性。虽然看到了民心向背是政治成败的决定性因素,但民不是政治的目的,也不是权力的主体,所谓重民也不含有对普通百姓个体价值和权利的尊重,民为邦本只是统治经验不断丰富并转化为理论形态的结果,它成了统治者麻痹人民群众的一个幌子,从另一方面强化了民众对封建制度的认可。第三,正如学者崔宜明所言,民本学说的内在伦理结构中蕴涵着冲突。首先是话语权利的体现者一开始属于第三者,后来转移给了"君",再后来又转移给了"士",而"士"只能说服统治者自律却无其他强制性措施,因而很容易流于空谈。其次是民本伦理内含着"德"与"位"的冲突,本来是以"德"得天下,后来异化为"得天下者"有"德",这主要表现为内圣外王的自身冲突。同时,民本思想缺乏制度学说,以道德理想主义为基准,混淆了"是"和"应当"的差异,轻视防患于未然的制度,使政治变为多余。民本思想所倡导的"天下为公"是从逻辑中推理出来的模式,而很少顾及政治现实,这使他们的操作设计如同空中楼阁,只能为君主专制利用,难以对君主专制形成真正的制约。①

2. 民本思想的积极作用

尽管民本思想有诸多不足,但也有着巨大的社会进步作用。研究者们将之总结为:第一,爱民、重民,以民为本,有助于升华民主的理念。第二,"君权民授"对于执政的合法性有借鉴意义,有利于形成执政为民的理念。第三,"制民之产"、"取于民有制",对于治国安民有借鉴作用。第四,民本政治实践哺育了中国历代直言犯上的清官。第五,传统的理欲观富有当代价值。民本伦理中对人的欲望的探讨和肯定反映了社会历史的进步,强调以欲从理、以理导欲,重视道德精神生活,不仅为当时社会生

---

① 崔宜明:《政治伦理与伦理政治——析传统民本思想的理论困境》,《华东师范大学学报》(哲学社会科学版)2000 年第 3 期,第 14—22 页。

活实践之所需，而且反映了人类对主体意志自由与外部客观条件制约关系
的认识之不断深化。特别是近现代以来，伴随人的被物化或唯物质主义价
值观念的盛行，人们不约而同地重新估价传统理欲观的价值，对以儒家为
代表的以欲从理、以理导欲、理欲统一的东方理欲观倍加青睐，并非偶
然。同时，在民本伦理的形成和完善过程中，人们的思想逐渐脱离神本、
物本的轨迹，由尊神发展到尊人、尊民，对思想的解放和文化的发展产生
了深远的影响。还有许多学者认为，传统民本思想，以人为本，重视民众
在国家中的地位，关注民众的物质利益，提出仁政的治国方略，限制和软
化了暴政，客观上是对民众有利的。民本文化对当今的政治文明建设不乏
借鉴意义，其现代价值取向可以从以下三个方面来阐发：第一，关于以人
为本的治国理念，主要应关注为民用权、为民谋利、理顺民心三个问题。
第二，关于为政之德的官德素质。第三，关于义利统一的施政准则，这些
都可以为当今的执政理念提供借鉴。

（四）民本伦理现代价值探究的多样化

在认识民本伦理思想的现代价值时，民本和民权、民主、人权、人本
的同中有异、异中有同的复杂关系，又为我们增添了一些屏障。

1. 民本和民权

在民本与民权的关系问题上，学者李存山认为，先秦儒家的民本思想
虽然包含着人民的利益构成君主权力基础的意思，但并没有赋予人民以监
督、节制和罢免君主的权利，而是把这种权利寄托于天。在君主集权的体
制下，人民是没有公民和政治权利可言的。[①] 学者卢珂也明确指出，民本
与民权分属于不同的思想体系和政治体制，民本属古代儒家仁政思想体
系，以君主专制政体为载体；民权属近代民主启蒙思想体系，以立宪政体
为载体。民本所倡导的"重民"、"爱民"与神化君主、君权的关系，如
同硬币的两面，一方面要求君主施仁政、爱民如子，另一方面又要求民的
驯化、绝对服从，要求民要尊君、敬祖、效忠。民本思想的理想境界就是
君主爱民如子，臣民视君如父，忠君不二。民本对于统治者的行为，则强
调用道德力量来约束，而没有法律制度限制。只靠道德来规范的权力，最

---

① 李存山：《儒家的民本与民权》，《儒家传统与人权·民主思想》，齐鲁书社 2004 年版，
第 83 页。

终会失去约束，从而导致专制。通过对民众进行德礼教育，培养出忠顺的臣民，这就使民众泯没了个性意识、权利意识，古老的民本之树不会开出民权（民主）之花，只能结出"臣民"之果。[①]

与此相对立，学者夏勇强调，在中国古代思想里，民权观念已经发育出来，它基于民本并以民本作为自己的表达形式。民本是政治合法性的最高尺度，也是民众的权利主体资格和政治权利诉求的终极凭借。不过，总的来说，传统的民本学说里还缺乏明确的作为制度操作概念的民权，只有作为起义暴动之动力的非制度、非程序的民权。传统民本中，借助天的权威来抬高民的地位，已经发展为一种良好的传统，民已经成了自行与天相通的独立的人格主体和政治主体。墨子的天法学说和兼相爱、交相利的学说为来自民众的权利诉求提供论据；黄宗羲、顾炎武等人直指君王与臣民、治者与民众之间的权利义务关系；到了"西学东渐"，欧洲启蒙思想与先秦民本思想相接引，加上汉语"权利"一词的译成，权利诉求蔚然成风，其中最强烈、亦最时髦者当推民权诉求。这些思想者和政治家把更多的注意力放在政治操作的层面上，权利话语渐渐变成了"如何去实现民权"，"如何去保障民权"，似乎民权已经不言自明，并且从强固民之所本的手段，骤然变成了政治运动的目标。可以说，把立宪、民主、自由作为一个既已证立的目标或原则，是一个"时代特色"。常有论者断言，中国古代哲学里，民学也好，民本思想也好，归根到底，不过是为统治者如何治理好民众想办法、出主意，实质乃用民之道、御民之学。此论于我辈之影响，可谓久且深矣。可是近年来阅读古代尤其是先秦思想史料，我越来越多读出的，却是关于民权的思想。[②]

还有学者认为古代民本思想中存在民权，是因为民本思想肯定君主、官吏的权力来源于民众，君主和官吏的主要职责是为民众服务，同时君主和官吏都应该接受民众舆论的监督，民众对暴君、昏官有革命权。只不过民本思想中有关民权的论说基本上都停留在理论层次上，作为一种社会批评思潮存在，在治世成为在野的思想舆论，在乱世则成为政治革命、改朝换代的理论依据。由于提不出切实的民权措施，来源始终是来源，君主实

---

①　卢珂：《民权：民本到民主演进的中介》，《学术论坛》2005 年第 6 期，第 37—39 页。

②　夏勇：《民本与民权——中国权利话语的历史基础》，《中国社会科学》2004 年第 5 期，第 4—23 页。

际上是政治主权的拥有者，这是中国传统民本论中的民权思想和现代民主的一个重要的差别。

2. 民本和民主

在民本和民主的关系问题上，学者翁惠明声称，作为政治概念的民主，在现代既有制度层面的内涵，又有思想理念层面的内涵。作为制度层面的民主，其主要存在于近代社会以后，作为思想理念层面上的民主，则早已存在于儒家的民本学说之中。尽管从政治体制上说，民本与民主是相对立的，但从价值观上说，民本思想中蕴涵着从君主制向民主制发展的种子。① 另外一些学者认为，中国传统社会已经形成了一整套相当成熟的且具备若干基本民主功能的政治制度和传统，并伴有某些法制因素。民主的基本要义主要包括主权在民思想、权力制约思想、公民参政思想，其作用在于保证民众的政治权利，目的在于维护统治的合理性与合法性，以便于统治的长久和稳定。民本是一种以维护封建君主制度正常运转为目的、依靠圣君贤相"为民做主"的、比较开明和具有某些民主因素的重民思想，也是一种强调国家的基础是"民"、力图对封建国家作出某种改良维新以求久安长治的国家学说。二者的目的和作用有一定的一致性，只是概念不同而已。

另外一些学者断然否定二者的联系，有的文章就直接以"民本≠民主"、"莫将民本当民主"为题。还有学者认为：民本是自然经济的产物，而民主是商品经济的产物；民本是以君为主体，民主是以民为主体；民本蕴涵圣人崇拜，民主崇尚自由、平等和人格独立；民本重道德约束，民主重法制规范，二者没有通约之处。也就是说民本和民主的起源和内涵根本不同，其解决的社会问题和功能也无多少相似之处。所谓"民为邦本"的提法至多也不过是封建士大夫文人对皇帝害民虐民行为的劝谕或封建统治者的自我劝谕而已，与人民行使权力治理国家完全是两码事，根本谈不上人民的民主权利和监督管理政府的思想。思想家们在宣称"民为邦本"的时候，没有把国家的统治权给予人民而是归之于君王。封建王权专制下的民本思想，虽然蕴涵着民主的萌芽和种子，但由于它长期处于一种受压抑和被扼杀的状态，所以未能顺应历史潮流而及时转化为近代民主制度。

---

① 翁惠明：《儒家传统与人权·民主思想国际学术讨论会综述》，《儒家传统与人权·民主思想》，齐鲁书社 2004 年版，第 277 页。

在以民本为基础结构的儒学中没有民主，儒学无法奠定可以包容民主的思想基础。

也有一些学者认为二者之间的关系比较复杂，民本和民主在政治体系上存在必然的相通性，因为民本思想和民主思想均以人民为国家政治之本位，均以民意作为政权之基础，均强调重民、爱民、保民。但二者之间也有重大的区别，主要表现为：第一，从历史观层面看，民本思想与民主思想的根本对立可以归结为是人民创造历史还是英雄创造历史。第二，从政治观的层面看，民本思想和民主思想的根本对立可以归结为"为民做主"还是"人民做主"。在民本思想中，"民主"的含义绝不是人民当家做主，而是君为民主。第三，从伦理层面看，民本思想与民主思想的根本区别可以归结为"要民服务"还是"为民服务"，因而二者的关系不能抓着一点不及其余，必须全面分析把握。

3. 民本和人权

在民本与人权的关系问题上，香港孔教学院汤恩佳院长认为，对于人权，孔子、儒家在 2000 多年前已具有最全面最完美的人权构想。因为关心人权和尊重人权必须首先关心和尊重人主体本身。孔子及后世儒家对人自身表达了深切的关爱，在富民、教民的思想中表现了对人的生存权的极大关注，"立人"、"达人"思想是实现人权的一种比较理想的途径，因为这些思想不仅表达了对自身主体的承认与尊重，而且也表达了对他人主体的承认与尊重，还包含了把个人价值放在群体社会中去实现的思想，使人们既可追求个人权利、实现个人的价值观，又可以保持社会的和谐与协调发展。① 与之稍有差异的是，李存山教授认为，儒家思想中没有第一代人权观念，但"天下为公""民胞物与"思想，是对所有人的关爱，并认为人是天地间最有价值的，可对西方文化注重个人自由、个人权利进行补充。尤其在中国近现代的社会转型过程中，儒家民本思想经过批判继承，扬弃其落后的等级尊卑观念，承认人人生而自由平等，具有不可剥夺的公民和政治权利，不仅可以和"第一代人权"的观念相契合，而且更重要的是它与"第二代人权"以及人权观念的进一步发展有着更多的内在一

---

① 汤恩佳：《论儒家的人权思想》，《儒家传统与人权·民主思想》，齐鲁书社 2004 年版，第 23—28 页。

致性。① 也有学者认为，儒家的人权和民主的观念，就包含在儒家的人道和人性及其政治思想的内涵之中。人权意识的觉醒和人权地位的确立，是与神权和王权斗争的结果。周人已开始认识到人的价值、能动精神和创造力量，《风》中的大部分歌谣，表达了人民对于平等地位和真挚爱情的追求，反映了人民对人剥削人、摧残人性的不合理制度的抗争，对自由、平等、自主的人生权利的渴望和追求。对于人生的珍重、对于德的追求以及将德在社会中普遍化、提升个体与人类生活层次和精神境界的努力，便引发、孕育了儒家以人为本的学说。②

与此相反，有的学者认为，儒家主张的"爱有差等"会导致一部分人享有剥削、压迫另一部分人的特权的合理性。礼的实质是要克制自己的利益和需要，去维护和服从当时的社会制度和伦理道德，实际上是压抑个性、维护人与人之间不平等的等级特权，所以就儒家关于仁的学说的主要本质方面来说，与现代人权是正相反对的。儒家思想中被重视的人是一个整体的概念，并没有落实到对个体权利的充分肯定，同时个体权利在儒家的等差秩序中被湮灭，不能突出每一个社会成员的地位，根本就谈不到人权。只有平等的个体，才谈得上有现代意义的人权，要树立人权观念就必须反对一切特权。封建社会是一个人权全面异化的社会，在精神世界，人权异化为神权；在现实世界，人权异化为特权。封建特权和优先权垄断社会权力，并使出身和身份直接成为这种特权和优先权的根据，造成了以统治和服从为基础的政治专制主义。君主整体的原则总的来说就是轻视人、蔑视人，使人不成其为人。

也有学者持中立的观点，美国夏威夷大学的成中英教授就认为，现代人权论的哲学基础乃是儒家哲学的人性伦理或德性基础，经过八个步骤的转换就可转化为现代人权论，即经过（1）道德（是非善恶）意识之呈现；（2）道德自我意识之根源的认识；（3）保持完善道德自我并力行实践，使德权合一；（4）促进建立共同规范；（5）由自立自达建立价值理性；（6）由民本而尊重人民主权，进而认识和保护个人的主权，即是认识和保护人权；（7）实现理性立法基础上的个人自由、社会正义和政治民主；（8）不断回归人性，力求发挥人性和理性。这八个方面可归纳为

① 李存山：《儒家的民本与人权》，齐鲁书社2004年版，第84—93页。
② 陈明：《中国传统文化中的人道主义》，华夏出版社1996年版，第14—16页。

转化道德人性为人权的充分自觉和转化社会正义为政治民主这两个方面，而其中的关键是建立合乎理性的社会立法。同时，应认识到伦理、法制、民主、正义和人权之间的关系是动态的、相互影响的关系。① 以宗法伦理为主要内容体系的儒家法哲学与现代民主政治有相悖的一面，但其中的许多合理因素经过重新诠释和改造，可以适应或有助于当代的民主法治建设。二者之间有通约之处，只要进行适当的转换，就可以为现代建设服务。

4. 民本和人本

在民本与人本的关系问题。学界一般赞同在中国社会发展的早期，已经蕴涵着人本精神。李存山教授认为，古汉语表述的"以人为本"是从价值论上说以人为中心或以人为最有价值的意思。"人本"与"民本"是两个既有联系又有区别的概念。"人"相对于神和物而言，"人本"是普遍的哲学或文化的概念；"民"相对于国家和执政者而言，"民本"是政治哲学或政治理念的概念。②"民本"与"人本"的相互结合是儒家政治思想的真正特色，因为"人本思想"不仅是儒家政治思想的一个出发点，而且是"民本思想"的思想基础之一。

也有学者认为民本和人本完全不同。其原因主要有：一是，以人为本是马克思主义关于人的思想的本质体现，以民为本是中国传统思想文化具有积极意义的可贵说法。二是，以人为本发展经济是不断满足和丰富群众物质生活的基础和前提，以民为本发展经济是将仁义道德放在物质利益之上。三是，以人为本就是要充分发挥广大人民群众的创造性和体现广大人民群众的根本利益，以民为本是中国传统封建统治者治国利益需要的术略。尽管"以人为本"落实到实践活动中主要就是"以民为本"，但"以人为本"比"以民为本"更能调动一切人的积极性，凝聚一切积极力量。何况民本和人本不仅在价值取向、"民"或"人"的范围、人的地位方面有明显的不同，而且在思想内涵、性质、人的概念、人的地位等方面也存在重大区别。

有人持折中的观点，《"民本"与"人本"论析》一文就认为二者既

---

① 成中英：《道德自我与民主自由：人权的哲学基础》，《儒家传统与人权·民主思想》，齐鲁书社 2004 年版，第 1—3 页。

② 李存山：《"人本"与"民本"》，《哲学动态》2005 年第 6 期，第 21—25 页。

有区别又有联系：

二者的不同主要表现为：第一，从关注对象方面来分析，"民本"思想强调的主要是决定国家政权生死存亡的群体性的民，"民本"思想中所提及的"民"，实际上是属于"类的群体"的概念，阶级性和阶层性是民的实然属性；而"人本"理念尊重的主要是作为普遍意义上个体性的人的价值、利益、权利、尊严等，人本思想是以"类的个体"为关注焦点的，并以此为理论基点和逻辑起点衍生出对人类普遍价值的颂扬。第二，从目标追求方面来探讨，统治者遵循民本思想的根本目的是欲通过整合民意以维护、巩固和强化特定的统治秩序和社会秩序，进而谋求特定的阶级利益和实现特定的政治目标；"人本"的根本目标主要是对人的个性解放及利益权利的追求，价值多元、个性差异及利益多样是其必然逻辑。第三，从价值理念方面来研习，"民本"的基本价值理念主要表现在重民贵民、爱民仁民、安民保民；"人本"主要坚持"以人为目的、以人为根本"的价值准则，推崇人的主体地位和能动作用，肯定人的价值、尊重人的人格，颂扬人的自由，呼唤个性解放，追求现世幸福，称颂人的能力和品德，歌颂人的理性和理智。第四，从参照对象方面来考察，在政治关系中，民与君、民与官以对称的形式而存在，民本主要是相对于君本及官本而言的，并由此在理论上建立了"民贵官轻"的政治伦理关系；人本是相对于神本及物本而言的，并由此在理论上建立了"人主神次"及"人本物末"的主客体关系。第五，从历史作用方面来评价，古代民本思想虽然存在固有的阶级局限性，但"民本"思想揭示了深刻的执政规律，并发挥了客观的历史作用；人本符合人是目的的价值理念，是科学发展观的必然归宿。

二者的联系表现为：第一，从民与人之间的内在含义方面来分析，人的外延比民要宽泛。民是作为群体性意义上的人而存在的，因此相对于神本、物本而言的人本思想理应包含对民的关注，在国家的治理过程中，人们坚持以人为本的同时必然要考虑并满足不同群体或阶层的民的合法利益和权利，要求统治者或执政者以民为本也就理所当然。第二，从民本政策的落实路径及民众利益的实现形式方面来考察。民本政策最终要溯及和落实到"民之中"的个人，要求统治者或执政者不能片面强调集体、阶级、国家的利益而无视个体人的合法利益和正当权利的实现。第三，从人道主义的国际通则方面来看，我们在强调以民为本的同时，也必须将"民之外"的个人纳入人道主义关怀之内，对人成其为人的起码尊严、人格等基本权利予以关注和重视。①

　　学者敬爱民也认为民本和人本既有联系又有区别，其区别表现为：第一，历史渊源不同。"以民为本"或者说"民本"思想，早在古代社会就存在了。"以人为本"在中国最早是2000多年前的春秋时期由齐国著名政治家管仲提出。在西方，以人为本的思想最早可以追溯到古希腊时期。第二，主体内涵不同。以人为本中的"人"，在外延上，不仅仅包括人民，还包括人民以外的如人类存在意义上的人、社会群体意义上的人、具有独立人格与个性的个人等，即比"人民"的外延更宽泛。在内涵上，"以人为本"就是以人为根本、为中心，意味着对任何个人的合法权利都应给予合理的尊重，包含着对个人价值的尊重。"民本"中的"民"，一般是与"官"相对，所谓"民"就是人民群众。第三，侧重面不同。"以人为本"一直包含着这样一个实质性内容，即不能把人仅仅看作是工具，必须把人本身看作是目的。"民本"关注民的利益是为了更好地进行统治，民在更大的程度上可以说只有工具性价值。二者的联系主要表现为：以人为本就是要把人民的利益作为一切工作的出发点和落脚点，把人民群众作为推动历史前进的主体，不断满足人的多方面需要和实现人的全面发展，在某种程度和某些方面，它包含有以民为本的内容。② 鉴于上述，我们必须对二者之间的区别和联系进行更深入和具体的把握，才能更好地实现传统文化的现代转换。

（五）目前研究存在的缺失

　　尽管诸多学者从不同的角度对民本思想进行了分析，这些研究成果具有巨大的理论价值和一定程度的实践意义，但是目前的研究还有不少问题存在，主要表现为：第一，目前的研究主要是从历史学、政治学、社会学的角度分析和论证民本思想形成的原因、发展的历程及其历史作用，也有学者对民本思想中包含的某些环节进行了哲学和伦理化的分析，但这方面的探讨大多散见于其他主题中，缺乏对民本思想作为一个伦理问题的系统

---

　　① 陈文、谢振才、黄卫平：《"民本"与"人本"论析》，《社会科学》2005年第4期，第78—85页。

　　② 敬爱民：《浅析"以人为本"与"以民为本"之异同》，《哈尔滨市委党校学报》2005年第1期，第47—48页。

化、全面性的分析和论证。第二，目前的民本思想研究成果主要集中在传统文化的核心——儒家思想的研究上，对和儒家文化并存的道家、墨家等文化流派中所蕴涵的民本思想涉及比较少，更缺乏从民本伦理的角度进行细致的探讨。即使对于儒家文化的研讨，也没有将民本作为伦理问题进行系统化的解析，这就需要我们进一步去进行挖掘。第三，当前的民本思想研究中，对民本与民主、民权、人权以及人本之间的关系，从伦理角度进行研究的著述比较少，从历史、政治等角度的探讨结果中，学者们的观点有极大的差异，有的甚至互不相容，这也成为敦促我们进行深入研究的动力。何兆武先生认为："全部人类的文明史大抵无非是两个阶段，即传统社会和近代社会。其间最为关键的契机便是，人类的历史是怎样由传统社会步入近代社会的，亦即如何近代化或现代化的问题。"[①] 这些冲突问题恰好是走向近现代路途中急需解决的问题。在中国近代化进程中出现见仁见智的现象是学界常有之事，但这些差异不仅会使我们的思想产生混乱，而且也极易引起大家的误解，容易对当前民主意识还不太成熟的我国公民形成误导。再加上我国民主政治体制的不完善和社会上各种文化思潮的影响，极有可能导致民主思想的被弱化，这就有必要对民本思想进行全面总结。

　　同时，对民本思想的研究，从伦理学的角度来进行考察也非常必要，因为民本思想反映的是德治仁政的主流传统，想要实现的是充满伦理气息的治理目标，在其思想体系中又反映了天人之间、君民之间、政权与民众之间密不可分的错综复杂关系，代表了中国社会的主要价值取向。其思想内部处处蕴涵着伦理与道德、理性与感性、目的价值与工具价值、人治与法治之间的不一致甚至冲突，因而我认同学者王国勤的观点，即民本思想反映的是一种伦理模式，这就使我们有必要从伦理角度对此课题再进行深入挖掘。本书正是基于此，主要从伦理学的独特视角出发，对民本思想进行系统化解析，对其理论部分略有倚重，目的是想突出民本伦理的理论价值。重点对民本伦理内部蕴涵的价值理念进行理论分析，并对不同学派的民本伦理理论进行比较研究，力求找到民本伦理的本质及其发展规律。

　　种种问题的存在，要求我们依据辩证唯物主义和历史唯物主义的原理，对民本的伦理关系进行更深入的梳理。从伦理学的角度出发，才可以

---

① 何兆武：《中西文化交流史论》，中国青年出版社2001年版，第5页。

分析政治统治合理性和合法性的深层依据，发现政治治理的普遍性及其规律，寻求到建设政治文明的合宜策略和方法。同时也希望结合当前的社会现实，对民本伦理中蕴涵的合理因素进行总结，并找到其不足之处，以便我们更好地吸取传统的经验教训。同时更希望借此扩展自己的视野，对中西文化进行比较研究，结合历史和现实，进行文化合理的、创造性的综合和转换，最终为自己民族文化特色之路的建设寻求合理化的对策。文本将对前人的研究成果采取客观公正的态度进行借鉴和吸纳，运用自己的学识尽可能地紧扣民本伦理思想递进的脉搏，力争找出其发展规律，为当今的政治伦理建设提供可资借鉴的文化资源。

三　研究思路与研究方法

（一）研究思路

由于民本思想长期以来都是被看作政治思想史领域的主要问题，很少有学者把它当作伦理学问题进行研究，因此本论题从伦理学角度立论，对民本思想所涉及的相关伦理问题进行全面系统的分析论证。中国思想史上的民本内涵是随着历史的发展和社会进步而逐步展开的，在不同的历史阶段，由于具体社会环境的变化和历史人物的特殊际遇，民本理论之间既有继承也有发展和转换。但本书的主旨在于对民本进行理论性的分析与总结，对民本思想所涉及的相关伦理问题进行全面系统的分析论证，因而对民本伦理的社会实践呈现描述较少，集中于思想本身的剖析，用历史主义的方法、学派比较的方法、史料阐释学方法和价值分析与经验实证分析相结合等方法，对民本思想进行解析，梳理民本思想所涉及的相关伦理关系及其现实运作理路，揭示民本伦理思想的实质与内在矛盾，说明民本伦理持久发展的原因与动力，主要包括四个核心部分：

（1）梳理民本思想所涉及的相关伦理关系及其现实运作理路，揭示民本伦理思想的实质与内在矛盾，说明民本伦理持久发展的原因与动力。（2）主要说明民本伦理的起源是因为政治统治中德性因素的增强，但由于社会条件的不同和思想家处理问题的角度差异，使民本伦理呈现不同的范型，文中主要以儒、墨、道三家的民本伦理思想为重点进行阐述，并对之进行比较和分析，厘清各自的优势与不足，为扬弃传统文化寻求合理依据。（3）要说明的是民本伦理面临的挑战与解构。主要针对明末及其后社会的发展状况，说明经济领域本末观的变化导致思想家对义利观念的重新审视，尤其是对君权合理性与合法性的质疑和对民本的制度化设计，使民本伦理结构发生松动。伴随西方文化思潮的输入，传统民本伦理遭受前所未有的冲击，近代伦理开始萌蘖。但由于各种因素的制约，其发展历程仍异常艰难。（4）探讨民本伦理的现代价值，结合社会发展的目标和理念，指出民本伦理中应承继的合理内核。为了认识民本的现代价值，必须对民本与民主、民权、人权以及人本之间的关系进行梳理。从论证民主的合理性入手，剖析民本传统对中国民主进程的积极影响并指出民本和民主的本质区别，正是这些区别使得我们无论怎样坚守民本都不可能走向真正的民主，但善于吸取民本的精华就能为民主的产生和发展创造条件。随后分析古代中国的权利意识以及近代权利观念的发展，尤其强调了民权意识对民本伦理的解构作用。指出民本伦理中蕴涵着人权因子，但这些因子又和现代人权观念及其价值有所不同，我们必须寻找到合适的路径实现民本与人权的对接。最后通过分析以人为本的价值内涵，找到民本和人本的差异与联系，论证民本通向人本的可能与必然。

总之，传统民本思想在政治领域的地位和作用虽然丧失，但其对人们的精神影响依然存在。通过民本与民权、民主、人权、人本的分析比较，阐述了民本在通往理想社会的过程中的作用和局限。指明我们既要继承历史，又要超越传统；既要尊重个体公民的正当利益，也要尊重人类的根本利益；既要尊重权利，也要对权利有所限制；既要提倡法治，也要倡导德治，真正做到以民之所本为一切问题的出发点，促进社会的圆满和谐发展。

（二）研究方法

由于民本伦理思想是对社会实践经验的总结并随着实践的发展而逐步丰富和完善的，本书的主旨又是从伦理的视角进行理论的分析，因而笔者欲采用以下方法对民本思想进行解析，即道德历史主义的方法、流派比较的方法、史料阐释学方法和价值分析与经验实证分析相结合的方法。

（1）道德历史主义的方法。道德历史主义的方法，就是坚持历史唯物论的立场，辩证地、历史地看待历史上的道德观念和道德理论。任何理论的产生、发展都与社会历史的变迁之间有着密切的关系，它的合理性或缺陷既与思想史相关，也与社会历史相关，将理论放在历史情境中进行理解和分析有利于我们更完整、更科学地把握其精髓。运用历史分析法，根据伦理学的各种理论，结合民本思想发展的脉络，把民本思想中的伦理关系及其道德内容放在相应的历史范围内加以考察，对其进行实事求是的分析评判，如实地理解和评述民本伦理的本质及其规律。

（2）流派比较的方法。流派比较的方法在这里包含两个维度：一是将内容不同、方法相异的民本流派主要是儒、道、墨三家的理论、观点进行比照、分析，通过其他流派的理论的投射、碰撞来反观自身的缺陷、不足或显现自身的优越性和合理性。二是就某一流派内部不同时期的代表人物的理论观点的异同进行比较，如在本论题之内对儒家学派中孔子、孟子、荀子和董仲舒等人的民本思想进行比较分析，在这种比较中可以清晰地看出理论的自我发展、自我修正和自我完善。对伦理思想进行批判性研究，使用比较的方法可以克服理论研究的狭隘性，把所研究的对象纳入更广阔的历史背景和理论视野，可以获得对理论的更深刻、更全面的理解。

（3）史料阐释学的方法。民本思想是中国政治伦理思想的主要内容，对它作批判研究就必然要遇到如何运用和处理历史材料的问题。史料是研究的基本对象，整合相关的史料，首先坚持进行本色的理解原则，然后进行科学的批判和分析，对该理论进行重新阐释和重新建构。在史料阐释中必然兼用阶级分析法，因为在阶级社会中，不同的阶级有不同的利益，因而也就有不同的道德标准。各种不同的道德观念和伦理学说，归根到底都反映一定阶级的利益和要求。同时还要进行阶层分析，从而对每一时代、每个重要人物的伦理思想进行具体全面的考察。

（4）价值分析和经验实证分析相结合的方法。各种伦理学观点总是与一定的利益主体的主观态度、主观评价相联系，是从一定利益出发的人的不断变化的价值取向的表达，带有强烈的情感、立场、信念，存在相当程度的主观性，所以在进行价值判断时，不能进行主观臆测或预先设定，而应根据社会实际和当时人们的历史经验进行善恶判断，遵循历史唯物主义的方法，既不能拔高，也不能从现代理念出发，对其进行不符合实际的贬抑。

与此同时，也兼采文献学方法和逻辑分析方法，在掌握丰富的文献材料基础上进行逻辑把握，对民本伦理与社会诸多领域的联系进行分析，抽象概括出民本伦理发展的特殊性及其规律。

四　研究的预期成果和可能的贡献

（一）预期的研究成果

1. 阐明民本思想的伦理特性

民本思想的特色和中国古代文化的特色相一致，呈现出政治伦理一体化的特征。由于天人合一思想既是一切中国文化现象的根基和归宿，也是德性伦理的目的和最高境界，因而拙作对民本伦理思想的论证也首先从天人关系开始，依次说明天人关系、天君关系以及天民关系的伦理内涵及其价值理路，然后就民本伦理中最主要的君民关系进行说明，论证君民关系的和谐和冲突，指出这种张力调适并促进了民本伦理的发展。同时说明民本思想本身有强烈的德性理念，认为民本伦理思想的现实落实，必然依靠德性的充分运作，但其对君主的德性诉求和对民众的德性诉求完全不同，从而造成君民关系在理性中应该和谐，但在实践中经常发生冲突，冲突与和谐是其发展轨迹的核心特征，换句话说，也正是理论和实践中的这种张力从根本上调适并促进了民本思想的发展。同时民本思想落实在具体的生活当中时也表现出自己的伦理倾向，强调养民利民虽有其价值正当性，但又必须符合义利的限度，在满足民众基本物欲的同时更应注重对其教化，以提升人的精神品质。民本思想的中心内容里蕴涵着深层的伦理悖论，如德性与利欲的冲突、目的价值和工具价值的错位等，使其理想中的政治充满伦理化的向往，现实中的伦理又转化为政治性的运作，最终造成了道德理想和专制现实之间的矛盾，从而使民本思想呈现政治伦理合一的特点。

2. 分析比较民本伦理的不同范型

从远古的民主和人道精神说起，指明敬德保民意识的出现，使民本伦理出现了萌芽，说明民本伦理的起源主要是因为政治统治中德性因素的增强，但由于社会条件的不同和思想家处理问题的角度差异，使儒、墨、道三家形成各自富有特色的民本思想。儒家号召德治仁政，孔子贵人重德，使人的价值凸显，为开明专制奠定理论根基；孟子主张性善并重王轻霸，甚至提出民贵君轻的观点，将民本伦理推向极致；荀子相信君舟民水，并从性恶的角度论证了等级秩序维持的必要与策略，使民本伦理出现法治化倾向。墨家号召兼爱利民，具有义利统一的倾向，其出发点和落脚点都是义利，目的是造就一个人人相亲相爱的和谐社会。道家以道和德的不同解释开启民本统治的新方式，在论述价值辩证转换的基础上阐述民本统治技巧，希望达到众皆平等的伦理目标。比较分析是为了厘清各自的优势与不足，为扬弃传统文化寻求合理依据。后来的董仲舒把民本理论系统化，虽强化了民本伦理的矛盾，却得到了统治者的赞赏而在实践中大行其道。到贞观时期，由于统治者的理性自觉，换来民本理论家理想的部分实现。宋明时期，民本理论主要局限于思想家们的呼吁，在现实中的表现却比较微弱。明清时期民本思想发展到极致，主要表现为对封建专制的批判，甚至试图用制度来限制君主的权力，但内外环境的制约使之沦为空谈。实践中君主制的覆灭使学理的研究和理论的思绪不得不转向另一崭新的境界，民生问题终于成了人人关注的话题。

3. 探讨民本伦理的现代价值

首先结合社会发展的目标和理念，指出民本伦理中应承继的合理内核，主要说明民本与民主、民权、人权以及人本之间的关系。首先论证了民主的合理性依据，剖析了民本传统对民主进程的积极影响并指出两者之间的本质区别，说明民本虽不能直接导向民主却为民主的产生和发展创造了条件。接着分析了古代中国的权利意识，尤其强调民权意识对民本伦理的解构。民本在政治领域的地位和作用虽然丧失，但其精神价值依然永存。其次指出民本伦理中既蕴涵着人权因素，但它又和现代人权观念及其价值不同，必须寻找合适的路径实现民本与人权的对接。最后通过分析以人为本的价值内涵，找到民本和人本的差异与联系，论证民本走向人本的可能与必然。通过民本与民权、民主、人权、人本的分析比较，阐述民本在通往理想社会的过程中的作用和局限。通过以上的分析和概述，我们不难发现民本意识源远流长并经久不衰，民本伦理的持久生命力主要体现在两个方面：一是它德性诉求的根源性意义，一是它设计的理想家园的精神感召力。然而它关注个体善忽略制度善的偏差使它的理想变成空想，关注集体人忽视个体人的缺陷又使它远离人的真正本质即自由。我们既要继承历史，又要超越传统，做到民本和人本结合，既改变自己，也改变环境，既要尊重个体公民的正当利益，也要尊重人类的根本利益，既要尊重权利，也要对权利有所限制，既要提倡法治，也要倡导德治，真正做到以民之所本为一切问题的出发点，促进社会的圆满和谐发展。

（二）本书可能的贡献

本书的贡献点可能表现在以下几个方面：

（1）突破传统思路，从伦理角度对中国传统民本思想进行梳理和诠释，揭示民本思想所涉及的人伦关系及其实质，并对其所蕴涵的道德问题进行剖析，进而论述其发展规律，找到此政治伦理的合理内核和不足之处，为当今执政理念服务。

（2）论题对民本伦理中研究尚显薄弱的道家、墨家伦理进行深入分析，尽可能地总结各个学派的民本主张，寻求各自的现实、学理、逻辑上的合理性，并对各学派的主张进行比较研究，对民本思想形成系统性的伦理解析。

（3）对民本思想内部所潜藏的伦理关系冲突进行细致分析，揭示民本伦理发展过程中的矛盾，说明民本伦理发展的内部动力。与此同时，结合民本伦理在发展过程中遇到的外部挑战，进一步说明民本思想演化的原因，从而明确民本思想就是在内外双重压力之下，自身才不断地发展变化，成为历史长河中一道不变的风景，从而完成对民本伦理的系统化解析。

（4）针对民本伦理中存在的观念冲突，从中西方伦理学的立场出发，对民主、人权、人本等关键词汇及其演变进行分析，在对比的过程中找寻其异同，在此基础上清理民本伦理发展过程中所遇到的混乱和困惑，对当今的民主、权利、人本理念和传统民本伦理进行比较，寻求现代文化转换发展的条件和出路，最后达到对传统文化进行批判继承的目的。

（5）通过对民本伦理所具有的利弊分析，寻求其具有长久生命力的原因，希冀通过传统文化的中介，并吸取外来文化的精髓，走向民本和人本的结合，使未来社会更加和谐与美满。

第一章　民本的伦理特质

作为传统文化精华的民本思想，充分体现了中华民族的智慧和卓识。由于中国古代文化具有典型的政治伦理一体化特点，民本思想中的政治特色和伦理特色也难解难分。所谓民本，就是指中国历史上将民众视为治国安邦根本的政治学说。民本的核心理念是以民为本，基本思路是：立君为民、民为国本、政在养民，在理论上主要指民为国本，本固邦宁的思想认识，在实践中表现为用利民、养民、富民、教民等手段来进行统治。不论政治思想家们是否明确提出民为国本的论断，只要他们主张采用养民、利民、教民的方法，认识到只有这样做才符合为政之道，才能使统治得到巩固，都被笔者视为民本思想系列。这一绵延久长的伦理思想，既约束了统治阶层的欲望也规范着他们的行为，同时也化育着被统治阶层，使他们变得驯服和温顺。中国古代的专制统治之所以能长久维系，民本伦理的调适和引导居功至伟。它的主流是推崇德治仁政的政治模式，需要依靠内圣外王的治理思路和统治者自身的道德自觉来推行，其政治理想只有依赖道德理想的伦理化和政治化运作才能够实现。伦理和政治二位一体的中国古代文化特征，使民本思想蕴涵着丰厚的政治伦理内容，本章将对民本的伦理特性及其在实践中呈现的伦理内容进行全面揭示。

一　民本思想的政治伦理特性

（一）民本的伦理意蕴

"伦理"在不同的文化渊源和历史背景中的内涵不尽相同。在西方文化传统中，伦理的概念以研究人类行为的是非善恶为基本旨向，但中国文化中的伦理则含有特殊的意蕴。"伦"并不是指一般的人际关系，而是指以血缘、宗法为基本内容和核心的人伦关系网络；"理"蕴涵了条理与秩序之义，引申为用来约束、指导人伦关系的原则、原理与规范，所以，从基本的含义来看，"伦理"至少涉及"伦"与"理"即人伦关系与人伦之理两个方面。"人伦关系"是一种客观伦理，是在血缘关系基础上形成的以宗法等级为特征的伦理关系；"人伦之理"是一种主观伦理，是各种人伦关系的原则和原理。如果个体在人伦网络中的地位不同，那么与之相对应的权利义务也就不同，需要遵守的"理"也不一样。民本思想通过对天人关系、君民关系的原理设定，揭示其中蕴涵的奥秘和实质，寻求各自得以延续运行的实践基础与文化理路，并在中国长期的历史发展中得到传承和扬弃，最终转化为民族的政治文化精神。

民本思想蕴涵极强的伦理意味，因为它揭示的主要是政治领域中统治者和被统治者的关系本质及其原理。在实践领域内，君及所有的统治者都处于社会序列的上位，不仅有至高无上的政治权利和地位，而且也有崇高的道德权利和地位，是万民应该敬仰和效仿的榜样，正因为如此，他们也有不可推卸的政治责任和道德义务。与之相对应的广大民众居于社会的下层，既无政治权利也无道德权利，有的只是依顺当时等级秩序安伦尽分和不断追求自身品质完善的无限道德义务。但在学理上，民本伦理却认定统治序列的核心是民，"民"是最重要的，国家的一切大政方针皆应以"民"为依归，民贵君轻，公共权力及其运用必须保障民众的利益，才能使权利的掌握和执行具备正义性，也才能让权力主体因保民而王，一旦偏离民众这一重心，将会导致统治的合法性与合理性危机。

中国传统政治思想和伦理思想始终没有明显的区分，政治生活和伦理生活合二为一，二者的共同目标和准则都宣称为正义。作为重要传统思想资源的民本学说，当然也以追求正义为圭臬。何谓正义？"正义是合于义、归于正、显为直、本于中的行为与措施。正义亦可说为人性之理与事物之理之谐和为一致，而为做人处世、治国平天下之根本原则，亦即天下之大本大经，不容稍有偏者也。"[1] 民本伦理思想关涉着政府权力的运用与民众权利的维护、专制政府运行的道德基础、处理君民关系的道德依据和价值取向，它对社会统治秩序和维护秩序和谐之原理进行了设计，将"天下一家"、"以德配天"、"德治仁政"、"仁义礼智"、"亲亲尊尊"等作为社会生活的核心理念，要求统治者加强自律的同时还能引领民众以提

---

① 成中英：《文化、伦理与管理》，贵州人民出版社1991年版，第223页。

升社会的道德品位，主张用宗法礼义规范民众的言行举止，用重义轻利的价值理念引导民众为人处世，要求统治阶层对民众要德礼为主，刑罚为辅，先教而后刑，终极目标是希望通过全体成员的安伦尽分增强统治的稳定性和长久性，并希冀通过社会成员的无尽道德努力造就温馨和谐充满浓厚伦理色彩的理想社会图景。为了保证等级秩序的有效维持和社会的延续发展，不仅规定了君和民的不同社会地位和道德地位，并依据其不同地位对之提出不同的要求，盼望统治者能通过个体的道德修养来限制个体欲望的膨胀，能通过举贤任能体现统治的明道善策，使个体利益服从于整体利益和长远利益；要求民众忠君孝父，依附顺从，超越物欲，近义弃利，最终目的是期望凭借道德之阶梯和桥梁，调适社会不同阶层之间的矛盾与冲突，以维持统治秩序的和谐和王权的长期存在。

（二）民本伦理思想的双重属性

中国古代的学术文化与西方据研究内容及对象性质不同所进行的学科分类有极大区别，其学科分类并不清晰，呈现出浑然一体的有机局面。但由于近代西化潮流的影响，西方的学科分类方法被引进中国。笔者对民本思想进行政治和伦理分论，也纯粹是基于当今的学术分野。伦理学的目的是让生活达到最充分、最美好和最完善的发展，包尔生认为伦理学的职能是双重的，一是决定人生的目的或至善，二是指出实现这一目的的方式或手段。民本思想首先设计出所谓"大同"式的至善伦理政治理想并使其成为人们向往的目标，引领社会发展的方向。为了实现这一目标，就必须制定一系列的行为规范和准则，要让这些规范准则在现实实践中呈现出来，就只有经过民本理论的一系列实践外化才能使理想付诸实现，也就是说，民本思想也必须具有实践理性的品质。民本政治理想充满伦理化向往，以仁和义为根本的理论出发点和目标归宿。而善恶正邪一定关乎到他人、关乎到社会，而且一般是关乎到他人和社会的利益的维护或损害，这就必然要求民本思想内容既受理性指导并得到理性确证，又具有转化为现实的能力。民本思想的现实运作靠的是伦理化的方式，而伦理化方式的实现又离不开现实的政治手段，二者相辅相成，充分体现了中国政治伦理一体化的文化特色。

1. 伦理特色浓厚的政治理想

民本思想的政治目标主要体现在《礼记·礼运》所描绘的"大同世

界"中，具体就是："大道之行也，天下为公。选贤与能，讲信修睦，故人不独亲其亲，不独子其子，使老有所终，壮有所用，幼有所长，鳏寡孤独废疾者，皆有所养。男有分，女有归。货，恶其弃于地也，不必藏于己；力，恶其不出于身也，不必为己。是故，谋闭而不兴，盗窃乱贼而不作，故外户而不闭，是谓大同。"这个理想世界就是仁政德治的最终追求，充满温馨的伦理气息，既显示为理想的政治统治效果，又显示为人人情操高尚的理想伦理境界，它显然是儒家倾心的伦理与政治同化的最佳社会状态，这种理想境界实现的重要前提是英明君主的优良统治。君主实行优良统治的合理性和合法性依据就是内圣，只有内圣才能外王，内圣外王的通途是修身齐家治国平天下。也就是说，仁政的起点是修身。作为君主，其德行修养的主要方法就是顺从天意，但天意是民意的反映，因为上天是为了民的需要才设立君的，所谓"天之生民，非为君也，天之立君以为民也"①。君主必须通过各种方式赢得民众拥护，这些方式主要包括：第一，思想上重民、爱民。"以不忍人之心，行不忍人之政"②，与民同忧乐。第二，经济上利民、富民。要为民众谋福利，解决好民众的衣食住行，使民众过上富足生活。民富则国富，国富则易治；反之，民穷则国衰，国衰则易乱。第三，政治上安民、济民。安定民众和选拔官吏是治国的两大法宝，只有官贤民安才能维持政治清明和长久。第四，文化上教民、育民。满足民众生活需求之后，必须对之进行道德教化，提高其道德水准。孔子首先提出富而后教的观点，孟子更重道德教化，他说："善政不如善教之得民也。善政，民畏之；善教，民爱之。善政得民财，善教得民心。"③"善教"即是启发民众理性，培养道德情感，属于更高的政治境界。这些民本理念的实践外化，呈现的是君主的崇高德行，造就的是美满的伦理世界。

民本学说认为政治理想的基础和现实均取决于人伦道德，统治阶层的精神和行为导向在此起着举足轻重的作用，故而特别要求居社会上位的他们遵守礼义规范并以此教导百姓，使百姓也能安守统治秩序。这种政治化的道德

---

① 《荀子·大略》，（清）王先谦：《荀子集解》，中华书局1988年版（以下《荀子》均引自该版本）。

② 《孟子·公孙丑上》，杨伯峻：《孟子译注》，中华书局1960年版（以下《孟子》均引自该版本）。

③ 《孟子·尽心上》。

伦理要求所起的精神规范作用在实践中是双向的：一方面它规定了统治者（包括君主和当权的官吏）对民众应尽的责任，必须遵从伦理精神，加强道德修养，做到爱民保民，其核心是君德的崇高；另一方面，它同时也规定了臣民对君主、百姓对官吏应尽的义务，即民德，便是事君以忠、事官以敬。然而，德治的路途是由修身以至治国平天下，由尽己之性达到尽人之性，靠的是自身德性修养或榜样的推动，这种想法在理论上有其理想主义和浪漫主义的因素，但在实际生活中难以操作。因为，民本学说中的民众主体并不独立，以民为本的实质，仅仅是把民当作被动接受恩施的客体，按照父母与子女的模式来理解君、官与民众的关系，以满足民在物质上和役力上的基本需求为上限。何况民众如果道德素质不高，仅靠统治者德治的推广感应，不仅难以达到目的，而且没有监督和约束的单方施政推德，极有可能演变成人治和暴政。根据孟德斯鸠的观点："一切有权力的人都容易滥用权力，这是万古不易的一条经验。有权力的人们使用权力一直到遇有界限的地方才休止"，"要防止滥用权力，就必须以权力约束权力"①。

统治者要有道德，这并没有什么错，问题在于不能仅靠道德的力量来约束统治者的行为。权力不加限制，必定导致专权、腐败，仁政理想所面对的现实常常是暴政。但在人的自我约束还未充分发展之前的很长一段时间内，外界的权威是必不可少的，如果没有宗教来提供这一权威，那么必然有世俗的权威来取而代之。没有对神的畏惧，那就必须有对人的畏惧。因此，将个人神化制造出一个人间神（皇帝）来，就是必然之事。所以，民本伦理对民众主体意识和权利的忽视，导致其伦理世界的最终失落，思想家们最终也不得不承认："今大道既隐，天下为家。各亲其亲，各子其子，货力为己，大人世及以为礼。城郭沟池以为固，礼义以为纪；以正君臣，以笃父子，以睦兄弟，以和夫妇，以设制度，以立田里，以贤勇知，以功为己。"② 在理想与现实的矛盾中，不仅政治理想的伦理目标没有实现，反而使伦理开始了政治化的运作，专制统治的严酷和残暴撕破了民本伦理所披的温情脉脉的面纱。

2. 现实伦理的政治化运作

"由于中国传统社会结构具有宗法一体、家国同构的特征，这使中国

---

① ［法］孟德斯鸠：《论法的精神》（上），张雁深译，商务印书馆1982年版，第150页。
② 《礼记·礼运》。

传统家庭作为社会的细胞承担着比较复杂的社会学和政治学功能。从家的角度看，家政的重心在于如何齐家，即如何维系一种以血缘关系为基础的宗族秩序的稳定与和谐，因此，齐家之道乃是一种政治之道。同时又由于中国古代将孝悌之道作为齐家的主要途径，所以它又是一种伦理之道。从国的角度讲，传统的王道政治以实现天下为公、选贤与能、讲信修睦为理想，而且强调礼乐与仁义道德是实现这一政治理想的主要途径，孔子将这种王道政治称为德政，这无疑使传统中国的政治具有伦理化的特征。"①唯一能够完整地提供这种秩序模式的，便是根植中国社会历史沃土之中，全面影响和制约人的言行取向的宗法血缘关系及其礼俗制度，因为深植于社会原始关系基础上的论说，不仅是最能够获得社会的广泛认同，而且又可以成为政治统治者顺畅运用的论据。民本伦理政治的秩序设计，因其根源于血缘关系，而具有了伦理政治之道是取法宗法血缘关系、归宗自然性秩序的特点。一方面，理想的王道不过是自然秩序的社会摹写；另一方面，社会秩序得以保证的规范，亦不过是自然伦常规范的提升而已，是个规范性秩序与自然性秩序的合二为一。德治的实质是仁政，而"仁之实，事亲是也；义之实，从兄是也；智之实，知斯二者弗去是也；礼之实，节文斯二者是也；乐之实，乐斯二者"②。可见，政治之道取法自然天成的人生血缘关系，又靠保守既有伦理秩序以维护政治秩序。

我国古代社会没有把伦理原则与政治原则分离开来，有以下三方面的表现：首先，从总体上看，尽管政治原则在形式上是从伦理原则推导出来的，有仁心才有仁政，但在实质上，伦理是为政治原则做辩护的，其目的是维护等级制度加强等级剥削。其次，在道德修养学说中，明确规定修身是为了治国平天下，实际上就是培养人们从内心对封建秩序永恒性、合理性的确信。离开了这种政治目的，修身便成为毫无意义的事。最后，在评价政治制度方面，把道德标准放在第一位。在德礼政刑四种方法中，德政历来被置于首要的位置。德政的核心是仁，孔子对"仁"的解释是"爱人"而且是"泛爱众"，然而实行起来，爱什么人，怎样爱各色人等，就有条件限制了，要以符合"礼"为条件，受"礼"的限制。依照"礼"

---

① 任剑涛：《儒家伦理政治与保守政治模式的建构》，《广东社会科学》2002 年第 2 期，第31—36 页。

② 《孟子·离娄上》。

的规定，人被分成不同等级，只可以有区别的爱不同等级的人，而不能同样地爱不同等级的人，不能为不同等级的人谋同样的利益。礼包括国家制度、等级秩序和典章仪式等内容，以礼为最高的道德规范，也就把个人与社会的关系放在首位，以社会为本位，强调个人对完成社会义务的必要性和正义性。注重道德的教化作用，以礼来治人情，以等级制度来作为统一人情的礼，后来又具体化为"三纲五常"，从而把绝对的忠与孝变成社会伦理的基本规范，到了这时，忠和孝就在完全意义上成为我国封建社会中的社会伦理的基本规范。孝既是对活人的孝也是对死人的孝，以此把族类作为同心同德的政治基础，同时又以宗室血缘的亲疏远近确定内部的等级秩序，孝便走出家族伦理的范围。子女对父母的义务，扩大而为小宗对大宗的义务，诸侯对天子的义务，家庭中的父子关系又延伸为政治上的君臣关系。血缘上的追孝、尊祖则成为维系统治阶级内部团结的纽带，于是由家族到国家，达到了伦理与政治的统一。

统一的结果正如樊浩教授所说："儒家伦理精神的目的不仅在于伦理政治化，也试图将政治伦理化。因为只有伦理政治化与政治伦理化相结合，才是完整的伦理政治的内涵。然而伦理政治化是必然的，它反映了其阶级实质，而政治伦理化的努力在阶级社会中只能是一种软弱的要求，或者只能是为政治的神圣性作论证，而不能充分实现政治伦理化的目标。儒家伦理具有理想性，同时也具有空想性，因此，儒家伦理的缔造者在道德的谆谆教导中包含有许多迂阔之谈与虚伪说教，具有欺骗性。从这个角度可以说，儒家伦理政治精神在最初出发点上具有理想性，但由于在社会生活中根本无法落实，具有空想性，于是在客观社会效应上便具有欺骗性。"[①] 民本思想追求的是以伦理和政治相结合的方式治理天下，伦理和政治有机合作，以伦理协调人心，以政治维持秩序，其德性诉求向往的是政治伦理化的美妙图景，其结果造就了伦理政治化的残酷现实。

不管社会如何变迁，伦常问题都始终是中国古代政治文化的中心内容。伦理道德被看作是人的本质，人的行为的最高准则就是实现道德，而实现的途径则是按照伦常的规范要求修身养性，如此，伦常作为人的行为的最高准则便成为中国传统政治文化的思想基础，而政治文化又是以伦常的形式来为君主专制制度服务的，它的突出表现就是德政思想。德政作为

---

①　樊浩：《中国伦理精神的历史建构》，江苏人民出版社 1992 年版，第 75 页。

封建统治者维护统治的一种重要手段，其实质是要求统治者通过自身的道德修养以感化百姓，并通过公认的礼义规范以教化百姓，借助仁义道德来维系现实社会的伦常秩序，正所谓："百姓以德附，骨肉以义亲。夫妇以义合，朋友以义信，君臣以义序，百官以义承，曾阂以仁成大孝，伯姬以义建至贞，守国者以仁坚固。佐君者以义不倾，君以仁治，臣以义平"①，伦理和政治就这样血肉交融地凝结在一起。但是，民本伦理信奉的内圣外王模式存在严重的理论缺陷：内圣的表现是仁，它作为一种精神追求是必要的，其实践动力是外王，但其道德动力在哪里，民本伦理无法回答。何况内圣是私人之事，外王是公共事务，内圣不一定必然过渡到外王。内圣外王的致思理路错把应然等同于实然，把价值判断等同于事实判断，或者以价值判断代替事实判断，必然造成民本伦理思想本身的悖论。

二　民本伦理的滥觞及其主要关系辨析

马克思在谈到古代民族的思想历程时曾经写道："古代各族是在幻想中、神话中经历了自己的史前时期。"② 将神话本身化为历史传说，这是中国式的，在把零散的神话形象加以历史化的同时，也完成了中国式神话的"帝系"化。作为帝王君主，一开始就有非凡的地位，因为他们为天之骄子，既有神格和神性，又有人格和人性，集神人性格于一身，使天人之间发生了不可深究的伦理关系，故而民本伦理在根源上必须拷问天和人、天和君以及君和民之间的关系。天人合一思想既是一切中国文化现象的根基和归宿，也是中国德性伦理的目的和最高境界，研究民本伦理也必然从文化的根基出发，首先探求天人关系在民本伦理中的重要表现，思考在天的范围之下，君和民到底该如何作为，其作为又有何意义，通过这种行为要达到一种怎样的境界或程度。

（一）"神本"转化到"民本"的历程

众所周知，中国传统伦理道德文化对社会生活根本秩序的设计是

---

① 陆贾：《新语·道基》，参阅王利器《新语校注》，中华书局1986年版（以下《新语》均引自该版本）。

② 马克思：《黑格尔法哲学批判》，《导言：马克思恩格斯选集》第1卷，人民出版社1972年版，第6页。

"天人合德"。"天人合德的过程，既是对社会生活秩序合理性的论证，也是道德主体自我修养的过程。"① 作为至高无上的"天"，既是至上之神，又是自然之体，既是天命又是天理。但从伦理的角度看，天就成了伦理化的宇宙秩序，是人类社会生活秩序的本根，也是一切道德原则的高度概括，道德的圆满就是天人合一，但在历史发展的长河中，天人合一是一个极其庞杂的命题，在不同学派、不同时代、不同思想家，甚至在每个思想家不同问题的议论中，都有不同的含义和内容。至于天人是如何合一的，是在什么意义上合一的，可以说是千奇百怪，各式各样，因而有必要对民本伦理中涉及的天人关系的内涵加以研讨。

1. 天的伦理内涵与神本观念的诞生

"天"在中国古代的含义非常庞杂，焦国成教授认为："从伦理学的视角来看待历史上的天人关系问题，其内涵无非有以下几点：其一，从天是有神秘力量的、具有人格的至上神意义上说，天人关系的伦理含义也就是天的意志与人的道德意志、天的指示与人的道德行为的关系；其二，从天是一种无形的力量、必然性的命运、偶然性的意义上说，天人关系的伦理含义，也就是命运与人的能力和道德行为之间的关系；其三，从天是自然之物、自然之象或天然的状态的意义上说，天人关系的含义，也就是天然与人为之间的关系，其伦理的内涵就在于：天然是最完善的，还是人为的东西才是最完美的？其四，从天是天道、天理、宇宙中一切事物的普遍规律的意义上说，天人关系也就是天道、天理、宇宙的总规律与人之道、人类社会生活遵循的伦理道德规则之间的关系。"② 无论是哪一种含义，在世俗生活中都反映出早期人类的普遍心理，即唯天为大，唯天是敬，唯天是从。作为驾驭宇宙、领袖群伦的超自然的精神支柱，天是早期中国文化寄寓的精神象征。它支持着中国人的信仰，操纵着中国人的观念与思维方式，监控着中国的政治生活，濡染着中国的民风民俗。在传统思想中，天始终具有神秘性和宗教性，这主要表现在天是有意志的最高的造物主和主宰者。中国古代虽然没有以天为崇拜对象的完整组织系统的宗教体系，但对天的崇拜却有某种宗教意义，其宗教性靠社会意识、人伦之礼、风俗

---

① 张怀承：《试论中国传统文化三教互补的伦理精神》，《湖南社会科学》2000 年第 4 期，第 12—15 页。

② 焦国成：《中国伦理学通论》（上），山西人民出版社 1997 年版，第 35—36 页。

习惯和迷信思想等来维持。几乎每个人都是天然的教徒，君主便是这个弥散性宗教的教主，"天子"可以说是宗教教主的最形象的表述。

除了对上天的超自然精神力量的塑造，中国文化还特别注重上天的伦理道德品质的塑造。备受人们尊崇的中国天神，几乎都是头顶光圈的人间偶像，他们不食人间烟火，舍弃七情六欲，慈祥和蔼庇佑人间，既是无所不能的祖先神，又是等级秩序、社会行为准则的渊源与楷模。首先，从血缘伦理关系来看，天具有先祖神的性质，人间君王是上天之子，与天有血缘关系。这种比附和追宗过程，一方面使最高统治者产生正统感、优越感、自信心，支撑自己弹压别人的权威的神圣性和不可侵犯性；另一方面也使神或英雄人物取得了完全的人形、人性，失去神的资格。为了弥补人性的不足和释怀人们的疑虑，就不得不用崇高的甚至令人无法企及的道德形象来掩盖现实的残缺，于是崇德不崇力就自然地演化为中国文化的又一显著特征。其次，中国历代信奉"天垂象，见吉凶……圣人则之"[①] 一类天人感应训条，它是上天仁义道德的本质特征的具体表现。这一训条表明了一个完整的中国式的文化认识过程，星象昭昭于天，垂示吉凶祸福，圣人们只要依照天理行事就可以了。因此，自《尚书》以来，人们普遍认为，人之伦常是上天为万民制定，赐给人间的；管理是依照天意设置，代天行治的。天规定了人伦秩序，社会就有了等级礼义，天要求有德行，为官就必须依天道以德化育天下。这种理论，经过后世思想家的不断阐发，广泛深入人心，为政者必须法天而治，虔诚供奉，才算遵奉为君之道。通过这种形式非宗教实质宗教化的天道信仰，找到德治仁政的根源条件，为民本伦理思想奠定形上基础。

2. 神本与君本观念的交织及其价值理路

在古代，所有的帝王都是天的宠儿，他们的生命本身就具有神性与超人的性质，他们是感人而生的神物，是天人交媾的产儿。"天子"这个概念中包括了说不尽的宗教意义，只要认同这个称谓，自然便是自觉或不自觉的教徒。刘泽华教授认为："天子称谓的基本内涵是：君为天之子，受命于天，代天施治。具体地说有三层含义及政治效应。其一，君权神授。天是拥有绝对权威的神，君是天选定的民主。天命求之不得，推之不去，君的去留取决于某种超人的权威。其二，天子以天为宗。天是人的曾祖

---

① 《周易·系辞上》。

父，天和天子是父子关系。这就在观念上使社会乃至宇宙的宗法秩序获得更为完善的形态，进一步强化了君主的宗法地位。其三，君命乃天命。天子秉天命主宰人世，君的权威等同于天的权威。天子称谓将宗教意识、宗法意识与政治意识交织在一起，全面地论证了最高权力的一元性、神圣性和绝对性。"① 既然帝王是天子，天的至高无上性和君与天关系的神秘性使君主自然地转化为臣民之天。在天人合一中，天王合一始终是问题的核心，只有巫师后来是君主才有资格与天相通，对一般人，是绝对禁止与天地通的，也就是说，除天子外，任何人不能与天合一。君主通过天人合一既转化为通天之人，又成为神的化身。君即神的政治观念，既把帝王权威神秘化，又把神秘主义现实化，不断制造天子的神话，把君主与整个社会群体分隔开来，使君和君权成为人们顶礼膜拜的对象。神化称谓的特点是通过君主的神格化，使君权崇拜变成一种信仰。从现实社会政治的视角，把君主固化为人上人，君权不受其他一切人或秩序的制约，神化称谓又进一步把这种观念升华：君主根本不受人间的支配和制约，君的权威来自神命，不可违逆。

神与王之间最理想的状态是王神合一，但神权和王权既有和谐的一面，又有冲突的隐患。一方面神权覆灭，王权遭殃；另一方面，神权不抑，王权不兴。王权既要依附和尊崇神权，又要使王对神的尊奉流于形式，才能保持二者的平衡。对君主的圣化正是天人观念、神王观念进行重新调整的产物，圣化的主要特点是把君主说成是集理性、才智、品德、功业于一身的全知全能的圣人，圣王称谓明显的是理性思维和逻辑论证的结果。"圣人所涵盖的君权观念最富有思辨色彩，与其他称谓直接源于对君主的肯定颂扬和崇拜不同。圣王观念发轫于统治阶级的自我认识和自我批判，有一个以先王为圣，到圣应为王，再到圣化一切君主的演化过程。这种批判与造圣相辅相成的思想认识运动，主要是由思想家们推动并完成的。"② 这种造圣运动和天命观的衰落是一致的，因为随着人们对天命观的质疑，德的观念进入人的视野并占据思想的统治地位，强调君主能否真正进入政治领域并长存下去主要是由其个人品质决定的，修德代替天命变为政治的核心内容，修德就是修身，只有修身才能齐家治国平天下，把天

① 刘泽华：《中国的王权主义》，上海人民出版社 2000 年版，第 234 页。
② 同上书，第 236 页。

下的治理同个人的品质完善联系在一起，开创了政治专制的新局面。因为在此以前，帝王主要关注的是外王之势，依赖的是威力和某种权术，而德的充分介入将统治阶层的注意力引向内圣，内圣外王成为人们普遍认同的价值理路。其发展路径是首先把社会群体认同的传说中的尧、舜、禹等帝王推到圣人的位置上，以此作为圣人成立的依据；然后利用祖先崇拜的成果把先王与圣人等同起来，提出可师法的对象；最后通过先王这一中介环节，将圣人的品质落实到君主的头上，将君主圣化。如此一来，原来的内圣才能外王的致思理路便异化为外王就是内圣的逻辑结果。由于圣人观念的提出结合了最普通的道德修养问题，所以它比单纯地利用神权申明王权更具迷惑性。圣的观念同时满足着两方面的需求：一方面要求君主不断加强自身的道德修养，树立爱民理念并付诸行动，才能顺应民意，对外称王；另一方面既然王者就是圣人，民众就要服从圣人安于现状。如此一来，在君主的神性权威受到人们的质疑时，圣化的观念又将它罩上了神秘的面纱。圣人兼具超人的品格和人的美德，成为理想中的巨人。圣者法天而立道，博爱而无私，以至德善行垂化于人。以王为圣既满足着君主专制的政治需要，同时因圣而王又调节着社会对君主的情绪。这样，初期的民本意识就和圣王意识、天命意识、宗教意识交织在一起，使天和君的关系以更理性的面目呈现在世人面前，在上帝失去其权威性和说服力的时候，使社会群体丧失主体意识，把思维能力自觉或不自觉地约束在圣人观的控制之下。

汉代的董仲舒对天人关系进行了新的论证，使天人关系进一步系统化。他认为天与人可以相互沟通，但这种沟通并不是直接的，而是间接的，人与天的沟通是通过一个中间环节来实现的，这个中介就是"圣人"。对于天，圣人是人类的总代表，对于人，圣人则是天在人间的代理人，执行着天的意志和命令。圣人对应于实际政治就是王，王就是现实的圣人，圣人则是理想的王，圣人与王具有内在的统一性。君主的权力来源于天，天子秉承天的意志来治理国家，管理社会。臣民对君主只能毕恭毕敬，唯命是从，否则就是对天不敬，逆天而行了。君权神授说直接导出了君尊臣卑，强化了君主集权与专制的神圣性。但董仲舒在论证天人合一、君权神授的同时，也指出了天的权威是高于君主的，君主虽居于万人之上，但也要尊天敬天，受天约束。如果君的行为符合天意，就会天降祥瑞褒奖天子，反之，天就会以变异的方式给出警告，督促君主改正。如果君主依然冥顽不灵不知悔改，天就会给予责罚，降临祸乱，这就是所谓的天谴。天人感应理论和天谴说表达了思想家对权利制约的期望，是其在政治上成熟的表现。然而，在现实社会政治生活中，君主的权力是至高无上的，天的权威则是虚幻的，在没有法律、制度保证的情况下，以天制约君权常常流于空谈，很难取得实际效果。然而随着社会的发展进步和思想意识的逐渐深邃与成熟，意识的神秘性越来越受到实践客观性的制约和排挤，天限制政治权利的威信与能力慢慢下降，民在权利中的基础地位却日渐上升，民本伦理中对君的德性要求和对民的价值的肯定和张扬，在某种程度上制约了君权的无限扩张，这正是"中国两千年之政治，虽为专制而民气不斩，虽属王权而民多生息……乃一开明的专制"①的根由之所在。

君主由何而来、因何而设的问题涉及君主政体的必然性、合理性以及君权的合法性，又是进而解释帝王权势、治国之道和君主规范的重要依据。民本思想设定立君为民，君要以德配天，其最大的德就是仁，仁者爱人，只有爱人才符合人道。人道即人和道的合一，人道体现在人身上主要表现为内外两方面的愉悦，对内不断的修身养性，对外努力践行道之要求，成为大人、圣人，离开道，人也就不成其为人了。人道不仅表现了对人的价值的肯定，对人的尊重与关怀，而且是对人的本质属性的道德规定，是人的道德完善的目标。仁者爱人的理念落实到实践中就表现为爱民、利民、富民、惠民、安民、教民、博施于民。孔子曾经赞扬子产具备四项"君子之道"，其中两项就是"其养民也惠，其使民也义"②，即养护百姓施以恩惠，役使百姓合乎道理。民本伦理要求开明的统治者，对道应有一种自然的追求，把自己看成道的化身，以身载道，做到君子动而为天下道，行而为天下德，言而为天下则。通过内圣而外王，外王时要继续体认道并推行道，依照"老吾老，以及人之老；幼吾幼，以及人之幼"③的推恩理念，养民利民教民，满足民众基本需求，以仁政获取民众的尊敬和拥护。

3. 民本观念的出现及天人关系的走向

天人关系中，尽管天君关系是中心，但天民关系是基础。天人关系的

---

① 金耀基：《中国民本思想史》，商务印书馆1993年版，第1页。

② 《论语·公冶长》，杨伯峻：《论语译注》，中华书局1980年版（以下《论语》均引自该版本）。

③ 《孟子·梁惠王上》。

发展基本遵循如下理路，即从"天命"决定人事，到"天命"与人事各不相干，再到对"天命"的唾弃和对"人事"的推重；从人屈从于"天"，到人的作用的被发现，再到人在历史运动中的主要地位的被肯定，可以说是在逐渐走向真理性认识的道路。在这一发展路径中，天人关系落实到社会生活中主要表现为臣民同世俗政权的关系，民本思想的发展理路应是重民而轻天，正所谓"务民之义，敬鬼神而远之，可谓知矣"①，这就是中国政权比神权重要在文化上的根源。但在初民社会，天一直居于至高无上的地位，不仅是因为人们自然崇拜心理的持续发展，更重要的是因为夏商两代统治者为了巩固王权，加强对人们的思想控制，有意识地用天命、鬼神之说对王权进行神化。正如张荣明教授所说："我们通常认为意识形态的宗教实际上是现实世界的投影。人类进入文明时代之后，原来的部落首领转变为权力至上的王，于是天界诸神中也出现了权力和地位至尊的帝。从主流看，殷人把现实世界的统治者称为王，把理想世界的统治者称为帝，由于人间的王摄取了统辖各方国的权力，神界的帝也就具有了统辖各种自然神灵和社会神灵的神力。上帝的权力几乎遍及大自然和社会生活的各个方面：帝控制着风雨雷电，控制着作物的生长和年成的丰歉，控制着城邑的建设和存毁，主宰着人间君主的行动甚至命运，主宰着人类的社会生活。"②但那个凌驾于人的命运之上的天，只不过是异化了的人力，也可以说是个人无法左右的群体之力或社会力。对于这个玄妙的天帝之力，人们只能通过祭祀的方式进行顶礼膜拜以祈福避祸。但祭祀本身体现的是一种人神关系，人以牺牲祭神，看来是在满足神的要求、达到神的目的，但其实，人满足神正是为了要神回报人，从而达到人的目的。人是神的奉祭者，从这一角度说，神有赖于人；但另一方面，神又是人的保佑者，从这一角度说，人又有赖于神。人与神之间有着既相反又相成的不可分离的关系，他们都各以自身为目的，而且为了实现自己的目的，双方都不能完全忽视对方存在的重要性。

夏商时代，上帝、天命有绝对的权威，人间祸福、善恶都由天命决定，政治权利的更替，道德规范的制定都取决于天，人们都以"受命"

①　《论语·雍也》。

②　张荣明：《权力的谎言——中国传统的政治宗教》，浙江人民出版社 2000 年版，第 28 页。

为最高价值目标，以"祈天永命"为实现价值理性的根本途径。然而，西周的统治者修正了夏商时期的价值意识，他们虽然也承认天神是重要的价值主体、价值本源，却认为"天命靡常"，只有"以德配天""敬德保民"才能保民而王，虽然没有改变天命观念的主导地位，却是一种理性的真实的价值观念，标志着中华民族价值观念的自觉，明确认识到人在价值实现中的主体地位。周人的"天"有其独立的意志，这种意志是不以人的意志为转移的"天意"、"天命"，但帝却独立于天转而依附于德。君王敬神的目的既是表现内圣也是为了外王，内圣的中心目的是成就外王，外王的必要条件是顺从天意，可天意要靠民意来表达，只有符合民意，得到民的爱戴和拥护才能为王，于是天和民之间就不能不发生必然的联系。周人不仅把具有浓厚色彩的至上神——帝，改造成具有理性色彩的天，把具有浓厚宗教情绪的命，变为具有人伦特征的德，而且把天、德、民联系起来加以思考：至上神——天，有天命予夺的权力，但天命予夺是有一定根据的，须根据人王的政行，故人王须以德配天；而人王的德之善否则是由民意反映而定，王要遵天就必须保民，德的主要内容便是敬天保民，如此，把天、地、民联系起来加以考察，是周人在宗教观、天命观方面的一大发明，也是使其统治思维理性化、世俗化的重要途径。将天命与民情联系起来，认为天的意志在民，民的意志是天的意志的晴雨表："天聪明，自我民聪明"、"天明威，自我民明威"①、"天畏棐忱，民情大可见"②。统治者只有敬天保民，才能"受天永命"③，认识到普通民众对于价值创造、价值维护的重要作用，民在整个统治秩序中的道德地位和现实地位逐渐爬升。西周末年"怨天"思潮兴起，怀疑天命重视人道的价值观念不断发展。春秋初年季梁氏最终提出"夫民，神之主也"、"是以圣王先成民而后致力于神"④ 的观念，这是"民为神主"思想的最先提出，他明显地把"民"摆在"神"之上，颠倒了神和民的价值地位，但他仍肯定这是"圣王"的遗风，表明他还要让这种主张蒙上"正统"的色彩。庄公三十二年虢国的史官说："国将兴，听于民"，"国将亡，听于神"，"神，

---

① 《尚书·皋陶谟》。

② 《尚书·康诰》。

③ 《尚书·召诰》。

④ 《左传·桓公六年》。

聪明正直而壹者也，依人而行"①。此说进一步认为连国家兴亡这样的大事也取决于民而不取决于神，神只能依人而行，这样，天、神都失去了自己的独立意志，一切都以人的意志为转移。战国时期各家各派的具体价值取向各异，但都有一个殊途同归的凝聚点，就是"贵人"。强调人的价值和民的地位与作用的论说一经出现，几乎在中国的统治思想中以一贯之，历代统治者为了政权的长治久安都不得不谨慎地对待民的问题。

但是，在实践领域中，天民关系问题上一直存在一种矛盾：一方面天有着绝对的至上性，人的意志行为只能顺从它，而不能要求它或改变它，所谓顺天者昌，逆天者亡，天是整个宇宙社会的绝对操纵者和决定者；另一方面，天又受到人的德行的限制，天只有通过人才能表现自己的力量，是人的内在道德规定了天的意志，到底是天制约人还是人限制天，天人矛盾在这里短兵相接，相信天命和怀疑天命成为思想领域无法克服的内在矛盾，也是人之企图从天的主宰下挣脱出来而尚未能达目的的表现。但在道德领域里，天和人，只能是合一的，也必然是合一的。不仅因为只有依据天的绝对性才能说明道德本身的根源性意义，而且对于统治的神圣性和合法性来说，天的权威性也不可动摇，因此在民的地位开始上升的同时，依据天的原理对民的限制也自然诞生。周公制礼作乐来对民进行积极限制，礼乐文化主要依据神圣性的血缘根据，这是上天造就的无法更正的社会关系。等级差别出于天命、出于天然，不得有任何非分之想，更不能有非分之学。等级名分，各自有道，每个人都必须依据自己的身份地位为人处世不得僭越，否则即使不为封建律法所制裁，也会在人们的道德鄙视和践踏中失去存在和发展的土壤。伦理政治的合二为一，使温情脉脉的人伦关系最后演化为冷酷森严的等级关系，每个人都必须安分在君主专制的等级秩序之下。整个古代的整体思维进路都是以君主专制为出发点的，无论多么伟大的思想家，在当时都不会也不可能对君主制度进行质疑。在此前提下，不管对人有多少高扬的言词，但由于等级名分这一天网笼罩在每个人的头上，在天面前，不存在人人平等，因此人们只有角色人格，很少有独立人格，也极少个人尊严，民只能停留在群氓的社会地位上，只能是统治者施惠的对象，谈不上任何的权利享受。然而，由于民意又代表天意，因而当民众对统治者的不满累积到一定程度时，他们又可能代表天起而反

① 《左传·庄公三十二年》。

抗，无道者便会失去存在的依据，人人得而诛之。诛戮无道讲的是行为的合理性，替天行道是历史上"革命"、"造反"的最高依据，于是，天和民之间的对立统一关系，就自然地影响到现实中君和民关系，使君民关系也在对立统一中延续。

（二）尊君重民之间的矛盾与调适

中国传统哲学具有天人合一的理论特征，天道和人道之间有着不可分割的联系，天道规定着人道，人道承继、完善着天道。初期天道制约着人道，进而人道体现着天道，最后人道超越了天道。《中庸》开篇就说："天命之谓性，率性之谓道，修道之谓教"①，直接从天道中引申出人道，"以德辅天"说法的提出，更蕴涵着把人道从天道中分离出来的思想，人类的理性渐渐明晰了天道远，人道迩，人道不仅有别于天道，而且就人类社会的生活而言，人道的重要性往往在天道之上，要维护社会秩序，不能乞求天道的垂怜，只能依靠人自身的力量，所以《易传》讲"天地之大德曰生"②，明确地以生生之仁解释天道的道德属性。人类社会的道德就是天道中蕴涵的人道精神的自然表现，践履人道即展现、扩充、完善天道之本然。"天"设立制度，选立君主，是让他协助自己治理天下，安定民生，天子的责任就是代天牧民，但要想获得代天牧民的资格，其言行就需要符合一定的道，此道就是广大民众的群体意愿，"因而我们可以说人文或人道都是中国传统的概念，但它不是从哲学的存在论上说以人为'本根'或'本原'的意思，而是从价值论上说以人为中心或以人为最有价值的意思，归根到底也就是人为贵，人为目的的思想"③。"立君为民"说明政治的根本目的在于民这个共同体的利益，从政治本体论的角度论证了民在政治生活中的地位。得民养民是君主的天职，也是其保有君位的必要条件，只要认同"立君为民"，势必认同"民为国本"、"政在养民"的基本思路。④民本伦理的宗旨是为了统治政权的巩固与发展，而君民关系又决定着政权的存亡，因而民本伦理的核心关系必然是君民关系。按照民

---

①　《中庸》，朱熹：《四书集注》，凤凰出版社2005年版。

②　《易传·系辞下》。

③　李存山：《"人本"与"民本"》，《哲学动态》2005年第6期，第21—25页。

④　张分田：《论"立君为民"在民本思想体系中的理论地位》，《天津师范大学学报》（社会科学版）2005年第2期，第1—7页。

本思想的理性设计，君本和民本并行不悖，只有保持二者的和谐一致才能维持社会秩序的运行，但在现实中，君和民的关系经常性地紧张甚至发生激烈的冲突，使民本设计陷入虚妄，因而梳理统治者与被统治者的关系，寻找其应然和实然成分，辨析其价值所在，可以为当今政治建设提供合理的借鉴。

1. 君民关系和谐的理性思路

不论民本伦理的理性追求是什么，但我们可以肯定的是：君必然占据主导地位。无论他进行统治或获取权利的依据是什么，一旦他居于最高地位，他的言行就可以左右民的命运。但作为一个统治者，不仅仅是一个君主，更承担着管理社稷、振兴民族的责任。一方面，他施行法制应该是为了惩恶扬善，维护纲常和社会秩序的正常运转；施行仁政，则是为了安抚黎民，广得民心，从而维系一国的长治久安。另一方面，他行使权力的目的也可能是为了个人或某些集团的利益，而置民众利益于不顾。因此，为了利益的调和与社会的稳定，必须采取多种手段限制君权的膨胀和增强民众对权利的制约能力，从而确立君与民之间亲如血缘般的关系，使君民关系在德治和法治中保持理性的和谐。这种和谐关系在某些时候是现实，但在更多时候是一种理想，其影响因素主要有以下几个方面：

首先，古圣先贤树立的楷模对君民关系进行着引导和制约。四千年前的尧、舜、禹时代，历史学家称之为古国时代。在古国政治体制中，帝王是至善的楷模，他们的言行被当作明德的典范，其善行懿德被后人不断敬恭神明地传颂并摩顶放踵地仿效。尧、舜、禹是被后世儒家理想化的古代圣明之君，尧德智俱全，生活中克明俊德，亲睦九族，平章百姓，协和万邦；舜性至孝，以德化民；禹始之辅佐舜帝施行仁政，登帝位后整治道德政治法则，作《洪范》九畴，概言天地之道和修身为政之事。中国士大夫一般都对这些历史化了的上古神话深信不疑，把它们看作中国古史的真实图景。在这些古史系列中记载的英雄人物，化成了一些文化英雄或圣君贤臣以及各种道德的或非道德的首领人物。"上古神话历史化的关键作用在于：把古代神祇分成善恶两类，分别代表历史事件中的正反两面。古代中国意识形态里的这种伦理意识十分强烈，在黑白二色伦理意识的关注之下，人们首先关心的是神话形象和艺术形象的道德性质，他是好人还是坏人而不是这个形象是否完美、合理。对善的关注超过了对美的重视和对真的追求，从而形成中国精神的基本要素是对社会政治等世俗生活方面的德的尊崇。历史化是伦理化的基础，伦理化又是政治化的准备。"① 在神话社会化的过程中，神话中的伦理因素不断增强，因为社会斗争越激烈，社会结构越需要某种秩序予以维系，道德的价值也就越来越高。对德的尊崇、对伦理行为的过度关注，导致人的精神的实用倾向和经验化，使中国式的伦理最终抛弃了宗教与神话的外衣，而直接诉诸统治集团所需要的社会集团方面互相依存的伦理关系，以及在这一需要下被塑造、培植起来的社会人的良知和心理习惯。在这一过程中，周人的入主中原及其推行的宗法改革政策，具有决定性的意义。周族以其劣势的人力、物力和相对落后的文化，击败了久居优势的殷族文明国家，这不能不使他们认识到人的努力与人心向背的重要性。他们更清楚天道和人道的实践意义，明白天命恰恰寓于人的意志和人的努力之中，社会伦理的范畴，从此受到了比宗教神话范畴更大的重视。神对人事的超自然干涉作用降低了，人类社会行为的价值上升了，新的价值观念集中体现在帝王的身上，普遍希冀并认定他能像古帝王一样与万民和谐相处，使天下亲如一家。

其次，现实社会力量对君民关系的塑造。皇权无限是一种至尊至上的观念，对帝王来说，他要以此为天下大法，自尊自爱塑造其权威形象，自立为社会的轴心，同时还要向社会群体灌输臣民意识使他们环绕这一轴心而运行。对社会群体而言，他们则需要皇极意识来维持相对稳定的社会秩序，通过充当社会的配角，要求帝王兼顾他们的愿望。在这一双向互动的过程中，一方面，社会群体自觉或不自觉地约束其思想行为，把社会理想寄托于至善至美的圣人身上，渴望圣人与君主合二为一；另一方面，君主则必须有效地利用神权，通过法圣把圣人的品质攫为己有，以此塑造至尊的权威形象。也就是说，专制制度在肯定君主一人对国家最高权力的独占、赋予君主无限的权力的同时，也使他背上了无限繁重、超负荷的管理负担。面对无限复杂的现实世界和无限繁重的政治事务，面对自己知识、精力、能力的有限，英明的君主不得不无止境地进取，全方位地拓展自己的能力，完善自己的品行，尽可能赢得民众的爱戴和尊敬，从而展示其雄才大略，维持其圣贤尊荣。另外，仁人志士也矢志不渝地为自己理想中的美好社会鼓吹呐喊甚至亲力亲为，把仁、义、礼、智、信构成的儒家道统视为高于君权的真理，从道不从君，以此制衡君权，迫使君主遵循圣贤之

① 谢选骏：《神话与民族精神》，山东文艺出版社 1986 年版，第 214 页。

道并对之保有敬畏之心，首先是敬畏天地自然使人能与自然和谐相处，其次是敬畏天命鬼神以求得福泽来保佑自身庇荫子孙，最后是敬畏礼法，勤勉地修善积德尊礼守法传承良好的传统。最终通过榜样和教化作用，使民众能够敬仰道德，见贤思齐，畏惧法律，临罪止步。使臣民亲附于天子，承受其光华，归附到君主的准则下面，造就君主的权利意志。

权利意志的建立，虽然可以依靠神权申明王权，但实践中基本以暴力为后盾威胁和以教化为手段引导才能造就民众的服从与顺从。当统治者意识到利用神秘的神权力量既不可靠又难以掩人耳目，而利用暴力极有可能导致民众更猛烈的反抗，特别是春秋弑君三十六、亡国七十二的残酷现实，迫使专制统治向理性化方向发展，重民观念迅速上升，对君主自身的德行修养要求必然加强，其中最能体现君主德行的方面就是能够实施利民、养民、教民之策略。孟子"得斯民斯得天下"①的思想和唐甄提出的"封疆，民固之，府库，民充之，朝廷，民尊之，官职，民养之"②的论点，很清楚地说明了封建统治者重视民的原因。中国历代的统治者都非常清楚民心之向背关系着国家兴亡，君若以仁安民、以德化民，则民或处承平、或处危急，其心若一也。君须以民之福祉为依归，以民之生养为天职，因为"善生养人者人亲之，善班治人者人安之，善显设人者人乐之，善藩饰人者人荣之。四统者俱而天下归之，夫是之谓能群"③。君主的至上权利和责任与民众的社会地位和作用会对君权形成有效的压力和制约。一个理性的君主应自知责任重大，必然会采取各种有效措施增强统治的理性化，使君民之间尽可能相处融洽。理性中的君民关系应该和谐，但现实中的君主都不可能是至圣至明的智者，其才能不可能胜任其角色规范的要求，仅靠君主的一己之才来对国家实行人治总是不够的，民众没有参与统治决策的权力与途径，很容易造成权力的异化。要么君主权力无限膨胀，要么乱臣篡权又扛着皇权的旗帜滋扰百姓，从而造成君民关系的紧张和冲突。

2. 君民关系在实践中的冲突与调适

由于君民关系中君始终居于至尊地位，因而这一关系的紧张一般都是由于君主过度运用权力或由于自身的无能导致统治权力旁落所造成。不论

---

① 《孟子·离娄上》。
② 唐甄：《潜书·明鉴篇》，古籍出版社1955年版，第108页。
③ 《荀子集解·君道篇》。

君主是通过什么方式获取权力的，中国的皇帝几乎都用君权神授来为自己障目。君不仅是天子，而且是民之父母。作为天子，他拥有超人的、至高无上的、排他性权力，事无巨细都躬身自断，处理的恰当与否都不容质疑而且要全面落实。所有人在君主面前只有服从和尊崇的份，而没有商议和平等的资格。平时用严格的等级制度和礼仪规范约束人们的言行甚至思维，必要的时候采用残酷的刑法和暴力来维护自己的尊严。专制制度延续的历史时期，一直奉行的最高政治准则是君主神圣不可侵犯，君主的意志高于一切，君权至高无上不容置疑。君主权力的至上性从根本上否定、排斥一切具有稳定性、独立性的制度和机构，一切制度和组织机构都必须根据君主的意志而废存转移。君主对国家一切事务和全体臣民拥有全面、绝对的权力，君主的意志就是法律，可以言出法随，对臣民随意进行生杀予夺，而不受任何法律制度的制约。君主集神权、政权、父权、师权（思想权威）于一身，天、地、君、亲、师五位一体，任何人不得公开怀疑、触犯君主的这种权力和地位，否则就会遭到最严厉的制裁。同时王者又为民之父母，要求民众安分守己，恪守礼仪规范，以君为父尽忠尽孝献爱，冷酷的政治关系与家庭伦理奇妙地融合在一起，通过政治伦理的桎梏和教化，培养臣民放弃自我依附于君主的心理意识，并将之转化为自觉的行动。

权力的无限性会给君主带来两个方面的负面影响：一是导致君主的专制暴虐，二是造成大多数君主力不从心。一方面，少数君主会随着统治权力的拥有，自我欲望也逐渐膨胀，甚至扬恶抑善，加速君民关系的恶化；另一方面，大多数君主还是能保持一种警惕之心励精图治。但是，君主的无限权力要求的是君主本人的全知全能，而现实的君主是人而不是神，往往由于各种条件的限制而表现出能力的有限性，这种有权而无能、能力与其权力极其不对称的矛盾情况，也可以从两个层面加以说明：一是事必躬亲的要求和事务的繁多与个人体力和精力的有限性之间的矛盾难以解决，这就必然会造成判断的偏颇和处理结果的失宜，权力掌握者的个人主观意志就会转化为判断是非的标准，失去理性的善恶是非标准最终会危及整个统治秩序，在现实中自然表现为恶。所以为了防止这种情况的进一步恶化，必然要求设计其他的弥补方法更正其不足，一旦弥补失效也就预示了其覆灭的命运，因为民众最终会以革命的方式结束这种恶。二是君主专制本身不仅不能产生符合全权要求的全能人物，就连当时条件下比较优秀的人物也难以保证，从而导致君主有权而无能。君权在本质上的排他性就决定了其不能由异姓染指，故在最高权力的继承形式上，只能采取以"贵"（嫡）和"长"（年龄）为硬性标准的君位世袭制。这种制度把具有继承资格的人数限制在一个人身上，把最高统治者的选择范围压缩在最低限度，以使皇位能在一家一姓内部有秩序地继承，自然无法顾及对君主在才智德行方面的要求。同时，君主的全权职务不仅要求他起码应具有正常人的感情和健全的人格，而且必须广闻博见，具有一切最高统治者、政治家的必备阅历和必要感受，才有可能扮演好君主的角色，专制制度下的君主恰巧缺乏这种条件和锻炼。美国的托马斯·潘恩在其《常识》中不无辛辣地说："君主政治的体制里有一些极端可笑的东西。这个体制首先使一个人无从广闻博见，然而又授权他去解决那些需要十分明智地加以判断的问题；国王的身份使他昧于世事，然而国王的职务却要求他洞悉一切。因而这两种不同的方面，由于它们出乎常理地互相敌对和破坏，证明那整个的人物是荒唐的和无用的。"[1] 正是有鉴于君主的权力和他的实际能力之间存在如此的悬殊和矛盾，潘恩甚至抨击君主制度常常把笨驴而不是雄狮给予人类，从而使这种制度成为笑柄，使君民关系往往处于紧张之中。

　　上述分析可能会使我们产生这样的认识，即君民关系在现实中经常以冲突的方式存在，因而专制制度很容易招致被统治者的厌恶而覆灭，但历史呈现的是专制统治的长期延续，深入剖析就不难发现，其原因主要是因为社会中存在调解君民关系的因子，这些因素通过各种方式呈现自己，其表现之一就是君主专制制度自身会发育成长出某种调节机制或解毒功能，一定程度上约束君权的滥用和过度膨胀，弥补君主在能力上的不足，并在实际运行中调节、缓和了君主专制制度的内在矛盾与冲突，从而在很大程度上使之能够长期维持并发育完备。按照钱穆先生的话，就是中国的君主专制制度存在两个层面、两种力量或两种功能——"桌面上的政治"和"桌子底下的政治"。在制度的正面和制度的最初设计层面，表现出的是一种维持、强化君权的力量和倾向，这种力量或倾向力求突破一切束缚和一切障碍，顽强地展现专制制度的本质特征；在制度的里面和制度的运行层面，又存在一种调节、制约君权的力量与倾向，力求从体制内约束君权的盲目扩长和非理性、随意性倾向，弥补君主在能力方面的不足，突出表

---

　　① 欧阳祯人：《先秦儒家的君权合法性论证浅析》，http://www.Paper800.com。

现在以宰相制度为代表的官僚制度方面。① 另外，为了更加有效地贯彻个人意志，君主们不得不对个人意志有所约束，给予官僚制度以相对独立的活动空间，使之产生某种对事不对人的普遍化、客观化倾向。同时，士大夫阶层基于道尊于势的立场，竭力保持独立的目标和追求，并用自己的理想和目标来升华现实的君主制度，力求使之成为行道之器，制约着君主权力的极度膨胀。特别是儒家思想确立其独尊地位、逐渐成为政治生态中最重要的政治文化土壤后，其道德理想、价值取向与行为规范便在很大程度上制度化为官僚组织的目标、原则和活动规范，使官僚制度获得了相对独立的思想源头和归依。官僚制度在目标取向、活动规范方面的独立性与稳定性，形成对专制君主的制约、反弹力量，官僚制度本身的运行规律在一定程度上缓解了君民之间产生矛盾的压力。

缓解君民关系的第二个途径便是统治阶级的选贤任能制度。官吏是君主借以贯彻治国治民政策的中介，统治阶层的公正、廉洁、清明、诚信，不仅可以提高统治权力的威信，促使人民安居乐业，而且可以引导社会价值观念的培育，造就和谐美好的社会环境。官员素质的高低不仅决定着皇帝决策的实施结果，而且在某种程度上对皇帝的决策失误与否起到引导和规约作用，所以历来的统治者都非常重视选贤任能工作。官吏主要来源于士大夫阶层，因而要求士做到"穷不失义，达不离道。穷不失义，故士得己焉；达不离道，故民不失望焉。古之人，得志，泽加于民；不得志，修身见于世。穷则独善其身，达则兼善天下"②。科举制度确立之前，官员大多依靠统治阶层的举荐，但推举有一个重要的理性标准就是唯德才是举，而且德为才先。士阶层一旦获得晋升之梯就跃升为大人，作为大人就要坚持仁义，不论得志不得志，不受贫富贵贱的影响，也不屈服于暴力和威势的压迫，在任何环境、任何情况下，都要保持坚定崇高的气节，做到"居天下之广居，立天下之正位，行天下之大道；得志，与民由之；不得志，独行其道。富贵不能淫，贫贱不能移，威武不能屈"③。唯有如此才能成为贤人，贤者能以道为准绳，兼备仁知并能守礼尊义贵诚，能够做到公私分明，克己奉公，日常能够节制嗜欲见利思义，同时加强自身修养成

---

① 张星久：《试析中国封建君主专制制度的内在基本矛盾》，http://www.popitblog.com/lunwen/dfzx/23619_4.html。

② 《孟子·尽心章句上》。

③ 《孟子·滕文公章句下》。

为万民表率，必要的时候不惜生命为帝王纠偏。他们的清洁廉明和刚正不阿，在一定程度和范围内可以缓解社会矛盾。但科举制度不仅保证了选贤任能，也给广大的士大夫阶层带来高官厚禄的光明前程和无限诱惑，使他们专心于穷经读书而忽略了对社会其他生活内容的关注，一般的民众对国家政治生活又比较淡漠，如此一来，统治阶级与被统治阶级的矛盾便消化为无形，专制制度得以稳固和延续。

缓解君民关系紧张的第三个也是最激烈的途径便是民众的革命。由于君民关系中民的劣势地位，经常导致统治者滥用权力，呈现的结果是：温厚的或怯懦的屈从会引起非正义行为的重复发生和对这种行为的效仿，它也引诱着那些本来由于害怕惩罚而不敢行为不轨的人们去作恶，从而危及他人的权利。因为"如果谁允许别人干涉他的权利而不做法律上的抵抗，他就在这个范围内削弱了社会建立起来以抵抗非正义的屏障"①。当统治权力被滥用时，民众的反抗不仅有着现实的必要性，同时有着道德的合理性，既是践行天辅德主的必然结果，也是表达民意改善民生的最有效途径。对民众革命权论述最早的当属孟子，当他和齐宣王对话时，齐宣王问曰："臣弑其君可乎?"孟子曰："贼仁者谓之'贼'，贼义者谓之'残'；残贼之人谓之'一夫'。闻诛一夫纣矣，未闻弑君也。"② 这一思想是对统治者的当头棒喝，尽管在古代没有得到多少思想家的共鸣，却经常被民众践行着。不论民众的造反举动成功与否，都会敲响统治的警钟，使执政者在一定程度上改变策略，解决民众迫切要求的问题，从而减弱君民之间的矛盾。

解压君民紧张关系的第四个对统治者来说也是最有利的途径就是君主的多重民本措施。英明的统治者和思想家，有的从民成就君主霸业的角度，有的从民关系国家兴亡安危的角度，有的从民是国家根本构成要素的角度，有的从社会经济生活的角度，阐明人民是国家的根本和基础，将民众视为治国安邦的关键，重视民众在社会政治生活、经济、道德等实践中的重要地位和作用，要求统治阶级关注、重视人民利益，根据广大人民的愿望和要求制定统治策略。整个统治过程要体现爱民仁民、利民富民、顺

---

① ［德］弗里德里希·包尔生：《伦理学体系》，何怀宏、廖申白译，中国社会科学出版社1988年版，第531页。

② 《孟子·梁惠王下》。

民教民的意向，防止残民、贱民、虐民的暴政和绝对的君权论，注重民众的力量和人心的向背。现实政治有意识地对民众进行定位，使重民保民的措施最后转化为自觉的民本思想。因为"如果要去探究那些隐藏在——自觉地或不自觉地，而且往往是不自觉地——历史人物的动机背后并且构成历史的真正的最后动力的动力，那么应当注意的，与其说是个别人物、即使是非常杰出的人物的动机，不如说是使广大群众、使整个整个的民族，以及在每一民族中间又是整个整个阶级行动起来的动机；而且也不是短暂的爆发和转瞬即逝的火光，而是持久的、引起伟大历史变迁的行动"①。人民群众尽管不是决定历史的显层力量，却是决定历史的最终力量，是他们主宰着历史的命运。他们虽然站在英雄人物的背后，但他们的力量足以使每一位领袖人物为之震撼和敬畏，故而民本意识一经出现便因备受上层关注而绵延不绝，成为中华民族传统文化的精华。

3. 君民关系的内在张力与民本伦理的延续

君民之间既互相依存又互相制约，此张力促使统治阶层利民教民以培育提升自己的德行，使民本伦理获得发展的动力。正如《缁衣》所记："民以君为心，君以民为体。心庄则体舒，心肃则容敬。心好之，身必安之；君好之，民必欲之。心以体全，亦以体伤；君以民存，亦以民亡。""夫民教之以德，齐之以礼，则民有格心。教之以政，齐之以刑，则民有遯心。""故君民者，子以爱之，则民亲之；信以结之，则民不倍；恭以莅之，则民有孙心。"②可见，君与民的关系是互动的，是彼此牵制、彼此制约的。亦即君必须以民为"体"，民才能够以君为"心"；君主对人民有慈爱之心，人民对君主才会有亲和之意；君主对人民讲信用、与人民交朋友，人民才不会背叛君主；君主对人民待之以礼、恭敬有加，人民也才会有谦逊之心。先秦儒家制衡君主的思想还体现在上天对君权的制约上，先哲的逻辑是，既然君主的崇高地位是上天赐予的，对天就应该绝对孝顺。与此同时，作为天子之父的上天就具有了监督君主所作所为的无边法力，如果君主体认天道，依民性民意而为，就会风调雨顺；如果君主醉生梦死，逆民而行，就会天灾人祸不断，甚至灭亡。但"天"和"君"

---

① 恩格斯：《路德维希·费尔巴哈和德国古典哲学的终结》，《马克思恩格斯选集》第4卷，人民出版社1972年版，第245页。

② 《礼记·缁衣》。

的基础和根本却是"民","天"和"君"的存在是以民为目的的,"民"有时甚至超过了"天"和"君"。儒家始终认为天道、天理、天意是公平、正义的化身,但天道、天理、天意只能通过民心、民意来表达,所以"民"在民本伦理中占有突出的地位。作为君王必须服从天意即顺从民心,否则,民就可以揭竿而起,替天行道,从而勾画出一幅天与民共同制约君主的理想的政治图景。即使是主张无为而治的道家,也极力奉劝君主要以民为本,"圣人无常心,以百姓心为心"①,"故治国之道,乃以民为本。无民,君与臣无可治,无可理也。是故,古者大圣贤共治事,旦夕专以民为大急,忧其民也"②。君的统治必须反映民的需求,防止民怨丛生。对君而言,民众是一股强大的不仅不可忽视而且必须敬畏的外在约束力量。

可"任何生物都本能地按照我是宇宙的中心、万物皆是为我和我的目的服务的手段的这条格言行事"③。特别是当统治者把神权垄断起来以后,万民的一切都成了君主的恩赐,民众应无条件地服从君主。于是君主权力膨胀的结果就是给社会带来矛盾和冲突,想减弱与缓和这些矛盾与冲突以便使统治保持稳固,就必须找到调适君民关系的方法,民本伦理就是通过天、君、民的关系设定来促成这一目标实现的。然而,在君主统治人民这一环节上,其关系是直接的,也是无弹性的;而在民意作用于君主这一环节上,因为隔着"天"这一个中介,其关系就是间接的,成为有弹性的了。因为,在这种思想体系里,君主受命于天,从而对天负责,而不对民负责;君主无道伤民,民怨上达于天,天才会或早或迟地警告、惩罚以至变置君主。在这里,就表现出两个弹性极限:其一,君主如非大无道,天是不会遽然变置他的;其二,君主的无道只有达到使人无可容忍的程度,天才会改命新君,实现改朝换代。只要在这两个弹性极限之内,君主就有恣意妄为的自由,而其反抗者也只能落一个"败则为寇"的下场。在这里,我们还可以看到一种悖论:本质实为民心的"天意",在这种思想体系里原是一种起调节作用的理性,但这种调节作用的实现只能在暴力

---

① 《老子·四十九章》,陈鼓应:《老子注释及评介》,中华书局1984年版(以下所引用《老子》均出自该版本)。

② 王明:《太平经合校》,中华书局1960年版,第151页。

③ 〔德〕弗里德里希·包尔生:《伦理学体系》,何怀宏、廖申白译,中国社会科学出版社1988年版,第518页。

革命中才能完成，除此之外皆为空谈，其主要原因是天意的异化与民权的匮乏。权利是对抗别人侵犯自己的尊严、自由和利益的道德资格和制度手段，民若无权利，就没有合法的资格表达自己的意愿，没有足够的力量去阻止治者侵害自己的权利，便不能保护自身的利益；若无权利，民便不能当自己的家，作国家的主；不能作国家之主，民则不能参与国家事务的管理，无权选举自己信任的领导者，甚至不能对国家事务发表意见。对于民来说，这时的国家只不过是自己世世代代居住的洞穴，而不是精神与物质的家园！

可见，专制制度内部两种力量的矛盾运动——君权的约束调节力量与强化力量之间的对立统一运动，使君主专制制度形成了某种自我调节机制，减弱了其狭隘性、封闭性与非理性因素，降低和减缓了政治动荡的频率与政治衰败的速度，从而使它能够在协调统治阶级内部利益关系、维护统治秩序方面发挥出基本的效能。但是君权在制度上的无限性与君主实际能力的有限性之间的矛盾，一方面把君主虚设为至圣至明的全能角色，赋予他不受任何外在法律制度约束的、无限的权力，要求他以全能的角色去行使无限的权力，另一方面又在事实上无法使君主具有能够胜任此种角色的能力。这样，无论从情理上还是从经验上看，专制制度下的君主都必然会陷于权力与能力之间的深刻矛盾之中，正是为了解决这些矛盾，才使思想家们设计出民本的方案并且使这一方案能够持续存在，但民本方案不能真正解决专制制度带来的问题，削弱专制的方法只能是真正地赋予民众以权利并实现制度化的民主统治。

三　民本伦理的实践运作理路

不论在理论和现实当中，天、君、民之间都存在有内在的张力。尽管统治阶层还没有彻底明白人民才是社会历史的真正创造者，但他们深知，人民是统治权利赖以生存的最根本的基础，得民心者得天下，失民心者失天下，即顺民者昌、逆民者亡，只有处理好与民众的关系，才能保持长治久安。实现民本理想处理好与民众关系的前提是统治者的道德自觉，仁政爱民，爱民的要旨首先在于养民利民，厚爱众生，奠定社会秩序运转的坚实物质基础；其次才是对民众进行教化，提升民众素养，寻求秩序和谐维继的长久方略。

（一）民本德性诉求的差异与成因

中国文化的伦理特性决定着民本思想的实施主要依赖于道德，君德和民德都是其中不可或缺的因素。但民本伦理实践是以君为中心的，君主的德行好坏在某种程度上决定着民本理念的能否践行，故而对君主的德性要求非常高。

1. 对君的德性诉求

中国文化的特质是伦理文化，伦理的价值目标是追求至善的人伦关系与至善的人格，至善就需求德性的圆满。美国政治学家莱斯利·里普森在其名著《政治学的重大问题》一书中指出："'权威不是来源于那些受权力管辖的人'，即使一个政府是建立在这个信念的基础上，她仍然必须在两种不同的关于权威来源的理论之间二者择一，一种是权威被想象为既不是来源于统治者也不是来源于被统治者，而是来源于二者之上的更高的权力，它作为一种礼物而降临到统治者的头上，如同从天而降的；另一种是权威被想象成一种由于统治者特定的品质而被赋予的独特禀赋，它内在地根植于统治者自身。"① 在天命观盛行时，人们相信君权神授，但社会的真实进程最终使人道取代了天道，伦理德性积淀为中国文化的主要特征。现实生活中，人们赞同以德配天，对君主的德行寄予了厚望并以此为依据来判断君主的圣明与昏庸，其影响因素大致有以下几个方面：

第一，传说中君主德行的榜样作用。中国传统文化的童年时期主要表现为天神崇拜和祖先崇拜，天神崇拜为部族领袖的社会管理权力提供了超凡的根据，尤其是三皇五帝的形象给后世君主包括民众都留下了抹不掉的影响，人们赋予先王和先王之道无限的神圣性和权威性，表现为先王与上帝是对应互通关系，一切文明制度几乎都是先王创立的，先王还有成百物的作用。先王之道既包括制度也包括精神，源于天成于王，其内容概括起来大致有：一要赐给臣民福寿，二要以身作则使民心服，三要刑罚有度，四要用有能有为之人，尊敬高明之人。尤其是尧、舜、禹的品行和德性得到历代思想家的极力赞扬，文、武、周公沿袭并发展了前者的德行，造就了政治清明、人民安居乐业的盛世景象，得到人民的长久缅怀和思念。

----

① ［美］莱斯利·里普森：《政治学的重大问题》，刘晓等译，华夏出版社2001年版，第175—176页。

桀、纣残暴无德倒行逆施，导致身败名裂、国破家亡。正反两方面的事例是对宗法制下嫡长子进行教育的主要内容，也是士大夫代代相传的经验教训，这必然给后代君主树立起效仿的对象，使他们主动或被迫适应自己角色的要求，限制自我欲望以塑造自身的德性。

第二，君主角色定位的必然要求。民本伦理中的君主是道德楷模，必须仁义并存。仁的低层次要求是爱敬双亲，中间层次是敬爱兄弟，最高层次则是泛爱众而亲仁。义的低层次是见利思义，高层次则为舍生取义。德治仁政的伦理目标实现首先靠的是上行下效，为君者、为官者、为父者、为师者的榜样示范作用，因为"其身正，不令而行；其身不正，虽令不从"①。其次依赖社会用人机制、社会舆论、风俗习惯的导向作用。"君子之德，风，小人之德，草。草上之风，必偃"②，也就是说，统治者的道德水平与国家的治理密切相关，统治阶层的道德品质对于国家的安危福祸，具有极为重要的影响。圣明之君"不宝远物，则远人格"，"所宝惟贤，则迩近人安。宝贤任能，则近人安"③。只有如此才能兴邦安国，反之就是暴君、昏君，丧邦亡国。董仲舒认为："为人君者，正心以正朝廷，正朝廷以正百官，正百官以正万民，正万民以正四方——是以阴阳调而风雨顺——而王道终矣。"④统治者要先正己然后正人，以德治国，以德治民，使人民有归顺之心而无犯上作乱之意。正如孔子所说："为政以德，譬如北辰居其所而众星拱之。"⑤王道正直就会使整个社会道德准则和行为准则通行不悖，"君仁，莫不仁；君义，莫不义；君正，莫不正。一正君而国定矣"⑥。只有君主注重德行，才能使普天之下道德畅行，实现社会的伦理目标。

第三，道德修养等级划分的必然结果。中国传统伦理一直认为人和动物的根本区别在于人有德性而动物只有本能，人的德性修养的高低也决定着人格的不同。"道德人格，主要是指小人、君子、贤人、圣人这几种类型。小人，是道德水准低下之人，见利忘义，同而不和；君子，是道德水

---

① 《论语·子路》。

② 《论语·颜渊》。

③ 《尚书·旅獒》。

④ （汉）班固：《汉书·董仲舒传》，中华书局 1962 年版。

⑤ 《论语·为政》。

⑥ 《孟子·离娄上》。

准高于一般大众之人，他们是仁民爱物、见利思义、和而不同等优秀品格的集中体现；贤人，是指道德水准与君子差不多，或略高一点的人，德才俱佳，能力强，道德水平高。圣人，道德水准至高无上之人，发愤忘食是圣人之志，乐以忘忧是圣人之道，圣人重其道而轻其禄，众人重其禄而轻其道。"① 按照这种划分，道德猥琐的小人根本不具备社会人格，不能修身就失去了进身社会的基础。只有君子以上的人才有资格齐家治国平天下，因为"德性是一种获得性人类品质，这种德性的拥有和践行，使我们能够获得实践的内在利益，缺乏这种德性，就无从获得这些利益"②。按照民本伦理的要求，要想成为君主，就要在社会实践中不断提升自己的品行，具备圣人人格，才能得道而王，因为在众人的心目中，崇高德性的具备是作为君主的必要条件。尊天命而王与得道而王的路线不同，前者崇神性，要从神那里寻求合理性与合法性；后者崇理性，要以人的自我完善、功业、德政作为合理性与合法性的依据。崇尚神性更多表现为依赖，崇尚理性多表现为主观能动性的创造。君主有明暗之分，其区别的重要标志就是能否知"道"和尊"道"。只有崇德才能体现"道"，"道"是理性的抽象，可用抽象的思维方法认识和把握，"道"要通过学习才能获得。圣君明主要通天道、地道、人道，并付诸实践，简言之就是法天地，天人合一。得道而王，一方面表明道具有超越王的意义，王要向道靠拢，要体认道；另一方面，道又是王的合理性根据，道王之间没有不可逾越的界限，王可以得道，这也为王占有道开了通途。

第四，君主职位对德能的要求。专制制度下的君主握有独一无二的大权，再加上人治的特点，造成国家之内，事无巨细都要君主一人说了算，他的言行左右着国家的命运和社会运转的方向及社会风气的好坏，因而对君主的德能也就提出了至高无上的要求。但这些能力中最根本的是德性修为，只有君主具备高尚的品行，才能判断准确，处事英明，也才能避免任人唯亲而让贤能有用武之地。有德之人往往是贤人，而有才能之人也必须是有德之人。对于君主往往要求才德兼备，是为圣人。但在社会治理中，只有圣君也不行，君与臣一起才构成完整的统治阶层。贤臣是政体稳定、

———————————

① 魏英敏：《儒家伦理、道德层次论的启迪》，《苏州科技学院学报》（社会科学版）2003年第 4 期，第 41—45 页。

② ［英］A. 麦金太尔：《德性之后》，龚群、戴扬毅译，中国社会科学出版社 1995 年版，第 241 页。

国富民安的基础条件，所以用臣一定要强调贤。只有贤君才能选用贤臣，君臣皆贤才能保证政治的廉明，赢得民众的信任。何况君既是权威又是民之父母，是整个社会统治的轴心，当然需要不断提升自己的德性。君主要行德政，必须仁厚爱民，首先完善自我然后推恩于民众，为民众谋利益。《周易》认为，为了民众的利益，闻过即改，见善而作是统治者有道德的基本要求，《系辞下》说："天地之大德曰生"，"圣人之大宝曰位"，"何以守位？曰仁。何以聚人？曰财"。"理财正辞，禁民为非曰义。"① 只有仁义并举德行高尚的人治国，才能普施仁爱，尊道守义，使民本理念得以贯彻。

2. 对民众的德性要求

尽管整个专制时代，道德体系的主要目的之一就是为了彰显君主的尊贵、神圣，其本质是为了说明君主凌驾一切的权势和统治民众的合法性与合理性，但对下层民众的行为规范，也有详尽的要求和规定。对民众的道德诉求主要是忠和孝，二者也是实施民本伦理道德教化的核心内容。忠和孝的本质都是一种尊卑、主从的不平等关系，尤其是董仲舒改造儒学之后，父权和君权在各自的范围内，均有至高无上而又无所不包的统治权力。在维护这种绝对权力上，忠和孝的功能是一样的，而且，孝有向忠转化的可能。孔子说："其为人也孝弟，而好犯上者，鲜矣；不好犯上，而好作乱者，未之有也。"②《孝经》也说："以孝事君则忠"，"以敬事长则顺"③。如果子女在小家庭中对其家长极尽顺服、恭敬，作为臣民他就能用这种态度去奉事君主。若民众都顺服、恭敬，就会上下无怨天下和睦。何况传统文化一直重视人作为人的本性，也就是仁、义、礼、智"四心"，具备"四心"就能遵守道德规范，做到忠孝并举。由此观之，民众遵循忠孝礼义，恪守"三纲五常"，不仅是因为畏惧和顺从外在的强制暴力，也是人性和道德精神的自觉追求，从而使道德追求具有了天然的合理性和无可质疑的基础地位。同时，儒家君子人格的道德理想，就是让听命于专制皇权的忠孝礼义，内化为主体人格自觉的伦理需求，最终培养出忠于专制统治的奴性人格。虽然思想家们一直呼吁以德治国，而且统治者也

① 《周易·系辞下》。
② 《论语·学而》。
③ 《孝经·士章》。

标榜自己的德行仁政，但德治思想对民众的精神腐蚀是巨大的，在客观上增强了民众对"圣君"的崇拜和依赖心理。既然圣君绝对英明，民众的生死祸福全仰赖于帝王的开明和恩惠，所以在君主面前，百姓只要做个忠顺臣民就够了，遇到矛盾，圣上可以为你做主；假如天道已丧，有新的君王来改变自己的际遇，所以，德治的目的就是为了尊君，要求臣民遵守"三纲五常"的伦理准则和忠孝道德规范，一心不二地顺从君主的统治和支配。

对民众的德性要求归结为一点，就是无条件地服从于专制统治的需求，不仅是表面的顺从和屈服，更是内心深处的一种理性自觉，只有把自己塑造成统治阶级需要的人格类型，才符合民本伦理的需求。思想家们毕生的追求就是希冀君主推行德治仁政，但道德的政治治理功能存在两个方面：一方面，体现在道德应该成为并且必须成为国家的社会制度和法律制度确立或改革的原则与基础，并将其道德理想和道德精神融入制度和法律之中，从而使之成为政治和法律的基本精神和具体内容；另一方面，道德对政治和国家治理的功能必须通过制度运转、权力的制约、法律的实施来实现，也就是说，社会的治理需要德治和法治并重。要把一个社会治理成理想的社会，不仅需要进行道德理想、道德精神和道德实践的教育，而且还要通过社会活动让仁、义、礼、智深入人心并转化为人们的自觉意识，但这种社会化的实践活动，不能完全靠道德本身来实现，还必须通过规范化的制度和法律来协调才可能达到，这就昭示了仁政统治的虚幻性和欺骗性，也注定了思想家们的理性追求必然破灭的历史命运。

作为治国策略的民本伦理思想，主要反映天与君、天与民和君与民之间的关系，其关系之中蕴涵着普遍性的原理，因为人间君王是上天之子，与天有血缘关系，这是君权神圣与合法的最终依据，但天并不是随意授人权柄，而是偏向于有德之人。君德具备与否要看民众对他的反映，只有得到民众的满意和爱戴，最终才能得到天的应允，天的意志要以民众的意志为转移，天授权予君是为了满足民的普遍利益欲求，所以在民本思想当中，德性具有至高无上的地位，它是沟通天、君、民关系的纽带和桥梁。只有君民都具备理性的道德素质，民本的伦理目标才能得以实现。但由于君臣在社会伦理网络中的位置不同，因而对君和民的德性诉求也不同，民本伦理主要是通过规定君民的不同社会等级和德行要求，维持统治秩序的延续，实现伦理的和谐。

（二）民本伦理的经济利益诉求

尽管民本伦理经济诉求的根本目的是为了以君主为代表的统治阶层利益，但鉴于民众经济利益需求的合理性与正当性，君主必须在此作出符合义或利的取舍。这一取舍，不仅关系到君主道德行为的善恶选择，而且关系到民众实际生活的顺逆和幸福，更直接关系到社会的安危治乱。如果君主以义作为行为原则，就有可能克服物欲的诱惑，导向优良淳朴的民风民俗与和谐有序的社会环境；若君主以利作为行为原则，极有可能使社会道德失范，社会秩序陷入混乱与动荡。民本思想作为社会的治理之道，在理性上也就指明了君舍利取义才能获得最大的利也才符合最终的义，因为只有如此才符合统治延续之理。但对一般民众，生存需求是第一位的，所以民本伦理首先要求统治者满足民众的基本物欲需求，关注民瘼重视民生。但为了社会发展必需和人的道德属性的应然要求，又必须对民实施教化和限制，引导他们义中取利，不断提升自己的人性，同时提升社会的道德属性，形成经济和伦理的良性互动。

1. 民的需求及其价值正当性

人类社会发展是"合规律性"和"合目的性"的统一，从合规律性看，人类社会发展的历史归根结底是生产力发展的历史，生产力前进的方向代表着历史前进的方向。从合目的性看，人类社会的历史又是人民群众创造的历史，因此，一个政权能否存在和发展的关键，在于它能否做到"合规律性"和"合目的性"的统一，国君得失天下的关键就在于能否满足人民的基本需要，得到人民的拥护。尽管经济和伦理都是维持社会生态有机统一的组成部分，但在伦理和经济之中，经济对人来说是第一性的。经济最深层的根据，潜在于人的自然欲望之中。在欲望的层面，人与动物有着相通的本性，为了生活，人类必须从事满足自身需要的物质资料的生产活动。"一切人类生存的第一个前提，也就是一切历史的第一个前提，就是：人们为了能够创造历史，必须能够生活。为了生活，首先就需要衣、食、住以及其他东西。"① 但低层次的需求满足之后，人必然要追求高层次的需要。也就是说，人为了满足自身的需要而从事劳动，通过劳动

---

① 马克思、恩格斯：《费尔巴哈：唯物主义与唯心主义观点的对立》，《马克思恩格斯选集》第1卷，人民出版社1972年版，第32页。

和社会交往得到需要的满足，但"已经得到满足的第一个需要本身、满足需要的活动和已经获得的为满足需要的工具又引起新的需要"①，需要的发展是促使人全面发展和历史进步的强大力量，促使人们积极从事各项活动的原初动力和内在动力就是人的需要。

经济需求是社会发展最强大的动力，和这种理论的诉说相一致，中国素以"民以食为天"作为治理的依据。国家政府必须建立在一定的物质基础之上，也就不得不对社会财富进行分配，分配的最直接形式就是赋税徭役的增减。只有在合理的或民众能够容忍的分配方式之下，才能维继经济的持续，因为赋税徭役不仅是封建政权得以维持、巩固的物质基础，也关系到民众生活的安逸忧患，民众和政府在赋税徭役的量上表现的是一种此消彼长的关系，但"为君之道，必须先存百姓，若损百姓以奉其身，犹割股以啖腹，腹饱而身毙"②。民本思想家们都从爱民的立场和政治发展的规律出发，希望轻徭薄赋，以此方式成就民富国强的理想社会。孔子认为："百姓足，君孰与不足？百姓不足，君孰与足？"③ 只有民富，才能君富，要使民富，必须做到两点：第一，要养民也惠，使民以时。第二，要轻徭薄赋，因民之所利而利之。孟子在中国政治思想史上第一次要求统治者与民同忧乐，让民众过上"仰足以事父母，俯足以畜妻子，富岁终身饱，凶年免于死亡"④ 的小康生活，以此保持社会稳定和谐。《管子》说得更深刻："治国之道，必先富民，民富则易治也，民贫则难治也……故治国常富而乱国常贫。"⑤ 功利主义者就认为，人生的终极目的就是一种尽力免除痛苦、在质和量两方面尽可能多地享受生活。经济学更是以自我利益的最大化的经济人假设为理论基础，认为社会发展的首要动力就是经济的冲动力，人们为拥有财富、权力和优越地位，往往不择手段。民众对物质财富的需求也是人本质属性的必然显现，一定程度上对民众物质利益的满足，也是满足人类的动物本性，使其获得社会化的条件。财富的需要是人的第一需要，它不仅是人的生命存在的基础，更是人的生命得以发

---

① 马克思、恩格斯：《费尔巴哈：唯物主义与唯心主义观点的对立》，《马克思恩格斯选集》第 1 卷，人民出版社 1972 年版，第 32 页。

② （唐）吴兢：《贞观政要·君道》，谢保成：《贞观政要集校》，中华书局 2003 年版（以下《贞观政要》均参阅该书）。

③ 《论语·颜渊》。

④ 《孟子·梁惠王上》。

⑤ 《管子·治国》，李克和、刘柯：《管子译注》，黑龙江人民出版社 2003 年版。

展的最基础条件，人的最高尊严和最大权利就是意志自由，但这种自由只有建立在一定的物质基础之上才是可能的。只有满足人的最基本需求，人才能获得持续发展的动力，从而积极地参与社会活动，推动社会向前发展，保持秩序的稳定性和合理性。

君主之所以要以满足民众的财富需求为要务，不仅是出于民众在政权巩固与存亡中的决定作用，而且也只有这样才符合经济发展之道，才是目的合乎理性的经济行为，符合社会全面发展的最终目的。从利益动机中寻找经济行为的推动力，当然具有解释力，然而，利益的推动力，只是人的自然的或本能的推动力，如果仅仅局限于此，人的经济行为的差异就难以获得解释。何况本能的推动力既不能解释人的经济行为的合理性，也不能赋予人的经济行为以合理性。经济行为在自然的或本能的推动力之外，还必须有另一种推动力，即在一定的文化引导下，通过一定的文化努力形成的行为动力。对于人的经济行为来说，最有意义的不是个体行为的动机，而是共同活动的动机。当要形成共同活动的动机或对共同活动的动机进行考察时，个人利益的推动力或个人利益的解释反而就显得抽象和不真实了，因为生活中的人都不是一个抽象的或"经济的"人，而是一个真实的人，生活在各种社会关系之中，其行为必须符合社会伦理的要求。主要行使以经济为取向的支配权力，可能揭示了人的"自然"状态下的一种事实或"实然"，并没有回答"应然"的问题，而人的本性，恰恰在于透过伦理与道德的努力，提升和超越自身的"自然"和社会的"实然"，达到价值与意义的"应然"，所以作为道德楷模的君主，必须限制也应该自然地克制自身及其阶级利益的欲望，呈现其应然的伦理本色，以民众之利为利，引导社会合理发展。

社会发展的目标就是引导民众过一种善的生活，这种善表现为个体生活和社会生活的幸福。正如亚里士多德所讲，城邦的主要义务就是如何使人过上一种"优良的生活"，所谓"优良的生活"就是要使城邦内的每一成员都具有适量的财富、健康的体魄和高尚的道德等。可见，财富的需求是基础性的，人的存在及生命的维持需要不断地与外部世界进行物质、能量、信息的交换，然而人类绝不仅仅满足于维持生命体简单的重复性的存在与延续，他们更有道德价值的需求，人类存在的独特性就是通过价值显示人的本质。人类行为的客观价值，从根本上说，是由基本物质需求造就的幸福和一个最后也是最高的目的或至善的联系决定的，这一最高的目的或至善就在于存在物的完美发展和生命功能的完善训练，这种需要是人的活动的动力源泉。个体的欲望虽有其现实性，但个体欲望的冲突也有现实性，个体必须追求一种生命的超越，因为人的需求是由多方面因素组成的，心理学家马斯洛把人的需要分为五个层次。（1）生理需要，或称基础需要：作为有机生命的个体对生存的需要。（2）安全需要：以免受恐吓、焦躁和混乱的折磨，对体制、秩序、法律、界限的需要，对于保护者实力的要求。（3）归属和爱的需要：需要爱情、社交和友谊，需要找到一种情感的归属和依托。（4）尊重需要：所有人都有一种对他们的稳定的、牢固不变的、通常较高的评价的需要或欲望，有一种对自尊、尊重和来自他人尊重的需要或欲望。（5）自我实现需要：人对于自我发挥和自我完善的欲望，也就是一种使他的潜力得以实现的倾向。① 在这五种需要中，只有第一种需要依靠经济发展或个体基本欲望的满足便可解决，其他的需要都涉及伦理、意义和价值问题，依靠个体的力量根本无法完成。社会发展中共同体生活的价值远比个体生活的价值重要，所以以民本伦理更关注群体的社会生活，社会发展的最终目的是每个人的全面而自由的发展，养民、利民、富民、教民的价值理路和人的发展的理路基本上是一致的。

民本伦理尽管要求统治者明了稼穑之艰难，重视民众的物质生活，但在民本伦理实践运作中，经济的主要价值却是解决温饱问题，而不是为了人的尊严和发展。因为民本伦理落实到社会生活中，作为劳动者的民基本上是被贱视的，孟子著名的"劳心者治人，劳力者治于人；治于人者食人，治人者食于人"② 的论断，奠定了中国古代社会几千年对劳动者歧视的理论基础和价值导向。在儒家眼中，经济的政治功能远远低于道德的政治功能，任何经济活动都必须经过道德的严格评价，相应地，从事经济活动的人与不从事经济活动的人，在道德上有不同的地位，从而政治地位也有天壤之别。对劳动者的要求在经济价值观上是义务本位的，他们必须从事劳动侍养管理者，并从中获取一点满足基本生活的利益，而进一步的需求是难以满足的。民本伦理贯彻在整个经济过程和活动中，充满着强烈的道德主义气味，但这种道德观念把经济与人都看作是维护阶级统治的工

---

① ［美］马斯洛：《动机与人格》，许金生、程朝翔译，中国人民大学出版社2007年版，第16—23页。

② 《孟子·滕文公上》。

具，既不能为经济发展提供有力的价值支撑，又不能为人的发展找到合理的根据。民本伦理异化为更好统治民众的工具，民众也异化为工具性的存在，民众主体性的发挥受到极大的限制，民众的个体价值被贬抑。

2. 民欲满足中的义利限度

社会生活中，经济尽管是第一性的，但人的社会性、资源的有限性，决定了人们必须协调彼此之间的关系，伦理和政治是协调人们之间利益关系的两个基本努力。政治主要依靠法权手段，而伦理主要表现为义利智慧。义指的是行为的道德准则和人们应当履行的道德义务，利则指人们的利益与欲望。义与利的关系问题，是人类社会伦理生活的基本问题，由于不同的伦理学家对此的理解不同，儒、墨、道、法诸派对之处理的态度也就不同。以义制利是儒家义利观的基本精神，孔子主张"君子义以为上"①，把义作为人生的第一原则，尤其对于以平治天下为己任的君子来说更应当如此，因为"君子喻于义，小人喻于利"②。作为君子是不是完全追求道义而不涉及任何物质利益呢？答案显然是否定的。因为君子的人生目标应是修身、齐家、治国、平天下，修身当然是道德修为，但从齐家开始就不得不进入物质利益领域，只有获得一定的物质基础，才能使家国延续。由此可见，儒家的利指的只是个人之利、自我之利，相反，追求公利、追求民众的富足，不仅不算追求利，而且符合"义"。"义"代表主体"应然"的价值追求，然而主体（包括社会与个体）之所以产生"应然"的追求，正是由于内在于社会生活和个体生命的"利"的冲突。为了建立合理的社会生活秩序和个体生命秩序，主体必须约束甚至放弃个别的或当下的欲望追求，服从于秩序的或合理性要求。治国的目标是达到国富民强，国富民强的表现就是人民生活幸福、安居乐业，也就是说，判断国家统治的优劣恰恰是以民众物质利益的丰歉与否为条件的。尽管"富与贵，是人之所欲也"，"贫与贱，是人之所恶也"③，但没有政治地位的小人，只能操心如何应付劳役养活自己，既没有资格也没有能力关心国家治理问题。相反，君子坚持义的结果，不仅可以使自己的人格素质获得提升，而且可以不断提升自己的社会地位，名利都会自然到来。因为在等级

①　《论语·阳货》。

②　《论语·里仁》。

③　同上。

森严和盛行重农抑商的社会中，政治地位决定着财富的多寡，如果人们直接追逐物质财富，就不能被天子或诸侯所用，因而也难以摆脱低贱的社会地位，只有勤奋求学、求道，才有可能获得从政的机会，从而提高自己的政治地位，自然而然便可得到丰厚的薪俸了。何况在"天下熙熙，皆为利来，天下攘攘，皆为利往"① 的严酷社会现实面前，如果人人都唯利是图不顾道义，势必会造成对他人利益的侵害，必然引起他人的厌恶和抵制，人与人之间可能就演化成狼与狼之间的战争，社会就难以有序运行，所以孟子的经济伦理意识表现为"何必曰利"的倾向，虽然有其绝对性，但并不能说明孟子完全排斥利，因为他的主张完全是针对当时争相夺利、残民以逞的混战局面而提出的矫枉过正之举措。荀子以富国为目的，以富民为手段，提出了著名的"下富则上富"② 论断，并从性恶论出发，强调以义制利。"义利之辨"所涉及的问题实际上也就是人们的价值取向应当如何的问题，而作为一种"应然"命令的强制性往往源于它是否是以"实然"的客观事实为基础。伦理学家们倾向于从人性中去寻求，不论持哪一种人性论，但基本都认同人作为基本的生命存在，其物质利益需求有着价值的合理性与正当性，主体需要的满足首先必然要通过财富的获得方能实现。但由于人的需要也存在正当与不正当、合理与不合理的区分，判断需要是否正当、合理，主要应看这种需要的满足是否有利于人的主体性的增强和提高，是否有利于群体利益的满足和社会的发展。个体财富的满足在伦理上只能成就小我的价值，而伦理学家关注的是社会的治理，所以，不论德性主义为主或是功利主义为主，都主张用义制利。

通过义的力量，会使人们的经济行为趋向合理，因为"最高的经济效率不一定能由理性的利己主义行为来达成，反而由个体所组成的群体共同努力才能达成，原因是这些社会成员之间存在着共同的道德观，使他们合作起来更见效率"③。既然公利符合义，怎样才能让民获利呢？一方面是顺天而行，"不违农时"就成了传统农业经济的一个"绝对命令"，政府就应该从制度上保障"农时"不受徭役、兵役和杂役的影响，以保证民之根本不发生动摇，这是历代王朝最主要的德政之一；另一方面则是顺

---

① （汉）司马迁：《史记·货殖列传》，中华书局1959年版。

② 《荀子·富国篇》。

③ ［美］弗兰西斯·福山：《信任——社会道德和繁荣的创造》，李宛蓉译，远方出版社1998年版，第30页。

民而行，在维护统治阶级的既得利益的同时必须对民众的利益有所考虑和关注。君主专制政治的首要大事是怎样更好地利用有效的财力，平衡好各个阶级、阶层的利益关系，以确保统治的稳固。虽然物质需求是必要的，但物质财富是身外之物、心外之物，相对于人之价值，则其价值甚微，有时可忽略不计。所有明智的统治者都注重道德教化对人的尊严和价值的提升，对社会人群共同体的肯定和赞美，主张俭朴节欲反对奢靡浪费。从伦理学的角度看，追求奢侈，不仅是道德败坏的表现，而且也是道德败坏的根源。唱响以义制利的强音当然会带来两方面的作用，其积极方面有：第一，提倡对人的经济活动进行道德评价，有利于对经济活动提供一种价值导向，并把这种价值导向蕴涵于经济政策的制定和实行中。第二，注重了人的精神属性，倡导人的价值超越性，在一定程度上揭示了人的本质，长久的蕴积致使中国人的人格和民族性格中保持了处艰而不屈、临难而无畏的优良因子，这使即使处于经济落后、物质匮乏下的中华民族，为了一个维护尊严的目标，也具有奋斗不息、革命不止的英雄大丈夫气概。第三，这种一统天下的价值观和政治思想结合起来，成了维系中国统一、民族团结的纽带。其消极的影响表现在：第一，这种价值观没有激发人求自我发展的内在机制，相反却是压抑人的自然要求，所以有对人进行贬低否定的一面，有时会使人处于一种自我陶醉、消极乐观的情景之中。第二，这种价值观跟政治思维、政治制度密切相关，体现在整个国家行为上的后果，是极大地阻碍了中国经济的发展，造成了经济规律的不作用，打击了经济主体的积极性、创造性，是中国经济停滞、缺乏开放传统和长远眼光的思想根源。①

　　总之，"义"来源于"利"，义"的对象和本质是"利"，但这绝不意味着"义"就是"利"。文化智慧既然把人们的欲望追求与实现的矛盾定性为"义"与"利"，就说明在"义"与"利"之间存在着某种差异，正是由于这种差异，伦理才有存在的根据。义与利之间的紧张与和谐构成伦理内在的矛盾运动，如果没有欲望及其冲突，伦理就失去其存在的根据；如果没有伦理的超越，没有在伦理的运作中对自然本能的超越，经济也就失去其人文意义。义的价值和力量集中地表现在义与利的两难之中，义之可贵和巨大力量在于，当义利发生冲突时，坚持义的本质性，择善固

　　①　张怀承、周宇：《儒家的经济价值观》，《湖湘论坛》2002 年第 4 期，第 83—85 页。

执。义对利的扬弃与超越，不是否定利，而是要扬弃利的冲动的偶然性与自然质朴性，达到某种普遍性。固守义的道德行为和理念具有巨大的经济意义，因为它们降低了交易支出费用，降低了制裁和监督的费用，减少了对国家强制合作的刺激，一方面扬弃了人的生物本能，另一方面又肯定了人的尊严、生命的价值和生活的意义。在经济生活和社会生活中，既不能缺少伦理的协调，也不能缺少经济的协调，但是这两种协调之间存在矛盾和冲突，因为无论哪种协调规则都会产生副作用，单纯的经济协调会造成伦理的沦丧和秩序的破坏，单纯的伦理协调会造成道德的虚妄和社会的停滞，只能寻找使二者能相互协调的最佳协调体制，同时发挥经济的动力作用和伦理的活力作用，达到义利合一，才能促成社会的可持续发展，民本伦理的经济诉求基本符合社会持续发展之理。

（三）民本伦理的政治利益诉求

中国传统文化特别是政治文化中，民本思想一直居于主导和正统地位。但民本思想中的民本，固然与重民、爱民、利民、恤民、保民、惠民、济民、亲民、裕民等相连，与贱民、残民、害民、虐民等相悖，却与用民、使民、畜民、驭民、牧民、弱民、愚民等相关，其真实目的是为了驭民，求的是君子安位，因而民本政治诉求的最终归宿是君本，民本和君本在这一思想体系中并行不悖。但民本毕竟和君本不同，民本论者认为人民是国家的根本，只有重视人民，爱护人民，国家才能太平；君本论者认为君主至高无上，强调君主的绝对权威。但总体分析二者的关系就会发现，民本既是对君本的制约，同时又是对君本的维护。

1. 民本对君本的制约

正如经典作家曾经指出的那样，在阶级社会中，人是一定的阶级关系和利益的承担者，不管个人在主观上怎样超脱各种关系，他在社会意义上总是这些关系的产物。政治家的主要责任是维护统治的延续，但其延续会面临两种巨大的威胁：其一是统治阶级内部的反叛；其二是民众的激烈反抗。专制制度下的君权虽然被标榜为君主一人独占的权力，但它在客观上首先是不能离开官僚队伍而单独行使和发挥作用的。为了取得官僚队伍的配合与支持，贯彻自己的意志，君主不仅要将权力分解，对臣僚进行层层授权，而且必须使他们能够分享到一定的利益，提高统治的整体效能，尽管其深刻的社会驱动力和最终的目的也在于实现统治阶级的整体利益，却使君主专制制度内部发育出一定的调节机制。其次是权力的行使必须考虑民众的需求，恶民之所恶，好民之所好。顾及"公道"、"民意"，就是对君权和君主私利的调节。不管他们是否意识到，实际上就是维持所有"公益"之间的大体平衡，维持社会秩序的稳定。

民本伦理追求的不仅是一朝的长治久安，而且还为王朝的更迭提供所谓的合法性。民本伦理设计中，君主是伦理榜样与政治权威的合一体，现实中必定会在某种条件下无法起到实现社会整体利益的作用。同时，君主及其家族的私利私欲、官员的以权谋私有时会和统治阶级的整体利益发生冲突，也必然需要一种约束力量对权力进行调节、校正和弥补。尽管专制皇权对民众可以予取予求，残酷剥削和压迫，但民众一旦奋起反抗，任何煊赫的王朝都可能顷刻瓦解，所以聪慧的思想家和统治者都把民众视为邦国之本，把自己和民众的关系比喻为舟和水的关系，希望民众能够安居乐业，统治阶级和被统治阶级之间能够和睦相处，这并不是一种虚伪的道德说教，而是基于期望长治久安的政治需要。如何制约当权者的行为，使国家权力不至于被滥用，是所有政治思想家们着力探索的主题，其中的关键是做到"为君尽君道"、"为臣尽臣道"，形成"天下有道"的理想政治局面。"道"是思想家们从具体的制度、规范和伦理规定中抽象出来的，体现着统治阶级根本利益的一般政治原则，它允许臣子们以道义原则为依据，在实践中主要通过道德约束和舆论制约的方式，对君主的决策和行为形成某种规制，并对整个政治运行起到一定的调节作用。既要忠于君主，能为君主效命，又能治理人民，以满足君主政治需要，成为判断一个人贤能与否的标准。虽然道义制衡观念在权力关系上，认定君权至上，但在道与君的关系上，又认定道高于君。正是由于君主拥有和执掌最高的权力，才要求君主要不断修德，道德修养是搞好政治的根本；有德者执政，就能将自己的仁德推广，"老吾老以及人之老，幼吾幼以及人之幼"，使人民富足，百姓安乐，就可以争取民心，"得众则得国"①，只要人民对君主拥戴，就会使国家富强安定。民主制度的政治合法性已经由民主程序解决了，执政者的任务主要是通过制度所允许的理性策略去调整和纠正制度在设计上的各种漏洞和错误，但统治集团根据理性策略而设计的"王制"，必须通过实施有利于人民的德治去赢得民心，这样才能以后行政绩去完成

---

① 《礼记·大学》。

其政治合法性证明，通过民本的理性设定和践行，限制权力的随意性，实现君本的合法性与合理性。

2. 民本对君本的维护

在民本思潮的发展历程中，虽然始终没有摆脱天人之间、君民之间的相互制约和相互依存关系，但我们不能忽视两个大的转变，一个是在神民关系系统中由神民并重到民为神主价值观念的转换，另一个是君民关系系统中民的地位的提高。前者主要体现为立君为民意识的确立，天树君以为民，君为民而设，执政者必须从现实的社会基本状况出发，而不是从神权政治的角度出发，切实处理好与民众的关系，以达到维护社会政治统治之目的，这就是所谓的以德辅天，保民而王。道德策略可能是基于一个重要的政治发现：民众的经济利益与统治者的政治利益正好吻合，保证人民的经济利益就能够保证统治的政治权力，因此，道德策略是民利与政权之间的最佳互动关系。政治思想家们从历代的政治实践中得出一条政治结论，即得民则国存君立，失民则国灭君亡，民众成为决定政治成败、国家兴亡的最主要因素。得民失民在政治实践中表现为截然不同的态度和行为：一为暴敛于民，一为厚施于民；一为遭民人痛疾，一为民视之如父母；一为弃民，一为重民，其结果昭示了一个颠扑不破的道理：得民心者得天下，失民心者失天下。统治者要顺应民心，体察民情民意，安抚民众，保障民众之基本生存需要和满足民众的基本利益需求，把君民关系调整演化为一种父子关系，达到"养民如子……民奉其君，爱之如父母"①的理想效果。既然民众在社会政治生活中占有如此重要的地位，因而当君、民发生矛盾冲突时，应以民为重为先。如何做到爱民仁民、利民富民、顺民得民、养民教民、抚民安民、亲民和民、惠民恤民，便成为统治者在维护国家政治统治过程中必须关注和采取的措施，成为统治者治国安邦最重要的基本原则。正是基于君主统治稳定和延续的现实需求，民本思想才受到重视并得以不断丰富和发展，因为民本思想的一切现实设计都是为了君的根本利益。

民本的核心是德治仁政，但周代的德表现为敬天、敬祖、明德、保民、慎罚，要求真正地赋予民众以利益，处理好统治者与民、与天的关系，以上得天助，下得民和。后来，儒家之德主要变成了以仁为主的伦理

---

① 《左传·襄公十四年》，杨伯峻：《春秋左传注》，中华书局 1981 年版，第 1016 页。

态度，尽管儒家也希望统治者能够以仁德爱民，但实现仁的主要手段是克己复礼，而礼所规定的利益、权力、权利、义务和身份、社会地位的分配和待遇制度才真正被认为是不容置疑不可挑战的秩序，于是，德就只是值得鼓励的偶然恩惠，而礼才是必然的管制。德的彰显需要礼的维护，可只有合乎人心的礼才可能是普遍有效的，以礼治心就是要治人之情，人情无非人欲，故而"养民如子"、"视民如伤"等都变成了统治者维护政治统治的手段，而不是目的，统治者将民众的认同，即道德归化与政治归顺，与统治者主动为民相联系，并将这一原则提升为一种统治策略的总体框架，便是民贵君轻说。这句话，不单是一个统治者与统治对象的顺序安排的陈述，更重要的是它代表了早期儒学对政治合法性问题思索的原则性意见，一方面，民贵，贵在其是政治权能的依托；另一方面，民贵，贵在其构成伦理关怀（统治者）与真诚回报（被统治者）的关联性之基石。由此，民得以成为政治统治的受制性主体，成为统治者应予认真对待的社会集群。此后，荀子强调君舟民水，水则载舟，水亦覆舟。尽管民众是受到重视的，但其价值的出发点和落脚点都在舟，他们是被动的而不是主动的，他们是控制对象而不是控制主体，他们是统治顺序上的重要而不是统治秩序的决定者，总之，他们是工具性的。民本与君本的紧张关系，也只表现为对暴君个人的否定，从不表现为对君本及皇权制度的否定，民本伦理并不是真正要以民为本，以民为目的，而是为了能够更好地使民、治民，民本要构建的是一个纲常有序、人有等差的人伦社会，其施政以人治为原则，终极关怀是"君子安位"，民本与君本的内在关系是和谐的。

　　总之，古代政治思维巧妙地将民本和君本圆融在同一理论体系之中。一方面把君奉为政治的最高主宰，君权有绝对性；另一方面又承认民之向背对政治兴败具有最终决定作用，这只是君权的相对性。所有的民本论者都没跳出君为民主、君为政本的思路，这就注定了民本只是君本的附庸，重民的主体是君主，民众只是政治的客体，民是君主施治、教化的对象，这种民本伦理所导出的仅仅是统治者的得民之道、保民之道、治民之道。这种思维方式和理论结构注定了民本论同时具有尊君、罪君双重功能，在这个结构中，罪君不是要改革君主制度，而是期望清明的君主驾驭人世。其积极的一面在于明确君主的权力来源和政治责任，认识到人心向背决定着一个朝代的强弱、治乱、兴衰和存亡，而且哺育了一大批关心民众疾苦的思想家、文学家和政治家，成为推动中国社会进步的重要思想武器。其消极的一面在于它从根本上说还是为了维护专制统治，维护家天下和君主的利益，并不能从制度上建立对君主权力必要的制约。民本伦理必然由于此二律背反而受到种种限制，并且最终在长期的封建社会政治生活中也逐渐演变为一句口惠而实不至的政治空话。

（四）民本伦理的道德教育诉求

民本伦理的道德教育包括两个主要部分，一是思想家们对于君主的道德教育，二是君王和思想家们对百姓的道德教化。由于民本伦理的核心是君主，君的德性不仅决定着自己的贤明与残暴，而且也是社会道德发展的风向标，因而民本伦理中的道德教育首先指向君主，作为君主的后备人选，一开始就要接受严格的教化，修身养性向圣贤靠近，因为只有内圣才能外王。内圣的方法首先是效仿古圣先贤，尊礼守义不断向仁靠近，做到以德配天，赢取万民拥戴，从而成就外王之事。即使已经为王，君王的职责和角色定位仍要求其不断提升自己的德行修养，这在前文"民本的德性要求"部分已有阐述，因而这里就不再赘述。同时，思想家们基于"道高于君"的思想认识，也要求君主行使权力、治理国家必须遵循道义原则，君主个人的言行举止也要符合相应的道德规范，防止君权的膨胀和旁落。但基于内圣外王的发展逻辑和君王本身的现实权威，思想家们对君王的约束大多时候无足轻重，君王接受道德教育的程度几乎完全取决于自身的本性和智慧，明智的君王都明白自己统治根基的维护需要诸多因素的参与，因而在现实中不得不理性地约束自己的言行，接受思想家们的教育，避免统治的失误，得到民众的赞许。让民众赞许的方法，除了给其利益满足其基本物质需求外，还需要对之进行教化以笼络民心，可以说，王事的根本就是富民和教民二事，教化百姓历来就是思想家们看重的君主统治之重要手段，也是民本伦理道德教育的重心。教民的根本目的在于安邦育人，通过教化提高个人的善性，培养良臣贤士和顺民，同时统治者借此可以宣扬自己统治的合法性与合理性，让百姓知礼仪守法度，塑造良好的社会风气，起到稳定统治秩序之目的。对百姓的教化是民本伦理教育的重心，故而成为本节论述的重点。

1. 教民的伦理根源和价值取向

孔子认为，政治的最高境界是教导民众，使他们有文化、有道德。孟子也认为，人民富裕之后，还要"谨庠序之教，申之以孝悌之义"①。因为"善政不如善教之得民也。善政民畏之，善教民爱之；善政得民财，善教得民心"②。荀子也认为："不富无以养民情，不教无以理民性。故家五亩宅，百亩田，务其业而勿夺其时，所以富之也。立大学，设庠序，修六礼，明十教，所以道之也。"③ 董仲舒"教，政之本也；狱，政之末也"④ 的说法更把教育提高到关乎国家政治之本的重要地位。一个国家的兴衰和政治得失，关键在于人才和教育，兴衰资乎人，得失在乎教。民本伦理倡导仁政王道，君民德行之善是根本保证，但德性的获得需要学习和实践。学习既是一个不断提高自身道德修养的弃恶扬善的过程，也是人摆脱愚昧、通晓事理、增长才干的过程，同时还是一个教化的过程。重视道德教化，既是实行德治的基本手段，也是有效的治国良方。贾谊在汉初就提出："教者，政之本也；道者，教之本也。有道，然后有教；有教，然后政治也；政治，然后民劝之；民劝之，然后国丰富也。"⑤ 儒家把道德教化视为国家之急务，政治统治要以教化为主，刑罚为辅，其政治目标是建立以德性为主导的伦理王国，要求所有臣民包括君主都要从内心对道德法则怀有敬重之感，而且还要把这种敬重之感转化为具体的行动，也就是亲亲仁人。中国社会的发展路径是由家及国，因而家庭原理转而变为国家原理，而家庭是一个伦理性实体，它以爱为根本性规定，爱的根本特征就是相互依赖和分享，同时也在依赖和分享中使彼此都获得承认，离开他人自己也无法独立，可见，爱的本质就是伦理性的统一，人的最初的和本源性的德性就来源于家庭之爱。道德、德性以伦理和人伦为基础和前提，德性是对伦理的分享和内化，是伦理的人格体现，伦理以爱为根本规定。先秦儒家将所有的人伦关系归结为五种基本的关系：父子、君臣、兄弟、朋友、夫妇，此即所谓"五伦"。由"五伦"的原理，便自然产生相应的道德要求，所谓：父慈子孝、君惠臣忠、兄友弟恭、夫义妇顺，朋友有信，此即"五伦十德"，尤其以仁义礼智四德为基德，四德之中又以仁为

---

① 《孟子·梁惠王上》。
② 《孟子·尽心上》。
③ 《荀子·大略篇》。
④ 董仲舒：《春秋繁露·精华》，苏兴撰、钟哲校：《春秋繁露义证》，中华书局 1992 年版（以下《春秋繁露》均参阅该版本）。
⑤ 贾谊：《新书·大政下》，《贾谊集》，上海人民出版社 1976 年版（以下《新书》均引自该版本）。

根本，仁的核心是"爱人"。家庭伦理是中国伦理的本位，爱人之情从家庭中发育，即"亲亲"，由"亲亲"而"仁民"，由家庭道德扩充为社会道德，最后达致"老吾老以及人之老，幼吾幼以及人之幼"的境界。其伦理演进就是以个体内心的"仁"为内核向外层层推演，在家庭中表现为敬事父母，友爱兄弟；由家庭推及社会，在人际关系中提倡"忠恕"、"诚信"、"以和为贵"的宽容精神；由社会推向国家，则有"天下兴亡，匹夫有责"的忧患意识与爱国热忱，有"民贵君轻"、"德行仁政"的民本主张，有"舍生取义"的人格气节与献身精神，形成中华民族精神命脉的主干。民本伦理要求沿着这一发展路径对民进行多样化教育，提升整个社会的精神品质。

教化的根基在于对人性的认定，只有相信人性是可以造就的，向善是人本性的一部分，教育活动及其效果才有可能。中国文化的主流认定人性本善，因而也特别注重教化。荀子虽认定人性本恶，但又相信经过教化，人人皆可为禹。性善与性恶是教育成立的两个必须同时存在的前提，没有性善的预设，教育就没有可能；没有性恶的现实，就没有教育的必要。但教育的根本信念是性善，因为教育的真谛，不在于对"恶"的无知和漠视，而在于对"善"的执著和追求。民本伦理思想要求一种道德的真诚，君要先在道德上解放自己，自觉地把自己当作民之父母，然后再自度度人，通过制礼仪、办学校、设乡官等各种形式，维护伦理关系并恪守人伦地位，使民众形成对德性的敬畏和敬重之情，进而透过习惯和习俗的养成，将德性化为自己的良知良能，以期提高每个社会成员的道德修养，从而达到移风易俗、天下大治的目的。清代推崇儒家学说的康熙皇帝在《学校论》一文中指出："治天下者，莫亟于正人心，厚风俗，其道在尚教化以先之……教化者为治之本，学校者教化之源。"康熙认为，只有道德教化，才能够"务其本而不求其末"，"尚其实而不务其华"，才能够移风易俗，匡正人心。民本教化的主要前提是要求统治者诚实守信躬身自行，但由于所谓的德治传统并没有制度的保证，实践中人情大于法的情况屡禁不止，再加上权力的掌握者往往恣意妄为，经常超越权限行事，统治者的善德良行往往难以在现实中呈现，官对民道德的引导和示范作用是非常有限的，民本思想所力倡的伦理德行几乎成了障目的外衣，长期的愚民政策使民众形成强烈的清官情结和官本位意识，完全缺乏独立的权利意识和公民意识。

2. 教民的内容和目的

教育的目的主要是造就有教养的人，有教养的人的特性就是达到普遍性和特殊性的结合，伦理性是有教养的人的根本特性，有教养也就能更好地融入社会。中国人的社会化，核心就是礼仪化，所以，礼是西周进行人伦道德教育的主要内容。《毛诗正义·缁衣》强调对民众要实行十二种教化："一曰以祀礼教敬，则民不苟；二曰以阳礼教让，则民不争；三曰以阴礼教亲，则民不怨；四曰以乐礼教和，则民不乖；五曰以仪辨等，则民不越；六曰以俗教安，则民不偷；七曰以刑教中，则民不暴；八曰以誓教恤，则民不怠；九曰以度教节，则民知足；十曰以世事教能，则民不失职；十有一曰以贤制爵，则民慎德；十有二曰以庸制禄，则民兴功。……此十二事，是教民之大者，故举以言焉。"① 礼仪的本质就是道德化，儒家倡导"文、行、忠、信"②，"文"指的是以诗、书、礼、乐为内容的文化知识教育，而"行、忠、信"则主要是道德教育，其目的在于培养人的行为习惯，主要是想达到十种伦理道德标准，即父慈、子孝、兄友、弟悌、夫义、妇听、长惠、幼顺、君仁、臣忠。教化不仅要用道德礼仪进行柔性熏陶，还要用惩戒手段强化，但民本伦理并不欣赏法家的严刑峻罚，而是要求一定要法先王且慎用刑罚，重视对民众进行引导和教育。但"为了把一个未受过教育的或粗野的心灵带到道德——善的轨道上来，需要一些预备性的指导，或以他个人的利益诱导他，或以损失来威吓他；一当这些机械工作，这种襻带产生了某种效果之后，纯粹道德的动机就必须导入心灵"③，只有这样才能产生强大持久的道德动力。如果不以对道德法则的敬重情感作为德性的动力和价值始点，而以福利和快乐的诱惑，或以损失的威胁为动力和始点，就会在源头上污染道德意向。由于家庭伦理为本源，教育的中心就是孝和忠，尤其是孝，其原因主要是因为在当时中国特有的家国一体的社会结构中，思想家们坚信君子事亲孝，忠可移于君，孝而叛上者几乎没有，因而孝是教民的最基础也是最根本的内容。如何行孝以尽孝呢？要做好五个方面的工作，即"居则致其敬"、"养则致其乐"、"病则致其忧"、"丧则致其哀"、"祭则致其严"④。

---

① 《毛诗正义·缁衣》。
② 《论语·述而》。
③ ［德］康德：《实践理论批判》，商务印书馆 1997 年版，第 166 页。
④ 《孝经·纪孝行章》。

中国政治文化的核心是伦常文化，伦理道德被看作是人的本质，人的行为的最高准则就是实现道德，而实现的途径则是按照伦常的规范要求修身养性。孝道要求从伦常的最基础做起，从以礼治家、孝敬父母始，最终达到忠孝一体、家国同构的政治目的，完全符合"夫孝，始于事亲，中于事君，终于立身"①的理路。历史上诸多名家关于孝学孝行的论述和实践，也逐渐深化人们的孝心理意识，使之成为一种根深蒂固的国民性，伦常作为人的行为的最高准则，便成为中国传统政治文化的思想基础。子曰："夫孝，天之经也，地之义也，民之行也"，"天地之经，而民是则之"，"则天之明，因地之利，以顺天下"，"是以其教不肃而成，其政不严而治"。"先王见教之可以化民也。是故先之以博爱，而民莫遗其亲"，"陈之于德义，而民兴行"，"先之以敬让，而民不争"，"导之以礼乐，而民和睦"，"示之以好恶，而民知禁"②。由于天下一家，整个天下都有准家族关系的性质，从不可考究的天地自然出发，人人都要遵守孝道，通过尽孝而修身齐家，最后达到治国平天下的目的。

有关民本教化的实质，《天人策》里回答得很清楚："凡以教化不立，万民不正也，夫万民之从利也，如水之走下，不以教化堤防之，不能止也，是故教化立而奸邪皆止者，其堤防完也；教化废而奸邪并出，刑罚不能胜者，其堤防坏也。"③原来教化就是在人民头脑里筑起堤防，以使他们主动避免触犯统治者的刑罚，这种思想和"天人合一"、"三纲五常"理论结合后，成为麻痹群众、收服民心的思想工具，目的是培养顺民、良民，以便维系长幼有等、贵贱有序的社会秩序和社会交往规则。教民的另一实践目的是为国家培养统治力量以及后备人才，提升统治者的德性和才干，增强统治的稳固性和合理性，特别是科举制创立之后，教育就成为士阶层进身的必由之路，统治者选拔人才的重要手段。"学而优则仕"是所有读书人的梦想，但仕的标准是以符合统治需要、合乎当时的礼仪道德之需为标准，这就使教化出来的人才，大多数并不是对国家有用的通世致用之人，而是最高统治者利用的工具。教民的结果不仅没能使民众的社会实践能力获得提升，也无法提升整个社会的治理水平，这也是中国逐渐落后

① 《孝经·开宗明义章》。
② 《孝经·三才章》。
③ （汉）班固：《汉书·董仲舒传》，中华书局1962年版。

于西方的主要原因之一。社会要安定、政治和经济要发展，必须依靠有管理政治和经营经济的经世致用人才，而不是毫无自主、自立、自强信念的人。故而社会发展到一定阶段后，无数仁人志士便试图挣脱这一枷锁的束缚，纷纷致力于经世致用思想的宣扬，改变着原有的教育理念和方式，并以此推动了社会的不断进步。

3. 教民的主要特色与评判

教民最主要的特色是以德教为本，儒家文化把道德教育视为人之所以为人的第一需要，视为治理天下、移风易俗的根本，视为教育的根本宗旨和目的，并从人的成长与完善、社会的安定与和谐以及人类文明的化育与推进诸方面肯定了道德教育的无上价值。德教和修身是造就其成员道德品质、道德情操和精神境界的不可或缺的相辅相成的两大途径，能够体现德教和修身的主要途径就是伦理教育，借此提升人的人性本质。孔子说："道之以政，齐之以刑，民免而无耻；道之以德，齐之以礼，有耻且格。"① 通过道德教化成就其现实的善性，道德使人仁善，而严厉的刑罚只能使老百姓畏惧而不得不安分守己，虽然能起到暂时的威慑作用，却无法使人心悦诚服，一旦有疏漏就可能适得其反；而德治则能把百姓的思想束缚在伦理道德之中，让百姓在自觉遵守伦理道德的同时做一个安分守己的顺民，伦理教育是使自然人成为名副其实的社会人的必由之路。"不学礼，无以立"②，只有强化道德教育，融入风化礼俗，才能使人成为真正意义上的社会人和健全人。

兴办教育，教化人民，其主要目的是让民众从内心自觉地明人伦，做到父子有亲，君臣有义，夫妇有别，长幼有序，朋友有信，从而建立起一个道德高尚、丰衣足食、安居乐业、和谐安定的社会。孔子从仁者爱人的立场出发，要求统治者富民教民，并首创私学使学在官府下移到民间，打破了贵族垄断教育的局面，使平民百姓不仅可以受教育，而且可以做官，改变自己的社会地位。孟子也说："壮者以暇日修其孝悌忠信，入以事其父兄，出以事其长上"③，其目的是让人们懂得如何做人、如何待人接物、为人处世，从而成为一个合格的社会成员。这不仅事关人之所以为人的内

---

① 《论语·为政》。
② 《论语·季氏》。
③ 《孟子·梁惠王上》。

在需要，而且事关治国安民、经邦济世的大局，事关社会的长治久安和敦风化俗，因为教化的最高目标就是希冀全体成员变为圣贤。有才无德的小人，因为自己远离了君子之列，也就丧失了进身统治阶层的资本，永远只能在社会底层挣扎。只有不断修身养性才能养成君子人格，才有可能凭善德齐家治理天下，完成民本伦理的目标设计。

正如王泽应教授所说，儒家所提倡的伦理教育内容的学说同其伦理教育目的的理论是密切联系在一起的，或者说伦理教育目的的理论是其伦理教育内容学说的有机组成部分，主张从社会的道德原则规范和个人的道德品质两个方面加强伦理教育，使伦理教育真正有助于个人的完善和社会的进步，实现《大学》中所提出的"明明德"、"新民"和"止于至善"的伦理目的。①尽管思想家们的主张不乏真知灼见，其道德努力也在某种程度上促使了社会的进步，但其根本目的都是为了把老百姓教化成为统治者所需要的、恪守伦理道德、思不出其位、行不逾其规、没有邪僻的驯臣良民，而不是培养自立自强、有真才实学的个人，更谈不上个人的发展。而唯物史观本质上是以人为本的历史观和发展观，人的发展是社会发展的核心和基础，历史进步是社会发展和人的发展相统一的过程。人及其需要是社会发展的动力来源，社会发展的目的就是为了实现人的全面而自由的发展，这就意味着我们必须依靠人的力量来发展经济文化，推动社会进步，同时又在经济文化发展的基础上提升人的素质，提高人的物质文化生活水平的同时，促进人的全面自由发展，也就是尊重人权，珍视生命，保障民众的政治、经济、文化等各项权益，这就必然要求我们在继承民本教育伦理合理性因素的同时，认识其局限和不足，以便鉴古知今，更好地发展我们的文化教育事业。

四　民本伦理的价值悖论

作为中国传统政治文化核心内容的民本思想，贯穿古代文化的始终。它留给我们许多美好的理念和向往，但其中也包含着不少难解的矛盾，正是这些矛盾所造成的张力，使这一文化现象不仅获得了不断发展的动力，最终也促成其自我解构。笔者认为，其蕴涵的矛盾或张力主要体现在四个

---

① 王泽应：《论儒家伦理教育思想及其现代价值》，《齐鲁学刊》2001 年第 3 期，第 162、61—67 页。

方面，即君民关系的和谐与紧张、德性和利欲的一致与冲突、工具价值和
目的价值的契合与错位以及道德理想与专制现实的统一与对立。君民关系
在前节已进行了分析论述，本节将只对后三个部分进行讨论和分析。

（一）德性和利欲的一致与冲突

在西方，德性的历史非常悠久，但西方德性重视的是个人，而中国伦
理的德性没有也不刻意地明确界定具有独立存在的个人的意义，因为个人
存在于人自身近乎天然的内外关系之中，对内而言，个人的道德品性只能
在其内化了的道德意识品质和心灵境界追求之精神修养或心灵造化中方可
呈现出来；对外而言，个人的德性则必须展现为多层次、多维度的人伦关
系或伦理性。"荀子把'学至乎礼而止'视为'道德之极'，这种'道德
之极'当是道德的一种最高境界。荀子对道德的理解吸纳了先秦各家学
说中关于道的概念和德的概念：一是强调道乃万物之锁由，道为治国之
经；二是认定德同于得，道德即是德道，从而使道德成了一个表示人们外
得于物，内凝于己的内在的德性与品质的范畴。"① 也可以说，"德"就是
一个人在处理人和人的关系时，一方面能够以善念存诸心中，使身心互得
其宜，另一方面能够以善德施于他人，使众人各得其宜，让自己和他人都
有所得，个体自我也从自己对他人的善行中获得一种道德情感上的喜悦、
满足和无愧感。德性既是民本伦理的起点和终点，也是其得以形成和发展
的纽带，德性的最终价值表征着生活世界的条理与秩序，又保证着社会的
祥和与温馨，因而德性和利欲本质上应具有和谐的一面。

在中国伦理学的发展史上，义利合一占据主导地位，其根本要求是义
中取利。民本思想中的义利主要是地位至尊的君如何处理个人的私欲与民
众的公利之间的关系。因为民本伦理中的民是小民、群氓，眼中只有利而
缺乏义，在他们身上根本不可能发生所谓的义利冲突与抉择；只有大人、
君子才有资格做义利取舍，其核心是面对现实的权与利的诱惑，地位至尊
的君子如何处理个人的私欲与民众的公利之间的关系。民本伦理认为，人
的德性的养成，主要是让人们通过对外在伦理道德规范的学习和实际体
验，将之内化为自己的道德品质和习性，从而呈现于现实的生活当中，通

① 田文军：《道德的中庸与伦理的中庸伦理研究》（道德哲学卷 2006），东南大学出版社
1992 年版，第 223 页。

过仁心仁政，达到内圣外王国治天下平的目的。对于民本思想所体现的秩序而言，呈现德性就要符合礼义，符合礼义的标准就是正确处理现实中碰到的一己之利与秩序之义的矛盾，在义利之间进行理性的抉择，可见，德性和利欲冲突的最典型表现就是我们通常所说的义利之辨。《中庸》把"义"解释为"义者，宜也"。怎样做才算适宜呢？孔子提出"君君，臣臣，父父，子子"，《礼记·礼运》又将之扩充为父慈、子孝，兄良、弟悌，夫义、妇听，长惠、幼顺，君仁、臣忠，简而言之，就是按照人心中认同的伦理道德准则为人处世。由于君主是君子的集中代表，他的义利取舍不仅决定其人格的高下，决定着他是仁君的代表或者暴君的典范，他的取舍更会成为社会行为的先导，引导着整个统治阶层和民众德性的趋向。理想中的君主应该是他所处时代或所处地域之中的美德集大成者，"君子义以为质"①，以"义"作为行动的指南，把"义"化为自己的血肉，使自己能时刻固守义的本质成为完美的人。只有时时坚守义的本质，才算具备德性，舍利取义也就符合了公正的要求，因为"荷马史诗中的公正德性就是去做公认的秩序要求做的事情"②。故而真正的德性就需要在现实活动中呈现并逐渐达到圆满，不断在实践活动中获得现实性的品格并成就内在的善，因为"与人的存在本身在个体之维与社会之维上的历史相联系，作为道德实践根据的德性并不是一种先天的、永恒的规定；在其现实性上，它同样处于生成过程之中，具有历史的品格"③。德性应是在实践基础上形成并能够达至实践活动内在善的品性或品质的总称，是"主体基于自身人性完善和社会关系完善的需要而在人类现实生活中创造出来的一种文化价值观念、规范及其实践活动"④。任剑涛教授总结为："德性是内在的好，这惟有对于共同体生活才是可能的和有意义的，所以德性伦理与'政治学'有天然的联系。"⑤

按照民本伦理的理性思路设定，君主的德性和利欲应该一致，因为君子行政的大节应该是"礼以行义，义以生利，利以平民"⑥，统治者的职

---

① 《论语·卫灵公》。

② ［英］A. 麦金太尔：《德性之后》，龚群、戴扬毅译，中国社会科学出版社1995年版，第169页。

③ 杨国荣：《伦理与存在——道德哲学研究》，上海人民出版社2002年版，第146页。

④ 肖群忠：《道德究竟是什么》，《西北师范大学学报》2004年第6期，第1—7页。

⑤ 任剑涛：《道德理想主义和伦理中心主义》，东方出版社2003年版，第128页。

⑥ 《左传·成公二年》。

责就是要保护和给予民众利益，让民众生活富裕并能接受教育。统治者在
实践中对德性的坚守，不仅可以提升自己的人格，而且能做到"行己也
恭"、"养民也惠"、"使民也义"，造就"其身正，不令而行"的社会效
果。让利与民，人民安居乐业，国家就巩固，使君最终获利，这就是德性
和利欲统一的价值所在。为什么君主必须舍利取义呢？可以从两个方面得
到解释：首先从形下层面来看，士君子本身就是社会的食利阶层，如果仍
然时时以利为先，则一方面必然会导致与民争利的现象，"身宠而载高
位，因乘富贵之资力，以与民争利，民安能如之哉！富者奢侈羡溢，贫者
穷急愁苦；穷急愁苦而上不救，则民不乐生；民不乐生，尚不避死，安能
避罪！此刑罚之所以蕃而奸邪不可胜者"①。士君子的不义是造成社会动
荡道德失范的主要原因，如士君子严于守义，吏无奸邪，则民无盗贼，自
然政盛俗美，上下相安。其次从形上层面来说，对义的尊崇必须以对利的
重视为基础。董仲舒从天赋人性的角度对之进行了论证，他说："天之生
人也，使人生义与利。利以养其体，义以养其心。心不得义不能乐，体不
得利不能安。"② 把贪利之心视作人之"可养而不可改，可豫而不可去"③
的本性，义利在人性中本身就为一体。同时，义的深入必须以利的满足为
基础，而利又自在义中，因为"天地人，万物之本也。天生之，地养之，
人成之。天生之以孝悌，地养之以衣食，人成之以礼乐，三者相为手足，
合以成体，不可一无也"④，但其中有先后之序，"人成之"是以天生、地
养为前提和条件的，天只代表了道德的最后根据，天意如何落实到社会生
活当中，还要依靠圣人王者通过对天意的体察，满足民众的本性需求并使
这种满足以礼义的形式表现出来。如果"民无所好，君无以权也。民无
所恶，君无以畏也。无以权，无以畏，则君无以禁制也。""圣人之制民，
使之有欲，不得过节；使之敦朴，不得无欲"⑤，这和荀子的观点趋于一
致。荀子认为："义与利者，人之所两有也。虽尧舜不能去民之所欲……
虽桀纣不能去民之好义"⑥，但又坚持认为义和利并不具有同等的价值和

---

① （汉）班固：《汉书·董仲舒传》，中华书局 1962 年版。
② 《春秋繁露·身之养莫重于义》。
③ 《春秋繁露·玉杯》。
④ 《春秋繁露·立元神》。
⑤ 《春秋繁露·保位权》。
⑥ 《荀子集解·大略篇》。

地位，"体莫贵于心，故养莫重于义，义之养生人大于利"①，因为人之所以贵于万物，正是在于"天之为人性命，使行仁义而羞可耻，非若鸟兽然，苟为生，苟为利而已"②。无论从形上层面或从形下层面来看，义利之间都有冲突但又密不可分，必须在二者之中进行抉择，义中取利是民本伦理的中心基调。当德性和利欲不可两全时，作为君子，更应该克制利欲以保持优良的德性，将道德良知置于生命之上，以巩固天性本真之良善，成就义之所驱，绝不以利害义，以此作为解决义利冲突的办法。

亚里士多德说："德性是一种选择的品质，存在于相对于我们的适度之中"，"它以选取中间为目的"③。德性必然是一种选择，这是它的一种实践品格，人们只有从不断的选择中才能逐渐养成自己的品行。抉择的对象主要是公与私、群与己、权利与义务、动机与效果、道义和功利以及价值上孰轻孰重以及当二者发生冲突时的取舍等问题。二者的统一当然预示着德性和利欲的和谐，但只有在双方不一致时，抉择才具备德性意义。进德内圣过程中，义、利乃截然不同属性，必然对立，因为"道德之所以为道德，根本上乃是指人的行为发自内心，而非溺于物欲，屈从于环境，诱于名誉等等"④。正如康德所讲，道德的自律性充分地表现在人的行为无条件地出于善良意志或绝对命令，只依最高的道德准则行事。君子不可有私利，须以民心所欲为依归，因为上位君子能否以身作则而化育万民是政治清明的关键所在，但对义的真正固守必须通晓利，此利非为一己私利，而是能利于民的公利，透过政治达用手段，将利还施于民，才能达成义的目标，最终进入义利合一的境界。义是以道德为依归的权衡标准，利则为依于前者所展延出具有合理、合谐、合宜的表现。正确处理德性与利欲的主要价值在于维护礼义，只有尚义的社会，人们才能各安其位，社会才能正常而有序地运转和维系。

（二）民本价值追求的契合与错位

虽然德性是民本伦理思想的实践运作前提和归宿，但在理想层面上，

---

① 《春秋繁露·身之养莫重于义》。

② 《春秋繁露·竹林》。

③ ［古希腊］亚里士多德：《尼各马可伦理学》，廖申白译，商务印书馆 2003 年版，第 47 页。

④ 陈根法：《论德性的价值和意义》，《复旦学报》（社会科学版）2002 年第 3 期，第 104—107 页。

民本德性既有工具价值也有目的价值，目的价值是其根本趋向；一旦进入实践领域，其德性虽还体现了一定的目的性，但凸显更多的是其工具价值。德性的理想价值主要是让人们通过对外在伦理道德规范的学习和实际体验，将之内化为自己的道德品质和习性，从而呈现于现实的生活当中，在这种生活准则基础上，才可能使人类有完满和谐的共同生活。民本伦理的德性追求目标是个体德性的圆满与社会的有道，其价值理路是内圣外王，首先要彰显君主的品德与修养，使先圣的品性化为君主自身的道德和行为自觉，因为人只有自己立法，自己遵守，才能够显示出人格的尊严和崇高。其次要让德性最终显现为社会治理的仁爱与友善，使政治也趋向道德。因为空泛、抽象的道德原则如果要成为能够作用于人的道德规范，必须将其纳入人的伦理生活之中，通过人的道德实践彰显于外并对外部产生重要的影响，因而民本德性要求本身应该是终极的，虽然有其工具性的一面，但目的价值是其根本趋向。可是，一旦民本的德性主张投射到社会实践中，虽还在某种程度上体现了一定的目的性，但凸显更多的是其工具价值。因为它对君主德性要求的目的是为了外王，对民众德性要求的目的是为了培养良民顺臣，其工具性便暴露无遗，原因主要有以下几个方面：

首先，对民众的德性诉求背离了德性的目的价值。伦理学家们设想的理想人格，主要都是针对统治阶层而言的，只有这个阶层才是君子的后备队伍，广大民众基本与君子无缘。对民众的德性要求主要是义务性的，很少关注民众中作为个体的人的人格进取。民众是受教育的对象，教育的目的不是人格的提升和群体的进步，而是让他们接受当时社会存在的伦理秩序和统治者提倡的道德规范，从而更好地约束自己的言行，安分守己地维护统治体系。如此，民众的德性培育就成了维护统治的手段，完全失却了目的价值。

其次，对君主德性要求的工具价值处处显现。因为君主作为一个统治者，他必须不断修炼自己的品行，才可能成王并符合王的称号。君主通过自己的刻意追求，可以赢得英明圣王的赞誉，不仅可以带来权势富贵、名留青史的眼前利益，而且从长远来说，还可以作为后世子孙效仿的榜样，为帝位长存打下基础。内圣外王是传统文化的主要信念，如果君主忽略了德性的修为，就有可能导致众叛亲离，国亡身死，故而所有君主都竭尽全力把自己装扮成万人尊崇的对象，导致了道德伪饰的泛滥，才有了道家对伦理道德的极力批判和否定。社会生活中，君主德性的外在价值主要体现为重民、利民、富民、养民、教民，也就是以满足民众利益为重心和基础，贯彻民本理念，但民本本身并不是目的而是出于建立、巩固和发展其统治的需要。为什么历代统治者要"重民"呢？原因主要在于国家最高所有权支配下的小农经济。小农经济是专制王权建立的基础，是国家兵力和财政的直接来源，没有民的支撑，任何一个政权都无法维持，对此，中国历代的统治者都是非常清楚的。荀子的观点可以说是民本德性实质的最好注解，他说："民不亲不爱，而求其为己用，为己死，不可得也。民不为己用，不为己死，而求兵之劲，城之固，不可得也。"① 荀子虽然要求重民、亲民、爱民，但其目的不过是用民以求"兵之劲，城之固"，一个"用"字，突出表明了传统民本观的工具性，民并非真正的"本"，不过是"用"，并非是目的，而是工具，因此，富民、重民是为了用民，并不是为了真正确定百姓在国家和社会生活中的主体地位，以民本否定君本。一个"用"字，表明富民、惠民只是实现统治秩序的一种手段和策略，因为只有百姓安居乐业，才能富而教之，趋之以善，从而更好地实现统治。当然，传统民本伦理也含有某些目的性价值，承认人民是社会财富的创造者，民富则国富，民贫则国贫；认识到民众乃治理之本，没有民众的支持，统治无法维系更不可能长久；更清楚民本的"本"乃指客观的、必然的力量，即民心、民意，在社会中具有决定性的力量，统治者采取民本措施在某种程度上正好体现了民本身的目的价值所在。也正是其中蕴涵的某些目的性因素，民本的工具价值和目的价值之间才会此消彼长相互制约，既约束了统治者的过度自私，给民众带来一定的现实利益，又给统治者的专制披上一件华丽的外衣，稳固其基础延长其寿命。

重视民生和重视德性，是中国人文思想的重要特征。当然，这一特征也内含不足，即它普遍忽视对人的现实的自由、权利、平等的关注，权利问题（除生计之外的）并未进入传统民本观思考的视野之中。即使是民生问题，传统民本观也并未从生存的基本权利的角度去思考，而只是视之为人的自然欲求和本性，或者只是被视为实现社会稳定及统治秩序的前提。它忽视的是个体的权利和尊严，强调的是个人的义务和奉献，意在把个体纳入现存秩序中。但是，个体的基本权利必须得到保障，否则个人就难以生存和发展。"'历史'并不是把人当作达到自己目的的工具来利用

---

① 《荀子·君道篇》。

的某种特殊人格，历史不过是追求着自己目的的人的活动而已。"① 一个美好的东西必须体现在个人身上，一个美好的社会不是对于国家的尊重，而是来自个人的自由发展。人是社会历史发展的主体，所以人们在思维中就应把人放在本位来把握，个人不仅仅是被看作组成社会所必不可少的元素或细胞，个人应当是集体和社会的真实前提，是现实的社会发展的目的和终极指向，无论是国家、政府、群体、个人，良性的社会秩序和社会公德的创建，都必须建立在对个人的自由和尊严的平等对待之上。个人的权利是否得到保护，是衡量一个政府的权力是否具有合法性的试金石，政府的权力运用必须以追求善为目标，至善是最高的道德理想境界，它由两方面的要素组成：一是与人的利益、爱好、感情相联系的幸福，二是与人的理性相联系的德性，德性是使人能够配享幸福的一种价值，这两方面要素，相互依存、缺一不可。德性是不能作为手段或工具来对待的，梳理民本伦理思想中的价值理念，可以使我们更好地理解其要旨，更加合理地对之进行继承和发展。

（三）道德理想与专制现实的统一与对立

主张以民本为政治基础的思想家普遍关注以道为依据的德性治国方略，德治仁政是其共同旨趣。如果遵循民本的学理思路，就可以造就一个温馨和谐、充满伦理气息的政治王国，可民本的现实运作却以维护等级制为根本，倡导德政造就了苛法，强调道德扼杀了自由，主张善德酿造了伪善，造成道德理想与现实专制的严重对立，原因主要有两大方面：

首先，是由道德的基础假设造成的。虽然伦理学家们对人性有许多假设，但人性善一直占主流，道德是人性、人伦和人情本身内在地具有的本质，正是建立在人性本善的基础之上。人所具有的仁义礼智本性合于天道，劝人向善即是教人返本归性。个体对人生价值的追求，既相通于外在的天地自然，也从属于整体的社会人伦，个体应自觉自愿地服从整体，把社会存在和发展的需要看作自己更根本更普遍的需要。基于人性通于天性的前提，可以毫不犹豫地认定：人的本性有共同的、唯一的标准和样式，所谓人道就是把被理想化了的古圣先贤模式作为样板，他们的境界才是体现天道的最佳状态。以终极不变的天道、人道和超历史的人性为基础的终

---

① 《马克思恩格斯全集》第 2 卷，人民出版社 1957 年版，第 119 页。

极价值标准，必然导致对价值形态和价值层级理解的单一化、凝固化，将眼前可以理解的善恶、贵贱、吉凶的界限终极化。这种价值观使人们在构筑人生社会价值目标体系时，不注重探究人和社会从现实到未来之间运动的条件与趋势，而是无条件地认同"道"，通过主体的德性修养和心意感通，来把握生活情理，维护人际和谐，难以适应复杂多变甚至多元化的社会现实，常常以造成观念、理想与现实之间的断裂和冲突而告终。由于德根源于天道自然，故而，从理论上讲，人是否幸福由外在于人的天道或神决定，有意志的天道或神秉执公正，扬善罚恶。但在天道或神主宰人生祸福的同时，人又并非完全被动，因为天道或神可以感知人德行的善恶，人也就可以通过改变德行来改变命运。于是，看似天道与神决定祸福，其实是个体德行的善恶决定命运中的祸福，美好的德行将保有上天赐予的幸福，邪恶的德行则导致福的丧失与灾难降身。能够配天或保民理应是身为统治者的必备素质，但按照内圣外王的理路，一旦晋身统治阶层也就自然地具备了上天要求的德行，他们的德行就成为现实中民众德行的依照。对一般民众来说，道德品行是善还是恶，评价者似乎是公正无私的天道与神，实际的裁决权则为统治阶层所把持，他们依据自身的好恶而决定是赐福抑或降罪，普通百姓是没有发言权的，从而造成德性本身的矛盾冲突。

其次，是由道德理想落实到现实所引起的矛盾导致的。中国文化的德性特征表明道德是最高的权威，一方面，在治国之道中过分注重道德教化的作用，道德的威力始终被看得比制度和法律更为有效，国家的盛衰兴亡和人民的安危福祸，完全系于统治者个人的素质，人治和专制不仅得以大行其道，而且持久不衰；另一方面，民众却被严格拘束在伦理义务之下，社会成员首先考虑的是如何在错综复杂的人际关系中扮演好道德角色，履行自己的伦理义务，导致人的自主性和主体性受到严重压抑，德在很大程度上成为人身压迫和精神虐杀的理论之源，严重制约了整个民族的思维方式、社会活动方式乃至政治制度的更新。之所以形成这种格局，主要原因就是中国家国一体的社会结构造成的。因为在宗法关系为主的社会中，君王不仅是政治上的统治者，还是全国最高的家长，全体民众都被置于一种既定的社会秩序当中，这种秩序又靠公认的礼义来维系，宗法礼义关系不仅造成了君主制度的长期存在，而且使君主集天地君亲师各项权力于一身，不仅在政治上而且在思想上都达到极为专制的程度。以君为师、以吏为师确认了权力对认识的最高裁决权，各种思想都只有为王权和封建秩序服务，并为统治者首肯才有存在的价值，在现实中造成了臣民对行政权力的严重依附性。因此，中国古代不存在独立的认识主体，中国政治文化中的个人只能是缺少或失去主体意识的人，不得不接受家庭整体与专制国家对个人的决定性主宰，个人与整体的关系，实际上是个人隶属于"君"、"父"、隶属于各级"父母"官的关系。维系这种礼义，既要暴力，也要意识形态的认同。为了把礼义变成一种意识，注重人事的周人，一开始就把礼当成辨别善恶、顺逆的准则，破坏贵贱长幼的等级制，破坏亲疏新旧的血缘制，即破坏了礼，是逆；反之，以德行、孝道去维护礼，则是顺，人生的意义就是为了完成某种道德的使命，实现伦理的目的，形成目的性的德性伦理精神。这种伦理精神将道德的权利归于天，留给人的只是道德的责任和义务，认为全部道德责任仅仅应该落脚于个人"修身"，而看不到道德与社会结构、性质和制度之间更深刻的联系，长期忽视公德体系的建设，或公私德不分、公私畸置。在道德的内容上长期强调"利"的价值低于"义"，重视精神，不重物质；重视奋斗，轻视享乐；形成重视内在德性的完善，不重外在生活富足的传统幸福观。这种伦理精神对维护既存社会秩序极为有利，使民众自然放弃了对外在社会合理与否的探求，甚至产生在人格上卑视甚至排斥物质、经济和技术的倾向，导致义利、理欲之间的对立互斥。传统的天下大同和人人皆可为圣贤这套"为民立极"的人生理想，不是以科学的社会历史观为基础的，它的实现只寄重于个人从"克己"开始的执著追求，而不是走根本改造社会的道路，它使人生的价值取向失去了现实的利益和权利基础，也必然使道德教条下的人格与现实生活发生对立，最终无法构筑从现实通往理想的桥梁。内圣外王的致思思路又把"德"作为"得"的途径和方法，乃至成为"得"的手段和工具，道德理想主义就转化成道德实用主义。"这种道德实用主义往往有三个层面的内涵：一是中国道德不重视理论体系而侧重行为调控和实际操作，应用性强；二是在中国，道德本来就是社会生活，尤其是政治生活的工具，是为统治阶级政治服务的；三是道德成为社会生活的需求，是社会生活的规则、原理。"① 道德理想主义和道德实用主义之间的矛盾也导致了理想和现实的对立。

化解道德理想与社会现实的矛盾，必须做到个体至善与社会至善的统

---

① 樊浩：《论中国道德的精神》，《孔子研究》1994 年第 1 期，第 3—12 页。

一。对个体而言，只有配以与德性相当的幸福才可以说是完满的善，所以个体至善应当包括幸福和德性两个不可分割的方面。"康德虽然认为个人幸福的原则不能成为道德的根源和基础，人的行为以个人幸福为动机，竟无异于在一开始的源头上搅浑了道德意向的纯粹性，但他并没有将幸福视为否定的对象，而是认为在'至善'的道德境界里，善和幸福可以结合起来。一个人……在把德性和幸福结合起来以后，才算达到至善。然而他又始终坚持'道德学就其本义来讲并不是教人怎样求谋幸福的学说，乃是教人怎样才配享幸福的学说'，'它只研究幸福的合理条件（必要条件），而不研究获致幸福的手段'。同时他认为幸福与德性的圆满契合'只有在一个无止境的进步过程中才能达到'，甚至将这种结合推至彼岸、来世（假设灵魂不死），并假设神的存在作为实现这一结合的可能性的必然条件。"① 通过现世与来世的连接和贯通，解决道德实用主义和道德理想主义的冲突，体现伦理的目的价值与工具价值的合一。在亚里士多德的视野里，善德是个人幸福和城邦幸福的基础，而城邦的善比个人的善更重要，因为人的德性的产生和实现取决于社会环境和人类的社会实践，取决于后天的塑造和风俗习惯的熏陶，而且德性的实现也是在社会实践活动中进行的，所以他明确指出："尽管一种善于个人和于城邦是同样的，城邦的善却是所要获得和保持的更重要，更完满的善。因为，一个人获得这种善诚然可喜，一个城邦获得这种善则更高尚（高贵），更神圣。"② 城邦的善德即为正义，正义代表着法律，代表着平等，代表着自由与法制的统一。人在本性上包含着兽性的成分，每个人都不可能完全消除野兽的欲望，如果不依据法律治理国家，而是把国家交给一个人来统治，"这就在政治中混入了兽性的因素"③，就难以体现并保障公共利益。如此说来，一种好的统治必然是德法共治，它既体现主体的价值追求与价值理想，又要使伦理理念中把握与追求的"善"具有在世俗生活中实现自己的力量，达到伦理理念与社会生活的统一，也就是所谓"德"、"得"相通的善恶因果律。造就至善个体的目的是为了造就至善的社会、至善的生活，一个

---

① 温克勤：《略论康德对幸福论伦理学的批判》，《天津师范大学学报》（社会科学版）2001 年第 5 期，第 9—14 页。

② ［古希腊］亚里士多德：《尼各马可伦理学》，廖申白译，商务印书馆 2003 年版，第 6 页。

③ ［古希腊］亚里士多德：《政治学》，吴寿彭译，商务印书馆 1965 年版，第 169 页。

公正合理的社会，一个具有伦理权威性的社会，也一定是一个善恶因果律有效运作的社会，道德伦理的理想目标与现实的社会生活应该是和谐一致的。

总之，通过对民本文化中的价值悖论的分析，我们看到了其中的合理性的因素，使我们在德性伦理日益边缘化的今天寻求到精神的寄居之所，获得心灵的安逸和满足，使人类超越自然属性的羁绊和生理本能的绝对驱使，成为一种能够自我节制的社会存在，为人之为人确立形上召唤的历史使命。同时我们也发现了其中的不合理因素，毕竟现实中的人是一个感性和理性、肉体与灵魂合一的存在，人性的这种双层结构决定了人不可能一直在天国般的理想中徘徊，他一定要在现实中生活，必须拥有现实的一切必需，效率和功用也必然是判断德性不可或缺的一个方面。道德运行的目标是实现社会秩序和谐与个体心性完美的统一，我们首先要关注社会尤其是制度的完善，因为只有制度善才能为个体善提供一个现实的环境和基础，正如伟大的设计师邓小平所说："制度好，可以使坏人无法任意横行，制度不好，可以使好人无法充分做好事，甚至会走向反面。"① 但我们并不否认个体善对于社会善的价值，因为社会善又有赖于个体善，在一个流动的社会中，社会结构、制度体制与个人的现实性活动互为因果、互动生长，改变环境与改变人自身是一致的，人们在改变不完满的社会实践中与社会一起变得比较完美，善的、公正的社会是追求善的、公正的人在现实生活中创造出来的。

① 《邓小平文选》第 2 卷，人民出版社 1994 年版，第 333 页。

第二章　民本伦理的不同范型

民本伦理的产生是中国人文精神发展的必然结果，人文与人道精神的出现意味着人拥有了能动性的创造能力，开始反思和探索人的本质和人的价值。文明早期由于人的自觉没有完全摆脱原始宗教的影响，所以神佑王权观念比较流行。但西周时期出现了以德配天、敬德保民的理论，折射出了民众力量的壮大和神权统治的动摇，民本伦理出现了萌芽。春秋战国时期，各家各派都对民众进行了关注，但笔者认为只有儒、墨、道三家的民本思想富有特色，因而本章主要以这三家为主进行分析。儒家民本学说影响最大，孔子贵人重德，为开明专制奠定理论根基，孟子提出民贵君轻，将民本伦理推向极致，荀子相信君舟民水，使其出现法治化倾向，董仲舒用天人感应和纲常之说将其进一步系统化完善。墨家号召兼爱利民，既有天志、明鬼、非命作理论根基，又有尚贤、尚同、节用、非乐作实践策略，贵义尚利，希望造就一个人人相亲相爱的和谐社会。道家崇尚因循自然，以道和德的不同解释开启民本统治的新思路，依据价值的辩证转换设计出新的民本治理方案，要求与民休息以便无为而治，鄙视权贵追求义利俱轻，最终希望达到众皆平等的伦理目标。下面将从民本伦理产生的理论渊源及其实践外化等方面来对各个范型分别进行论述。

一　民本伦理思想的理论渊源

（一）远古人道精神和道德典范奠定民本伦理意识

"中国人文和人道发展的开端极具个性，即人对自身的反思与万物有灵、多神崇拜、动物崇拜、图腾崇拜、祖先崇拜等原始宗教观念紧密缠绕在一起。"① 最早让先民迷惑不解而又渴望探求的奥秘主要有两个：一是自然界巨大力量的根源是什么；另一个是人的生命从何而来又去向何处。一方面自然界是人类生存的恩赐者和依赖者，人们衣食住行的解决都在某种程度上取决于自然；另一方面自然界又不断给人带来灾难，无情地威胁和摧残着人类的生命和家园。人在自然界面前显得十分脆弱和渺小，逐渐产生了对自然物和自然力的敬畏感、依赖感和神秘感，认为万物背后都有一个活生生的主宰，其能力远远高于人类，可以给人类赐福或降祸，必须对她们顶礼膜拜，才能得到她们的护佑，这便是自然神灵崇拜。与此同时，人们对做梦等意识特异现象也无法解释，于是出现了灵魂观念。"自然神灵和灵魂不死是一切宗教最早的两大观念，前者将世界二重化，后者将人的生命二重化，后来的宗教都是在这二重化的原始思维中发展起来的。"② 中国的原始宗教也是在自然崇拜和鬼魂崇拜的基础上发展出祖先崇拜和原始神话的。其祖先崇拜有鲜明的特点，即部族祖先都是英雄祖先，既是血缘上的祖先，又是有大功于部族的文化英雄、道德表率和政治领袖，同时还具有超人的神性，因而也被尊称为神灵。氏族成员通过认定共同的祖先而有了归属感和安全感，并通过祖先崇拜强化了血缘关系的纽带。祖先崇拜的作用主要在于确立部族意识，实现部族认同，以便巩固部族组织和制度，维系部族社会的生活秩序。一旦人们认识到必须在人类自身发展链条中寻根，并对确有血缘关系的先祖进行纪念和崇拜时，人本意识就正式诞生，人本意识是民本意识发生的前提和条件。

据历史记载，由于生活环境异常恶劣，原始人被迫以群体的方式进行生活。为了更有效地发挥群的作用，推举首领就成了自然而然的事情，但这个首领的任职条件是他必须能够给这个群体带来生存条件的切实改善。由于推举条件体现了群众的需要，推举过程也由群众来操作掌握，首领又必须为群众负责，从而体现出原始民主的特征。这时的首领拥有的不是权利，而是为广大民众服务的义务与能力，是自己崇高清明的道德境界。古帝尧，"克明俊德"，"允恭克让，光被四表，格于上下"③。他凭恃自己的德行和才能成为帝王，却过着极端简朴的生活，并将帝位禅让给舜。舜

---

① 陈明：《中国传统文化中的人道主义》，华夏出版社1996年版，第1页。

② 吕大吉、牟钟鉴：《中国宗教与中国文化》卷1，中国社会科学出版社2005年版，第114页。

③ 《尚书·尧典》。

年轻时就很勤劳，待继帝位更是日夜为民操劳。禹也是一个勤劳天下、日夜不懈、舍身为民的人。这些英雄传说使人们相信只有一心为民的人才是一个合格的首领，也只有符合民意才能成为首领。同时，由于个体力量的微不足道，为了生存，人与人之间必须结成平等互助的关系，随着这一关系的延续和固化，个体的人很难对周围环境形成自己独立的意识，但集体意识却得到不断的加强，这种集体文化意识又通过原始宗教仪式和原始神话的讲述体现出来并施加于每个成员的心灵。中国神话中记述较多的黄帝、尧、舜、禹诸帝，他们的领导样式代表了当时中国的统治方式，体现着最初的君民关系图式。这些首领们的人道风范和光辉形象，给后来的民众留下一种有关君主形象的固定观念或惯性思维，加上后来士大夫的刻意宣扬，使之得到进一步强化，使后来的君主在生活中不得不有所顾忌，在其政治活动中有意模仿或粉饰以彰显其尊贵和崇高。当然，传统帝王的影响力不仅表现在意识形态领域中，更表现在制度上，由他们创造的禅让制度强化和加强了重民意识，后来的统治者都无法回避这段历史，在统治手段上不得不体现出民本的倾向。

（二）敬德保民意识催生民本伦理萌芽

禹死后，他的儿子启凭借自己集团的实力向禅让制度发起了攻击，最终建立起自己的统治王朝。但怎样有效地抵御来自原始民主制度的压力和巩固新生的政权呢？途径不外两个方面：一是吸收原始时期民主政治的成果，将之融入现实的政治运作，赢得民众的臣服。同时利用人们的愚昧落后和分散无力，树立具有威慑力量的神祇，以神化王权统治和弥补人力统治的不足，从心理层面化育民众使之认同政权的合法性。二是进一步强化国家机器，用暴力和强迫手段迫使民众屈从在淫威之下。《礼记·表记》说："夏道尊命，事鬼敬神而远之，近人而忠焉。"[1] 近人的目的当然是为了更多地争取民众的支持，增强自己的实力。但夏朝是我国的第一个奴隶制王朝，奴隶主贵族在国家生活中享有经济、政治、法律、宗教上的特权，而广大奴隶却被剥夺了一切权利，甚至没有人身自由，只是会说话的工具。奴隶主贵族为了维持其特权地位，不仅在现实生活中对奴隶进行残酷盘剥和镇压，而且编造受命于天的神话对民众的思想进行钳制，使君民

---

[1] 《礼记·表记》。

关系与远古相比发生了质的转变。尤其殷代后期，君王专靠鬼神护佑，作威作福，完全蔑视民意民生，神道过分脱离人道而走上偏邪，导致民怨渐起，终于被周朝代替。周代文化以宗法伦理为基点，全面改造了古代宗教，增添了更多的人文气息和道德教化功能，把神道和人道更巧妙地结合起来。利用较大范围的中央集权，依照宗法的远近亲疏进行财产和权力的分配与再分配，使宗法伦理、政治文化和宗教规范紧密结合。自此以后，宗教、政治、伦理合而为一，君主的权威在这三种外衣的掩护下得到不断加强，相反，民众的地位却在德行外衣的遮蔽下不断地遭到削弱。

尽管在周人的宗教观念里，上帝仍是主宰万物的至上神，主宰着王权兴废，但商代夏、周代商的历史变迁，使他们得出了"皇天无亲，惟德是辅"① 的结论，强调的已经不是神秘的天命而是实践着的人事了。了解天命转移源于民，天命显现依靠民，必须具备"明德"、"慎罚"、"保民"的政治德性，才能得民心，得天下，民成了政治思维的核心。周人提出"天畏棐忱，民情大可见"②，民情犹如一面镜子，它可以反射出上天的喜怒哀乐和对人间帝王的评判。"惟我下民秉为，惟天明畏"③，民众的所作所为是上天惩恶扬善的依据，上天将按照民众的意愿行使它的权威，民成了政治事务的出发点和落脚点，而上天则成了随民愿而行动的傀儡。周公不无感慨地说："人，无于水监，当于民监"④，"这一卓绝见解，无疑在中国政治思想史上具有里程碑的性质，他第一次在理论上论证了民众在政治生活中的位置"⑤。民众政治地位的确立，必然导致社会各阶层的重新定位和社会政治重心的转移，"明德保民"为主旨的民本伦理就是在这一基础上生成的。

这时的德，含义非常广泛，刘泽华先生在其《先秦政治思想史》中做过这样一个归纳，他说："在当时看来，一切美好的东西都可包括在德中。归纳起来有如下十项：（1）敬天；（2）敬祖，继承祖业；（3）遵王命；（4）虚心接受先哲之遗教，包括商先王先哲的成功经验；（5）怜小民；（6）慎行政，尽力治民；（7）无逸；（8）行教化；（9）'作新民'；

---

① 《尚书·蔡仲之命》。
② 《尚书·康诰》。
③ 《尚书·多士》。
④ 《尚书·酒诰》。
⑤ 王保国：《两周民本思想研究》，学苑出版社 2004 年版，第 59 页。

（10）慎刑罚。""德"在这里是一个综合的概念，它几乎涉及政治生活的方方面面，显示了周人在政治理论思维方面的日益成熟。① "明德"或"敬德"有两方面的含义：一是修身正心；二是教化人民。德治的内容基本上都是围绕保民这一中心展开的，不仅第一次对君主的责任作了明确规定，必须敬天保民，而且也是第一次触及了社会运动的根本力量——群众的作用，几乎闯进了历史唯物主义的门槛。尽管他们对民的认识还非常幼稚和朴素，其目的也是为了维护统治阶级的根本权益，但毕竟首次承认了民众的力量，并将民众的地位和作用作了全新的和正确的估价，使民本思想得以显现；并在一开始就将德置于民本思想的首位，应当是理论上的一个极大突破和贡献。

（三）宗法制的出现引起民本伦理改变

中国古代君主制滥觞于宗法制度，宗法制度是君主制度的母体和原型。在宗法等级社会里，宗族模式、政治模式和宗教模式是同构的，家族系统和政治系统大体上是合一的，基本上靠亲属血统加以维系。但要使这一宗法等级体制得到巩固，首先要确立起天子的绝对权威，使其在现实生活的独特地位得以显现；其次要有宗教文化作为精神支柱，以便稳定人心，使不同阶层的人各就其位。由于宗法价值观的核心是父家长崇拜，君为民之父母，以此为范本和基干建立起的政治制度，必然把君权至上奉为最重要的价值尺度，使君主处于绝对统治的地位，他不仅是所有财产的占有者和支配者，而且依据宗法的推演，他理所当然地有权对全体成员实行专制独裁，民众只有绝对地臣服。宗法家长制以个人专断和绝对服从为特征，并以等级特权保证这种权威的实现。"事君以敬"与"事父以孝"，"君命不贰"与"违命不孝"相辅相成，变为社会公认的行为准则。君王同时也是法律和秩序的化身，他凭借政治地位、权势和实力，不同任何人分享权力、分担政治责任，在整个社会结构中，他成为唯一的、排他的、至高无上的权力主体，并且日渐被广大社会成员所认同。长此以往，"就在观念上确立起君主政治的几个基本原则，即社会等级上的独尊原则，权力配置上的独头原则，政治资源上的独占原则和权力运作上的独断原则，

---

① 刘泽华：《先秦政治思想史》，南开大学出版社1984年版，第38页。

这些原则又进一步概括为乾纲独断"①。与帝王观念相对的是臣卑观念，高官显贵在君王面前尚且以奴仆相称，遑论一般的平民百姓了，他们生来就是被支配者，只有孝忠的义务而无任何的权利，违背了康德"人是目的"的伦理断言，君之外的人几乎都沦为统治的工具和手段，由此演绎出民本伦理的各种矛盾和悖论。

君民关系不仅在实践中发生了变化，在文化世界里也出现了新的倾向。原始社会中，氏族团体、部落联盟都有自己共同的祖先，各个家庭也有自己的祖先崇拜，各个成员的经济、社会地位是平等的，因而每个人都可以从事祭祀活动，都有与神灵沟通的权利。但发展到传说中的颛顼帝时，他阻断了天与地、人与神的通路，使人不能上天，神不能下地，剥夺了平民与天神沟通的权利，求神祈福、与天相通成为氏族贵族及巫师的专利与特权。周王朝时，天子成了天神在人间的唯一代表，天子垄断了祭天的权力，这种权力绝不能与他人分享，因为这是最高权力的象征，是君权合法性的神道依据。但周代的神道在赋予周王统治权力的同时，还赋予他敬德保民的责任，责任不尽则权力不能久享。它不仅没把神道和人道对立起来，反而扩大神道的内涵，把人道包括进去，使宗教信仰牢牢建立在宗法伦理的基础之上，以德配天，以民知神，把宗教与道德、神道与民本结合，使神权走近民权，使这种宗教具有了更多的人文气息和道德教化功能。但由于时间的推移，伴随着周王室的衰弱和诸侯霸权的兴起，支撑王权的天神的权威也发生动摇，人们从盲目信仰天命转变为用理性的现实的态度去理解天命，甚至出现怀疑天命、远离天命的思潮，实践中呈现出以下几种变化："（1）责备天命，认为它不公正。（2）认为神道以民事为主，把民事抬到神道之上。（3）与天道的神秘性保持距离，而把精力放在人事上。（4）神权下移，诸侯代天行令，大夫可以祭天，破坏祭祀的等级制度。"②面对秩序的紊乱和人的理性觉醒，比较进步的思想家和政治家都主张用务实的态度对待宗教，减少其神秘性，增加其人性和实在性。"皇天无亲，惟德是辅"的神人关系原则，再一次发挥了它推动宗教改革的威力，展现出它巨大的社会适应能力。但现实的变革和理念的转变

---

① 刘泽华：《中国的王权主义》，上海人民出版社 2000 年版，第 231—232 页。

② 吕大吉、牟钟鉴：《中国宗教与中国文化》卷 1，中国社会科学出版社 2005 年版，第 139 页。

并不完全契合，民本的理论努力和实践异化似乎在同步异构，从而使民本伦理不得不对之进行调和，造就其矛盾的渊源。同时，面对强大的政权力量和不屈的民众意志，理论家们从不同角度用不同方式对实践进行纠偏，逐渐形成志趣各异的民本流派。

总之，周初的统治者制礼作乐，第一次给后来的统治者提供了一套相当完善的政治理论和政治样板，这对于政治文明的进步显然是一个里程碑性质的贡献。尤其应当注意的是，由于保民思想在周初政治理论中被定位在核心位置，一开始就成为王权政治的核心内容之一，加之在实践中的成功运用，使这种思想随即成为王权政治不可或缺的部分。尽管在以后的历史中，个别统治者企图遏制民本伦理对王权的威胁，但由于保民的政治理论已经成为王权政治固化了的基础，摆脱成为不可能的事情，顺着已经确定的"重民保民"路子走下去，成为每位统治者不得更改的选择，民本所包含的政治伦理价值成为思想家向往的目标和政治家努力的方向。金耀基先生认为："中国的政治思想，就民的观点来看，有民本、非民本及反民本三派。民本思想起源于《尚书》'民惟邦本'之语，后经儒家继承而发扬光大；非民本则为老庄、杨朱一派……反民本思想则以申韩、李斯等辈为健。"① 许雅棠先生却认为不论是儒家、墨家还是道家、法家，其统治思路中都有民本成分，只不过法家采用的方法是为民而不悦民，罚一时民厌而终利民。② 但笔者赞同金先生法家反民本又不同意其视道家为非民本的主张，认可许先生的道家有民本但又不敢苟同其法家也有民本的想法，觉得只有儒家、墨家、道家才是民本思潮的代表。由于中国传统伦理道德以儒家伦理为核心，所以下节将首先论证儒家的民本伦理，然后再对墨家和道家的民本伦理进行分析。

二 儒家德治仁政的民本伦理设计

在儒家的政治伦理中，核心目标是以德治为基础实行仁政。仁政的主要内涵就是以民为本，做到爱民利民富民教民。儒家思想的创始人孔子开创了儒家民本伦理的先河，孟子和荀子又对其思想进行了辩护和发展，后

---

① 金耀基：《中国民本思想史》，商务印书馆 1994 年版，第 1 页。
② 许雅棠：《民本治理学》，商务印书馆 2005 年版。

来的儒家学派不断将之发扬光大，从而奠定了中国以民本为基石的开明专制的思想根基。

（一）贵人重德的民本伦理熹微

天人关系既是一个哲学问题，也是一个伦理学问题，不同时期、不同学派的伦理思想家们对之有不同的理解，但总的趋势是神鬼的地位不断下降，人的地位逐步凸显，人本意识渐渐确立。儒家学派为人本学说的发展做出了巨大的贡献，这首先得益于博学多识的孔子。

1. 神的退位与人的价值凸显

西周之前，人们对鬼神极其崇拜和敬畏，祭祀带有很强的功利色彩，主要目的就是祈福免灾，道德意义相对薄弱。西周提出了"敬天孝祖"和"以德配天"的宗教伦理观，祭天虽然仍是君王受命的象征，但是上天的意志不再有随意性，而是受人间特别是统治者道德状况制约，使天命增加了伦理内容，成了人间的道德准则，人间伦理成为天意的确定内涵，从而使以天为至上神的观念迈进了伦理意识的门槛，但"以德配天"的伦理思想远未成为一个对普遍的人性开放的价值系统。到孔子时代，大多数人还是相信鬼神是具备神通和灵性的，孔子也不可能完全摆脱天命的影响，在《论语》中，他也讲"天"，也信"命"，但与大多数人不同的是，孔子虽畏天命，但他力图"知天命"，"不知命，无以为君子"①，要"知命"就得学习、修炼，在实践中求知。孔子的思想正好反映了中国哲学天人关系的转折和过渡，他虽然在某种程度上持有天命观，但在实际行为和主导思想上已经从天上降到人间，主张"务民之义，敬鬼神而远之"②，注重的是人本身的问题。

《论语》是记述孔子言论比较可靠的文献，全书讲到"仁"字的地方109 处，为了阐释"仁"，在 162 处讲"人"，48 处讲"民"，共计 210 处讲到"人"和"民"，二者所指有时重叠有时分离。一部《论语》中如此多的关于人的话题，表明孔子思考和论述的本体，已经主要不是天道，也不是神道，而是"人间正道"了。孔子无论讲政治问题，经济问题，教育问题，最后都归结到"人"或"民"的根本上。既然以人为重，就

---

① 《论语·尧曰》。
② 《论语·雍也》。

蕴涵了人伦相待有理，不可随意为之的思想。在孔子所构筑的庞大思想体系中，"仁"字"一以贯之"，仁是孔子学说的核心，是孔子理想的最高境界，仁人即最完美之人，仁治即最良好的政治。何为仁？许慎的《说文》解释为"仁，亲也，从人，从二"，二人相和相爱之意，或二人相对相从之意。仁者爱人，仁学即是人学，也是如何做人之学，做一个人就要尽人道，尽人道即为仁。

仁是孔子道德学说的根本，孔子对仁悬置的标准很高，正如樊浩教授所言："仁不仅是一种道德意识与道德情感，而且是全德之名，表示人的最高道德境界，其实质是对道德自我与人伦关系的设计。"①《论语》中有这样的要求："夫仁者，己欲立而立人，己欲达而达人"②、"己所不欲，勿施于人"③ 这两个命题，说明修己的目的不仅在于纯化自己，还在于安人、安百姓，使老者安、朋友信、少者怀。萧公权说："孔子言仁，实已冶道德、人伦、政治于一炉，致人己、家国于一贯。"④ 仁学是人性自我提升与实现的途径与归宿，其理论前提是"性相近，习相远也"⑤ 的人性论。孔子的人性论奠定了中国的人性理论基调，其特点是承认人格的独立性、能动性、平等性与自足性，他很少把人性归结为神性，相反却极力强调人的自我意识与尊严，突出个人的价值，强化个人在道德活动中的主动性和责任感，认为"为仁由己"、"我欲仁，斯仁至矣"⑥。对个人的道德修养要求非常严格，希望人们能在无止境的道德追求中不断提升自我走向至善。孔子的仁是对人的反思，这种反思是人类精神的自觉。正是由于孔子对现实中人的重视，才使他能够关注民瘼，重视民生。仁的学说是孔子政治思想体系的基础，从而决定了孔子思想的特征是"以人为本"或者说是"以民为本"。

2. 开明专制的民本伦理构思

在孔子整个学说中，"仁"是伦理道德范畴；"礼"可以说是政治范畴。孔子目睹社会中"礼"的破坏和"刑"的滥用，一面用"仁"来充

---

① 樊浩：《中国伦理精神的历史建构》，江苏人民出版社1992年版，第86—87页。

② 《论语·雍也》。

③ 《论语·卫灵公》。

④ 金耀基：《中国民本思想史》，商务印书馆1994年版，第43页。

⑤ 《论语·阳货》。

⑥ 《论语·述而》。

实"礼"的内容，要求统治者们"克己复礼"，另一面又用"仁"来削弱"刑"的作用，扩大礼的作用范围，提倡德政。《论语》记载："子适卫，冉有仆。子曰：庶矣哉！冉有曰：既庶矣，又何加焉？曰：富之。曰：既富矣，又何加焉？曰：教之"①，这是孔子以德治国的三部曲，先是依靠统治者的自身修养和崇高德行尽可能地获得诸多民众的拥护，然后厚以待民发展社会经济，使人民衣食无忧，最后目的在于发展教育，使民众安分守己，遵循仁义礼智，造就等级分明、井然有序的社会运行秩序。

按照得民、富民、教民的思路，首先，对以君为首的统治者提出极高的道德要求。因为为政如为人，统治者要想获得民众的支持和拥护，自身必须具备崇高的德性。《大学》里的"三纲八目"是对"内圣外王"的最为恰当的表述，"三纲"即"明明德"、"亲民"、"止于至善"，"明明德"是内圣，"亲民"是外王，"止于至善"就是把明德、亲民推行到尽善尽美的地步，此即内圣外王；"八目"即格物、致知、诚意、正心、修身、齐家、治国、平天下，前五者属于"内圣"功夫，即主体通过自身修养达到相当的道德境界，为将来的"齐家、治国、平天下"打下深厚的基础。但外王的关键在于民生能否普遍安足，不在于德性能否普世成真，所以必须尊重常人常性。民性有两大特点，一是乐于从善，二是善于自谋，所以统治者的责任首先是以身作则，把信用和道德作为政治的根本，引导民众向善向道；其次是顺从民性，爱惜民力，使民以时，使民众安居乐业。因为"百姓足，君孰与不足？百姓不足，君孰与足？"② 希望仁政的结果能使百姓富足并富有教养，因为"富与贵，是人之所欲也……贫与贱，是人之所恶也"③。也就是说，孔子主张摆脱贫穷和卑微的社会地位去逐名求利，以便贤者通民意，引发贤善与民的连接之道，使人与人之间能诚信互动，造就温良和谐的社会秩序。其次，坚持追逐名利的原则是义中取利，所谓君子爱财，取之有道，"不义而富且贵，于我如浮云"④，强调财富的获得必须通过正当的途径和合理的手段，极力反对不义之利。再次，倡俭反奢，这不仅是治家之策，更是治国之道，因为"奢则不孙，俭则固"⑤，

① 《论语·子路》。
② 《论语·颜渊》。
③ 《论语·里仁》。
④ 《论语·述而》。
⑤ 同上。

统治者只有薄赋敛，不扰民，才能稳固统治。最后，重视教化。因为孔子的政治观是道德政治，所以它以化人为目的而不是以治人为目的，必然把伦理、教育、政治三者结合起来，形成为统一的整体。教育的目的是培养仁义之士，修己安人，做到信立而霸，义立而王，但"为政者的立信，根本的用意不是为了建立方便管理的统治秩序或用来完成某种集体式目标，而是源于对人的尊重，依循人乐于诚信的天性，建立使人自然诚实、自然守信，因而人与人得以进行和平而有意义互动的基础环境"①，实现仁的目标。孔子的民本伦理思考较多的是人君的责任，从治理成败的责任承担，到信义礼法的严格约束，再到对君子贤人的充分依赖，为治者树立一个难以做到的道德楷模，却完全忽略了法律等制度建设及其特殊作用。

　　由于中国社会的家国同构特征，一方面，理想的王道不过是自然秩序的社会摹写，"尧舜之道，孝悌而已矣"，另一方面，社会秩序得以保证的规范只不过是自然伦常规范的提升，是规范性秩序与自然性秩序的合一，所以孔子非常重视家庭伦理，尤其是孝悌之道。孔子对自然秩序之孝悌的政治化功用笃信不疑，由于孝悌保卫了已存的自然秩序，因而也就保证了应有的政治秩序。投射到民本伦理中，对君主的孝忠就成了民众德行的必然归宿。但面对社会的失范，孔子主张"为政"必须以"教民"为先，希望小民能安贫乐道以成就君子品格。怎样才能使小民安于现状呢？主要依靠教化，因为"道之以政，齐之以刑，民免而无耻；道之以德，齐之以礼，有耻且格"②。用政治来引导、用刑法来约束民众，只能使他们暂时免于犯罪但并无廉耻之心；如果用道德诱导、感化他们，用礼教来规范他们，民众不但有廉耻之心，而且心悦诚服，因此孔子全面强化礼的作用，形成礼俗、礼制、礼学和礼教，使礼以制度化的方式存在于社会生活的方方面面。礼文化的核心是伦理道德，主要是通过一定的礼仪来确立协调天（神）人关系、家庭关系、政治关系以及社会交往等伦理关系的道德规范，以此维护现存社会的稳定和秩序。在孔子的治国思想里，对君强调修身，对民强调教化，主张"为政"必须"教民"为先，民本源于人本，确立了人可教可主的认识，必然引申到民

---

① 许雅棠：《民本治理学》，商务印书馆 2005 年版，第 45 页。
② 《论语·为政》。

也可教可主。教民理念的落实，不仅可以发展经济、增加财富，让民众了解和贯彻国家的政策法令，增强民众对政府的信心，服从社会的统治秩序，而且可以保家卫国，但最后也是最高的目标是提升民众的道德素养，使道得到弘扬，初步确立起以伦理主导政治、以政治来实践伦理的大思路。当然，我们并不要求孔子一定站在"人"或"民"的立场上，直接为人民利益奔走呼号，也不要求只有具备这种主观目的和动机的学说思想才可称为"人本"或"民本"，因为"传统中国思想从来没有出现过自下而上、由民的好恶和判断表达成选任或淘汰治理人选及政策的想法，神意退却，人文理性兴起，却以贤者为尊"①。孔子以仁为纲的思想体系，不论是从国家政治观、社会伦理观、经济价值观、人类文化观等哪种视角，都可看出孔子对民的重视与对仁的渴望，他构想的政治伦理理念，已成为中华民族传统文化的精神基因，根植于中国人的社会背景与心理结构之中。

（二）德治仁政的民本伦理体系

孔子的伦理思想凸显了人的价值，把注意力由神转向了民，孟子对之继承发展，进一步提出民贵君轻的理念，为德治仁政设计了较为具体的方案，并赋予民众正当权利以反对暴君，将民本伦理升华到一个后世的民本思想家都难以逾越的高度。

1. 德治仁政的人性基础

历史总是人的历史，历史问题研究的关键就在于什么是人。每一种伦理学思想的背后都隐含着某种对人的预设。孟子的民本伦理奠定在人性善的基础上，他认为人有两种不同的特质，即性和人性，"口之于味也，目之于色也，耳之于声也，鼻之于嗅也，四肢于安佚也，性也"②。性是小体，是人的动物本能；人性是人异于禽兽的特殊本质，是指人具有的仁、义、礼、智"四德"，"恻隐之心，仁也。羞恶之心，义也。恭敬之心，礼也。是非之心，智也。仁、义、礼、智，非由外铄我也，我固有之也"③。人性是大体，为人的根本是要不断扩充自己的社会属性遏制自己

---

① 许雅棠：《民本治理学》，商务印书馆 2005 年版，第 58 页。
② 《孟子·尽心下》。
③ 《孟子·告子上》。

的自然属性，因为"从其大体为大人，从其小体为小人"①，追求的不同会造成人格高下的差异。既然人人都天生具有"四德"，在德性的起源上当然就是平等的，从而使平等伦理具备了自然的本性。人们的社会属性不仅出生时平等，其发展过程也是平等的，因为人人都需要对自己的"四心"进行维护、养育、提升，才能养成君子人格，"君子"和"小人"成圣的途径是一样的，只要善于扩充自己的本性，就能成为圣人，高扬人的主体意识，看到人自身在道德教育和道德实践中的主体作用。正是由于其人性的思想基础触及了人类平等的根本问题，才使孟子在政治主张上能将普通的人民大众当作平等的类来看待，注意到他们的部分权利，要求统治者以仁治德政来对待普通民众，为其民本伦理奠定理论基础。但遗憾的是，他把这种平等建立在抽象的人性基础上，完全抛开了社会物质和阶级属性的羁绊，显得过于狭隘和无力，同时自然的人性平等并没能延伸出现实的社会地位和权利的平等，因为人性在现实中需要扩充，扩充的标准就是符合礼义的规范要求，而礼义有着严格的等级划分，所以孟子的平等只是局限在人性的本原意义中，完全脱离了社会实践本身。

在王朝更替、国家治乱兴衰的循环变化中，孟子也承认天的作用，他曾借用《尚书》里"天降下民，作之君，作之师"的话来说明君王是天设立的，是代天来管理人民，唤起百姓善性的。借用《泰誓》"天视自我民视，天听自我民听"的话说明上天虽然无言，但实际上天意就是人意、人愿、民意、民愿。正因为老百姓的爱憎即是天的意志，所以统治者重民、爱民，得到万民拥戴就是顺天；鄙民、害民，为民众所痛恨就是逆天。对于顺天和逆天的评价是："天作孽，犹可违；自作孽，不可活。"②也就是说，孟子虽然重天，但更重人事，他强调天的权威，只不过是以天的权威证明道德之权威，因为"四德"、"四心"都来源于天，天把人、仁、义联系在一起，如此一来，"尽其心也，知其性也。知其性，则知天矣。存其心，养其性，所以事天也"③。换句话说，尽力保持人的善性，就知道人的本性，了解人的本性，也就知天了，从而完成了神学之天向道德之天的转化。正因为仁、德的本根是天，所以必须注重本身的道德修养

---

① 《孟子·告子上》。
② 《孟子·公孙丑上》。
③ 《孟子·尽心上》。

以顺天命，之所以这样做，是他在实际上已经看到了人在社会发展中的主体性，只不过这种主体性不能抗拒客观规律性。但他又说："尽其道而死者，正命也。桎梏死者，非正命也。"① 正命和非正命的关键完全取决于自己，因为祸福无不求诸己，虽永言配命，但要自求多福。无论孟子讲天或讲命，都不是出于信仰，而是为现实生活服务。一方面用命说明统治更替的无奈，为统治阶级寻求兴盛或没落的理由和解脱；另一方面也用命来作为与统治者进行较量的武器，指出他们失败的根源显然在于自己不能很好地修德行善，违背了天意。但从孟子思想的整体来看，更多的是对统治者逆天而行的谴责，其天命观为其民本伦理的确立奠定了哲学基础。

2. 德治仁政的目标追求

孟子认为"仁也者，人也；合而言之，道也"②，"仁者爱人"是人之所以为人的本质所在，社会治理的根本必须符合人道的要求即爱人。爱人的民本伦理外化为社会实践，就必须真正做到与民同忧乐，实施一系列重民、爱民、保民、养民、教民的措施，其德治理想归纳起来主要包括四个方面：

第一，制民之产。这是对孔子"藏富于民"思想的具体化，也是孟子民本伦理的根本所在。孟子曰："明君制民之产，必使仰足以事父母，俯足以畜妻子，乐岁终身饱，凶年免于死亡；然后驱而善之，故民之从之也轻。"③ "无恒产而有恒心者，惟士为能。若民，则无恒产，因无恒心。苟无恒心，放辟邪侈，无不为已。及陷于罪，然后从而刑之，是罔民也。"④ 民有了"恒产"，才会安居乐业，才可能具有精神上坚定道德信念的"恒心"。说明孟子朦胧地看到道德的根源和本质，主张切实保障人民的生活需要，改善人民的生存状态，以便"谨庠序之教，申之以孝悌之义"。欲使民，必先教民；欲教民，必先富民；欲富民，必先置民之产，这就是孟子制民之产的逻辑思路。其具体措施，除了轻敛薄赋、使民以时之外，就是要解决民的土地问题："五亩之宅，树之以桑……百亩之田，勿夺其时……黎民不饥不寒，然而不王者，未之有也。"如若"乐岁终身

① 《孟子·尽心上》。
② 《孟子·尽心下》。
③ 《孟子·梁惠王上》。
④ 同上。

苦，凶年不免于死亡。此惟救死而恐不赡，奚暇治礼义哉？"① 孟子看到了经济因素尤其是土地问题在百姓生活中的至关重要的地位，发现了民本伦理实现的根本条件，这一思想是十分深刻的。

第二，贵王贱霸。孟子极力主张以王道统一中国，因为他认为："以力服人者，非心服也，力不赡也；以德服人者，中心悦而诚服也。"② 德治的根本体现就是在实践中推行王道实行仁政，因为"天子不仁，不保四海；诸侯不仁，不保社稷；卿大夫不仁，不保完庙；士庶人不仁，不保四体"。"君仁，莫不仁；君义，莫不义；君正，莫不正。一正君而国定矣。"其根源是"天下之本在国，国之本在家，家之本在身"③。国君好仁，则天下无敌，好仁的根本途径在于不断加强自身修养，最终目的是达到"乐民之乐者，民亦乐其乐；忧民之忧者，民亦忧其忧"④ 的境界。要想达到这一境界，必须依靠统治阶层的协力同心，通过尊贤使能，使良贤在侧，俊杰谋士在位，弥补君主德能的有限。选贤任能关乎国家的存亡，因而"国君进贤，如不得已，将使卑逾尊，疏逾戚，可不慎与。左右皆曰贤，未可也；诸大夫皆曰贤，未可也；国人皆曰贤，然后察之；见贤焉，然后用之。左右皆曰不可，勿听；诸大夫皆曰不可，勿听；国人皆曰不可，然后察之；见不可焉，然后去之"⑤。这段话包含了选贤举能的两个原则：一是要把卑贱者提拔到尊贵者之上，把疏远者提拔到亲近者之上，使选贤举能跳出贵戚亲近者的圈子，使儒家提倡的人性平等在现实中有了落实的可能；二是要倾听国人的举荐，不偏听偏信，透出一定程度的民主自由气息。孟子希望通过这一系列策略的实施，保证仁政、德治的实施，让民众心悦诚服，不仅能保证统治秩序的长久永存，而且也为民众带来极大的切身利益，使整个社会处于一片和谐融洽的氛围当中，把自己的学说化为社会的现实。

第三，民贵君轻。孟子提出"民为贵，社稷次之，君为轻"⑥ 的主张，认定政治生活中最重要的就是保民，而不是保社稷和忠君，把民提高

---

① 《孟子·梁惠王上》。
② 《孟子·公孙丑上》。
③ 《孟子·离娄上》。
④ 《史记·孟荀列传》。
⑤ 《孟子·梁惠王下》。
⑥ 《孟子·尽心下》。

到了政治生活的首要地位。从"民贵君轻"的思想中，孟子还引申出了"是故得乎丘民而为天子，得乎天子为诸侯，得乎诸侯为大夫"①的结论，将西周"敬德保民"的思想发展到一个新的阶段，也深刻地影响了后来的政治思想和政治实践，"得民心者得天下，失民心者失天下"日后成了社会共识。从此，失天下的直接原因，不再被看作是丧失天命，而是被看作丧失民心，"桀、纣之失天下也，失其民也，失其民者，失其心也。得天下有道：得其民，斯得天下矣；得其民有道：得其心者，斯得民矣；得其心有道：所欲与之聚之，所恶勿施尔也"②。得民心的手段，完全依靠治理阶层的良德善行。

孟子的视野中对君有两种不同的理解，一是把君看作一种社会分工和职位的必然，他和群臣一起掌握和行使社会的管理权，因而君臣都应该各尽其"道"，"欲为君，尽君道；欲为臣，尽臣道"。"君道"意义上的"君"不仅不具有现今通常理解的与社会大众利益的对立，而且是统一的，因为孟子所阐释的"君道"就是贯彻"天意"，而"天意"就是民意。民心向背，是政治生活中决定性的力量的这一思想，从此深入人心，无论是对维护封建专制的思想还是对反对封建专制的思想的发展，都具有特别重要的意义。既然现实的一切都要依民众利益而转移，当君主的统治符合民意时，就会上下齐心协助君王进行有效的治理，如果天子的统治显然违背民意时，民众就拥有合法的革命权力。在这里孟子又把君当作角色位置上的具体的人，如果其作为完全背离了"君"的职责即背离了"君道"，实质上就变成了独夫民贼，人民不仅不需要忠于他，而且应该对其进行反抗。孟子与齐宣王谈到公卿对于君主的态度时，认为君主有重大过错对其进行劝谏而不听，公卿如果与君主是同一宗室，就应该将其"易位"；如果不是同一宗室，则可以远离而去。在如何看待商汤流放夏桀、周武讨伐商纣的问题时，齐宣王认为汤、武的行为是"臣弑其君"，孟子态度鲜明而坚决地指出："贼仁者谓之贼，贼义者谓之残；残贼之人，谓之一夫。闻诛一夫纣矣，未闻弑君也。"③ 这种"君可易位"主张，彻底颠覆了传统文化中"君权神授"的神圣性，完全揭开了君主统治合理性

---

① 《孟子·尽心下》。
② 《孟子·离娄上》。
③ 《孟子·梁惠王下》。

的面纱。孟子还进一步指出：君主和臣民的权利与义务应该是统一的，"君之视臣如手足，则臣视君如腹心；君之视臣如犬马，则臣视君如国人；君之视臣如土芥，则臣视君如寇仇"①。……由此可见，在孟子的思想中，根本就没有后来和现在人们所理解的对君主盲目忠诚的愚忠思想。

第四，舍生取义。孟子的伦理思想被当作德性道德的典范，德性道德观从肯定人性的内在价值出发，以天人合一为德行的最高原则，在具体的德化历程中体证着主体德性的不断充实和完善。但"个性人格的完善是德性道德观所要达到的最低要求，由于德性道德观是以'主体能够成就什么样的人'为问题的核心，主体自我的德性依据，以及德性向德行的转化是保证个性人格完善的基本前提，因而在个性人格趋向自足、完满的过程中，必然涉及主体成人的内在根据，以及成人过程中所遭遇的各种冲突。只有真正化解了成人所面对的冲突，个性人格的挺立才能够真正成为可能，从而为向更高的道德境界迈进奠定基础"②。在民本伦理中之所以希冀统治者能够实行德治，其主要依据就是统治者应富有仁心，通过不忍人之心，推行不忍人之政，不仅成就个人至善的品格，而且达到类完善的崇高目的。由于人人都具有仁、义、礼、智四心，所以每个人都具备成圣成贤的潜质，但在成就人格的这一漫长又复杂的过程中，人所面对的复杂的自然、社会环境，充满着各种矛盾和冲突，现实的生活不能逃避这些矛盾，只能对之进行化解，化解的核心就是如何处理义和利的关系。孔子时代已经把义利作为划分道德善恶的价值标准，并以此来指导人们的行为。孟子坚持与发展了孔子的道义论，把义提到了更加高的地位。体现在民本伦理中，就是要"欲为君尽君道，欲为臣尽臣道"，君要好善，以民生、民利、教化为本，臣也要敬君好善。君好善的意义并不完全在于如此才能坚守仁义，守仁义才能成大人，而主要是因为好善才能广纳天下贤才，有效治理自己的统治地域，将民众领上仁义之路。"仁，人心也；义，人路也"③，仁和义是人安身立命的根基，是人的生命价值所在，人性的完善必须仁义并举。作为个人，要完善仁义之德就要遵循五伦四德的现实社会秩序，安伦尽分，做到君惠臣忠、父慈子孝、兄友弟恭、夫义妇节、朋友

---

① 《孟子·离娄下》。

② 戴兆国：《孟子德性伦理思想研究》，《中国期刊网优秀硕博论文库》，华东师范大学2002年博士论文，第120页。

③ 《孟子·告子上》。

有信。但在五伦之中，君臣、父子、兄弟、夫妇关系起初并没有纲纪的划分，而是一种对等关系，因为只有君惠才能要求臣忠，父慈才能要求子孝，兄友才能要求弟恭，否则这种相互之间的权利和义务关系就难以维继。虽然暗含有尊卑的意识，但双方都有遵从"义"的义务，尤其尊者言行不合"义"时，卑者有权颠倒这种关系。义不仅体现在社会人际关系的处理中，更体现在社会生活的实践中，孟子将人们以义或者利作为自己的行为目的，看作是区别道德上的"君子"与"小人"的基本尺度，他甚至把道义看得比人的生命还重要："生亦我所欲也，义亦我所欲也，二者不可得兼，舍生而取义者也。"① 实际上是把精神价值置于物质价值之上，以道德和理性作为调节物质欲望的手段，赋予现实物质生活以精神性的意义与价值。当然，孟子也不是不分场合要求人人都能舍生取义，只是要求人们在义利发生冲突时，作出合于"义"的选择，人人都应该去利怀义，存心养性以培养大丈夫人格。只有大人，才能在实践中奋发有为，既维护自己的德性又能将之发扬光大，使个体的道德自觉上升为群体的伦理精神，在个性人格完善的基础上，使德治原则在社会生活中发挥积极的作用，让人的类生命价值的最终实现成为可能。

3. 德治仁政的民本伦理评述

有人认为孟子主张中国封建君主在治国中应以民为本，把富民、恤民、民心向背看作是治理国家的首要任务，其基本特征是民以安为本，把民本思想限定在封建等级秩序和封建伦理准则中，绝不是让君主把权利交给人民，所以也可以说孟子的民本思想是君本思想。孟子的民本伦理不是近现代意义上的"民主"观念，他所说的"民"仅仅是君王的"子民"，而不是作为权利主体的公民，其重民、保民的落脚点在于重君、保君，实现君主"保民而王"的目的。但作者认为上述说法失之偏颇，因为在孟子的思想中，君本思想与民本思想是并行不悖的。

民本思想并非始于孟子，西周时期已强调敬德保民，春秋时期又出现了"重民轻神"的思想，但是孟子大大超出前人，他强调君主要重民意、顺民心，又把人民作为统治者之"宝"，这是对春秋以降人文精神的具体化和深化。他还对人作了粗略的阶级和阶层的类别区分，不再是笼统的抽象的人的价值，而是人民的尊严和价值，人民已作为社会物质生活、政治

---

① 《孟子·告子上》。

生活和精神生活不可或缺的因素。尤其是他的"民贵君轻"主张，概括讲就是：民贵于君，君主的地位、权威绝对不是不容侵犯和动摇的，社稷可变，国君可换，但变换的最终决定力量是人民，把等级秩序中卑微低贱的民置于君王之上，在某种程度上可以说是对传统的等级观念和尊卑关系的否定，彰显了民众的社会地位，包含了政治上人格平等的意识萌芽。同时抛开君主一己私利，又从决定国家民族兴亡的角度来分析君与民之间依赖与被依赖关系，为其更为具体化的民本主张奠定了思想基础。这一思想开了历史先河，具有划时代的深远影响，达到民本伦理的高峰，成为后世儒家以及有远见的思想家和政治家们为政治民的基本主张。

当然，孟子政治思想的根本仍是君主思想，其民本思想是为培养和造就圣明君主而设计的鞭策之法，是其为基本政治构思的实现而打制的并不坚韧的调节工具。因为社会存在决定社会意识，虽然先进的政治思想家都有一定的超前思想，但任何先进的政治思想家，都无法彻底超越他所生活的时代。在君主专制思想盛行的时代，孟子所主张的一切都是要统治者施恩于人民，为的是让统治者懂得赢得百姓的拥戴才能保住自己的统治地位的道理，而不是要实现君民的权利平等。霸道也好，王道也好，都是统治者的南面之术，目的都为的是要保持封建等级秩序。因此，作者不赞同这样的观点，即："孟子的民本思想，实概括现代民主思潮的一切：孟德斯鸠的法意，卢梭的民约论，法国革命所争取的自由、平等、博爱，林肯不惜南北一战所换来的民有、民治、民享，国父集中外大成所首创的三民主义：民族、民权、民生，以及柏拉图的理想国，老子的小国寡民，等等。理想的追求，或是进步的建设，皆离不了孟子以民为本的思想范畴。故孟子不仅是中国民主政治的褓姆，也是世界先知先觉的革命导师。"① 孟子的民本主张只是古代中国的一种治理方略或政治理想，只是一种统治理念，而非制度、程序的设计，更没有现代意义上的人民当家做主的意思。

孟子看到民决定着王朝的更迭，重民保民是任何王朝都赖以生存的基础，并将这种直觉上升到理论高度，明确指出得乎丘民而为天子，得民才能得天下，在政治思想史上首次将民众的地位如此明确地定格在政治的核心位置。正是基于此，孟子将传统民本思想进一步扩充和深化，构筑起丰

---

① 杨泽波：《西方学术背景下的孟子王道主义——对有关孟子王道主义一种通行理解的批判》，http://www.xfbbs.com/document/lunwen/80/181/2006092326010.html。

满的民本伦理思想体系，除了传统的爱民、保民、利民、安民内容熠熠生辉外，制民之产、与民同乐、君臣对等等理念，无疑都是超越前人的卓越见解。即便如此，我们也不能指望两千多年前的孟子提出现代"民主"的概念，我们只能说，在某种程度上，孟子已经为我们提供了探索民主政治的思路和近现代民主的原初观念形态。

（三）君舟民水的民本伦理变迁

荀子是战国末期儒家学说的主要传承者，他基于封建政权已经稳固的现实，提出了君民舟水关系说，从而奠定了他在民本伦理长河中的历史地位。与孟子相比，荀子更强调民众力量的两面性：一方面明确提出"上之于下，如保赤子；下之视上，欢如父母"①的上尊下卑思想，另一方面又把民比作水，提出"水能载舟，亦能覆舟"的观念。荀子的民本思想，是中国古代民本思想从"民为治之本"走向"民为制之本"的关键，治民是治乱民，乱民经治之后，就成了或应当成为王制之下的民。由于荀子认定人性恶，故而其民本伦理思想更注重规范，以仁义为内容而以礼法为经纬，其治为治乱而非治平，是由乱入制，打通了治民到制民的道路。

1. "君舟民水"对儒家民本伦理的承继与异化

民本伦理作为治国方略，其核心关系是君民关系，对此关系，荀子用马与舆、舟和水的关系来表明自己的立场。荀子说："马骇舆则君子不安舆，庶人骇政则君子不安位。马骇舆则莫若静之，庶人骇政则莫若惠之。选贤良，举笃敬，兴孝弟，收孤寡，补贫穷。如是，则庶人安政矣。庶人安政，然后君子安位。传曰：'君者，舟也；庶人者，水也；水则载舟，水则覆舟，此之谓也。'故君人者欲安则莫若平政爱民矣，欲荣则莫若隆礼敬士矣，欲立功名则莫若尚贤使能矣。"②从这段论述来看，荀子显然要求君和民要各安其位，但君需要主动地作出各种利民惠民的举措，因为只有庶人安政，君子才能安位，民不仅完全是被动的角色，而且其工具价值被荀子表达得更加淋漓尽致，因为舟的成败完全取决于水的效用，如果民不为己用、不为己死，则求兵之劲、城之固、求敌之不至、敌至而求不灭亡，根本就是不可能的。国君的安危完全依赖于民众的意愿，故而平政

①　《荀子·王制篇》。
②　同上。

爱民、隆礼敬士、尚贤使能是治国的三项根本准则。他说："上之于下，如保赤子，政令制度，所以接下之人百姓，有不理者如豪末，则虽孤独鳏寡必不加焉。故下之亲上，欢如父母，可杀而不可使不顺。"① 既把君民关系假想为充满亲情的父母子女关系，给残酷的政治专制罩上一层温情脉脉的面纱，又强调了彼此的身份等级，恰是宗法制的社会现实在心理上的必然投射。

要想保持君民之间的亲情关系，统治者就必须将爱民观念落到实处，满足民众的基本欲求，才能使民众安居乐业，从而保持社会统治根基的稳固。当然，财富和权位也是统治者的必然欲求，但君富离不开民富，因为"下贫则上贫，下富则上富"，如果"田野荒而仓廪实，百姓虚而府库满，夫是之谓国蹶。……其倾覆灭亡可立而待也"②。正是荀子认识到了民众是国家的财富来源，民众财富的增加，也是国家财富的积累，平政爱民是统治得以巩固的必然规律。出于维护政治稳定的需要，才极力反对统治者暴敛于民，并指出暴敛是导致社会混乱的根本原因，厚敛百姓无疑于杀鸡取卵。随之提出许多有利于发展生产的具体措施，如修堤梁、通沟渠、排水涝、修火宪、不使非时焚山泽、整地、修路、养畜、种树等，以便发展生产，达到民富国富的目的。政治清明是争得民众支持的关键，荀子对此非常重视，他讲道："川渊深而鱼鳖归之，山林茂而禽兽归之，刑政平而百姓归之，礼义备而君子归之。故礼及身而行修，义及国而政明，能以礼挟而贵名白，天下愿，令行禁止，王者之事毕矣。"③ 相反，如果一国之君唯利是图，必然引起上下效尤，把民众引向逐利的道路。国君逐利不仅会加重民众的负担，而且会造成民众对统治权威的厌恶之情，最可怕的是可能会让民众产生欺诈之心，造成民风浇薄，民众狡黠难用，彼此之间离心离德，从而导致统治区域内思想意识混乱复杂，轻则增大统治权威的治理难度，重则造成统治的无力甚至权利的颠覆。

毫无疑问，荀子作为儒家的代表人物是主张王道仁政的，王道的核心就是敬德保民，统治者要把民的价值和意义始终放在自己思维的视阈之内。但"在先秦诸子中，把'富国'作为直接的经济目的并以此为经济

---

① 《荀子·王霸篇》。

② 《荀子·富国篇》。

③ 《荀子·致士篇》。

理论中心的是管子学说。故荀子的富国之论本身就表明他开始打破儒、法两家经济思想的门户界限，对不同的以至在许多问题上尖锐对立的经济思想进行了综合"①。笔者基本认同学者王保国的意见，也认为儒家的民本伦理传统到荀子这里发生了某种变异，因为不管是孔子或是孟子都期望在民本伦理的基础上建立集权政治，他们都把富民或者给民以恒产作为建立王权的基础，而荀子则把富民作为维护王权的手段，或者说，统治者惠利民众的目的是让他们为自己效力，进一步强化了民众的工具价值。可见，荀子与孔、孟的思维方向显然不同，孔、孟的民本伦理都是在两个层面上展开的，在理想层面上，他们确实强调民众是统治的根基，是建立王权的基础，王权的目的也应该是富民教民，只有在爱民、利民、富民、教民基础上建立起来的统治才是王道政治，才符合他们的理想追求，因而对民的重视具有充分的目的价值；但在现实层面上，他们也在某种程度上把爱利百姓的一切措施当作稳固统治的手段和条件，只有在这里才使民本伦理具有某些工具性价值。荀子虽对孔、孟的民本伦理进行了继承和发展，但减弱了他们的理想性，更强调其现实实用性，用舟和水的关系将其工具化倾向更明显地表露出来。

在荀子的立论中，他首先注意到了庶人对于政权的重要性，指出他们既是君权存在的基础又是君权覆亡的力量，但荀子并没有据此得出"政从庶人"或"君随民愿"的结论，把主动权依然交给了国君，他得出的结论却是：只要为政者善于采取一些惠民措施，完全可以使民众听命于己。说到底，荀子的重民并不是为了在真正民本的基础上实现政治理想，而是想利用重民这种手段强化对民众的统治罢了。任何思想家的学说都难以摆脱其生存发展的社会环境的制约，荀子的民本思想是在封建政权稳固的时期出现的，因而它也要适应巩固封建政权的需要。"君舟民水"说是对儒家民本学说的进一步发展，虽加强了它的工具性价值，但正是建立在这样的基础上，以实用理性为指导，才能使理论学说转化为现实。正如学者王保国的评说：在凡人变为圣人和天下归治的历程中，孔子重视的是人类内心情感和"仁"的阐发，孟子强调的是个人意志力和道德行为"义"的作用，然而荀子所尊崇的是外在的"礼法"的价值和圣人君师的影响力。所以他把礼看成了治之始、治之经、治辨之极、强固之本，这说明先

---

① 唐凯麟、陈科华：《中国古代经济伦理思想史》，人民出版社 2004 年版，第 133 页。

秦儒学正由注重于内圣之道开始向注重外王之道转变。① 尽管在这一转变中，民众的自主性降低了，而圣人君师的权威和由他们创制的礼仪规范的强制性大大增加了，但也正是这种转变才使儒家学说得到越来越多的统治者的欣赏，奠定其在历史中的独尊地位。孔、孟是内圣外王的开辟者，对内圣与外王之间关系的认识尚欠完备，以为内圣之学实现之后，外王的政治事功就成为顺理成章，荀子却察觉到二者的区别与联系，"圣也者，尽伦者也；王也者，尽制者也。两尽者，足以为天下极矣，故学者以圣王为师"②。这正是对内圣外王理想的辩证式注解，也成为荀子民本伦理思想的基本维度。

2. 民本伦理的人性基础及其政治化

与孟子认定人性善不同，荀子赞同人性恶。所谓人性恶者，乃是指那种与生俱来的、与所有动物相同的趋利避害的天性。荀子认为："今人之性，生而有好利焉，顺是，故争夺生而辞让亡焉；生而有疾恶焉，顺是，故残贼生而忠信亡焉；生而有耳目之欲，有好声色焉，顺是，故淫乱生而礼义文理亡焉。然则从人之性，顺人之情，必出于犯分乱理，而归于暴。故必将有师法之化，礼义之道，然后出于辞让，合于文理，而归于治。用此观之，人之性恶明矣，其善者伪也。"③ 换言之，荀子只是要表明人性具有趋恶的本能，若顺纵人性而不加遏制，便会出现恶的结果。这种性恶理论从一开始就确定了面向大众的身份与性质，从而使关于道德的理论也从一开始就落实于社会伦理的界面。何况，"薄愿厚，恶愿美，狭愿广，贫愿富，贱愿贵，苟无之中者，必求于外。故富而不愿财，贵而不愿势，苟有之中者，必不及于外。用此观之，人之欲为善者，为性恶也"④。所谓恶，就是它超出了圣人所规定的度量界限和礼义道德，可能造成社会的混战和争夺，解决的方法只能是隆礼重法。正是有了性恶的人性根基，才奠定其隆礼重法注重教化的理论基础，性恶就成其全部伦理学说的逻辑起点。

荀子思想的整个致思路径和孟子偏重理想价值层面不同，主要着眼于

---

① 王保国：《评荀子的君本论和君民舟水关系说》，《史学月刊》2004 年第 11 期，第 14—19 页。

② 《荀子·解蔽篇》。

③ 《荀子·性恶篇》。

④ 同上。

社会现实，阐述问题的核心也在于解决他所认识的当下社会问题。由于人生而有欲，人的欲望在其展示过程中表现为人的各种不同层次的需要，这些需要基本可概括为四种需要：第一是本能需要。"饥而欲食、寒而欲暖、劳而欲息"①是人人具有的生理本能，谁也无权泯除人的欲望，无欲、去欲、寡欲的办法完全违反人的本性，只能对欲望进行引导和节制。治理方略的设计，当然要以人的"多欲"本能为前提，采取富民利民的策略，这是荀子民本伦理的学理基础。但需要的满足一定要有所节制，因为"人本性上是一种政治动物。倘若人没有善德，他就是最邪恶、最野蛮的动物"②，必须用礼义法度对人进行教化和制约。第二是享乐需要。"食欲有刍豢，衣欲有文绣，行欲有舆马，又欲夫余财蓄积之富也"③，几个"欲"字的并用，表明人们不满于现状而另有所求的心态。如果顺从、放纵人的本性，最后必然导致恶的结果，故而要劝学，但学必须有可学之质，在此荀子继承了儒家人性先天善的传统，认为人有天生向善的能力，"见善，修然必以自存也；见不善，愀然必以自省也；善在身，介然必以自好也，不善在身，菑然必以自恶也"④。在此基础上，个人通过"学"而养情，情性将能得到涵化。社会也采用习俗熏陶、榜样示范、规范明示、礼乐陶范等适合"情"的特点的方式，持久不懈，达到个人自化和社会大化。在这一点上，荀子与孔、孟在思路上一致，共同强调仁义之心的重要，讲"积善成德，而神明自得，圣心备焉"⑤，善需要积累才能成就圣心。第三是政治权力需要。荀子认为，一般人只能达到物质满足的程度，而精神、权力的满足和需要只有圣王君子才能做到。在上者只有"诚心守仁"、"诚心行义"，向外推展时方可以"善民心"，然后达到"下仰上以义矣，是綦定也。綦定而国定，国定而天下定"⑥。概言之，荀子认为唯有深厚的德性修养，才是民心安宁、国家稳定之祥和政治的创生点。第四是道德完善需要。道德的自我完善，在荀子的需要层次上位于最高层，也是荀子努力追求的理想境界。《荀子》通篇都在教导人们要加强

---

① 《荀子·荣辱篇》。
② ［古希腊］亚里士多德：《政治学》，吴寿彭译，商务印书馆1965年版，第7—9页。
③ 《荀子·荣辱篇》。
④ 《荀子·修身篇》。
⑤ 《荀子·劝学篇》。
⑥ 《荀子·王霸篇》。

道德品性方面的主观修养，努力培养和提高自身的道德水准。这一修习砥砺过程就是道德境界不断完善、不断实现的过程。荀子的伦理体系中，禹是最完美的理想人格化身，禹所达到的境界就是人们所追求的目标。在荀子看来，圣人君子在追求上往往侧重于精神需要，而小人则拼命追逐物质需要，无形之中，不仅把物质需要与精神需要对立了起来，最终也没有完全摆脱儒家崇义贬利思维模式的影响，而且也昭示了自己的阶级立场，并不是完全从民众的角度出发来阐释自己的理论体系。

物欲既是民众的自然需求又不能泯除，如果就此往恶的方向顺延下去，社会就会陷入彻底的混乱失序状态。鉴于此，荀子强调以礼和法来对人的恶性加以约束、对人的欲求加以调节。他说："圣人化性而起伪，伪起而生礼仪，礼仪生而制法度"。"起礼义、制法度、以矫饰人之情性而正之，以扰化人之情性而导之也，始皆出于治，合于道者也"。① 也就是说，为了改变人性中的恶，圣人制定了礼义规范，然后对民众进行引导和教化，让他们的行为举止符合道德规范的要求。"荀子这一论述，至少包含三个意思：第一，人的本性是可以改变的。若没有这种可能性的话，纵然你是贤是圣，也无法将恶的本性加以矫正。第二，矫正人之性恶，只有圣人才能为之。之所以如此，一是因为圣人能醒觉人性恶并明白对之矫正的必要性，二是因为圣人知道以创造性的两手，即社会弱控制手段的礼义与社会强控制的法度，来有效矫正人的性恶。第三，在人的天成本性上，是没有什么差别的。但在其发展趋向及其自我把握和公共推展上就有圣凡的差别，后者只能由前者引领才知如何做人以及在社会政治生活中遵循公共礼法，形成良好的人心与政治秩序。"② 可见，荀子既隆礼重法又崇德尊教，他的观点是："不教而诛，则刑繁而邪不胜。教而不诛，则奸民不惩"③，对那些不顺其上，不听从君子指挥者，要俟之以刑，否则奸民得不到相应的惩罚，就会肆无忌惮。但如果不教而诛，又会诛不胜诛，因此治民应善者教之，恶者惩之，"无德不贵，无能不官，无功不赏，无罪不罚"④。经此一番复杂推导，荀子终于以一个人性善恶的伦理诘问，落脚

---

① 《荀子·性恶篇》。
② 任剑涛：《伦理王国的构造——现代性视野中的儒家伦理政治》，中国社会科学出版社2005年版，第80页。
③ 《荀子·富国篇》。
④ 《荀子·王制篇》。

于是否需要政治控制、人心教化的政治问题之上，可见，伦理致思并非荀子的思维兴奋点，它只是一个桥梁，是引出政治统治问题的中介。

3. 民本伦理的法治化倾向萌芽

荀子民本伦理的特色之一是凸显民众的工具价值，特色之二是凸显其政治化，强调以礼定分达到群的目的，第三个特色是强调礼法并治。尽管荀子认为人性本恶，有造成争夺生杀的可能，但无情的现实又迫使人在相互之间必须做到谅解和忍让，因为群是社会存在发展的必备条件，但能群还不能组成社会，有分才是组成社会的关键，是社会秩序的基础。罗尔斯也说："假设有一个由不同的个体组成的社会，他们之所以要组织在一起，是因为合作可以给大家带来利益；但是人人都希望能在合作产出的利益中得到较大的份额而非较小的份额，利益的冲突就不可避免了。因此就需要一系列原则来指导选择用以决定利益分配的社会制度。这些原则就是社会正义的原则，他们提供了在社会基本制度中分配权利和义务的方法，确定了社会合作的利益和负担的适当分配"[1]，这和荀子的看法完全一致。在荀子看来，人性本恶，人的欲望无穷而社会的财物有限，必然要导致人与人之间的争端，有"争"则"群"乱。要建立作为社会意义的"群"，首先必须对人群进行必要的社会角色定位与职业分工，使每个人在社会中有其固定的位置，这就是"分"。

社会角色的区别首先意味着一种等级的差别。荀子认为"分"之大端在于"君子"与"小人"的区别："君子以德，小人以力。力者，德之役也。"[2] 等级不同，社会地位不同，所享的政治待遇亦不相同，"由士以上则必以礼乐节之，众庶百姓则必以法数制之"[3]。在荀子看来，由社会等级所带来的"不齐"是"至平"的体现，因为儒家的礼义正义观是以差等作为自己的分配正义，其特点是认为人的社会贡献具有高下之分，物质利益的分配是政治体系对道德品质的奖励与肯定。只有承认这种"差等正义"的合理性，才能使人各安本职各守本分，保证社会秩序的正常。这一理论尽管有为当时等级制度作辩护的一面，但是从社会组织的实际情形来看，我们首先应该正视社会上存在的不平等，然后努力在不平等中求

---

① ［美］罗尔斯：《正义论》，何怀宏等译，中国社会科学出版社1988年版，第2页。

② 《荀子·富国篇》。

③ 同上。

秩序追寻平等，才能使社会获得不断发展的动力，依此而言，荀子之说事实上要比墨子的完全平等说合理得多也深刻得多。荀子提倡尊君，在他看来，社会政治组织是因圣智之君主而产生，社会生活也赖君主以维持，"百姓之力，待之而后功；百姓之群，待之而后和；百姓之财，待之而后聚；百姓之执，待之而后安；百姓之寿，待之而后长"①。这种对君主的态度，完全不同于孔、孟，后两者基本是在君民平等的思路上来论述君民关系的，君要不断的加强自身的修养才能适合民本伦理政治的需要，而荀子却把君主置于极端尊崇的地位，民众的一切都应受之控制经之引领，使民本伦理真正地发生了移位，君本化倾向初露端倪，加剧了民本伦理思想中民本论和君本论之间的矛盾。但是，我们也应当注意到，荀子所说的等级划分并非西周以来那种世卿世禄的等级，而是认为个人应居于何种等级，完全取决于其贤能与否，"无德不贵，无能不官，无功不赏，无罪不罚"，又说，"虽王公士大夫之子孙，不能属于礼义，则归之庶人。虽庶人之子孙也，积文学，正身行，能属于礼义，则归之卿相士大夫"②。可见，荀子所说的等级划分重在角色而不在于个人。荀子之尊君，在某种程度上说并不完全是对君主个人的极端尊崇，而是因为君主有着重要的职位，是对这一职位所负重任的推崇，因为他同时强调"德必称位，位必称禄，禄必称用"③。这种学说上承孔子以德致位之理想，下开秦汉时期布衣卿相之风气，较之孟子"世禄"的主张，有其进步的一面。

荀子认为："人之生，不能无群，群而无分则争，争则乱，乱则穷矣。故无分者，人之大害也；有分者，天下之本利也。"④ "分何以能行？曰：义。故义以分则和，和则一，一则多力，多力则强，强则胜物"⑤，义需要用礼来维系，礼一旦固定下来，就不仅表现为社会的等级与规范，也指各种具体的仪文形式。但荀子并不只是转述这些古代的礼仪，而更多地是指出这些仪式背后的文化意义与社会功能，具体地表现为社会生活的方方面面。荀子十分强调要以礼治国，"隆礼贵义者其国治，简礼贱义者

① 《荀子·富国篇》。
② 《荀子·王制篇》。
③ 《荀子·富国篇》。
④ 同上。
⑤ 《荀子·王制篇》。

其国乱"①，隆礼义是实现王道政治的前提，因为"国之命在礼"②。"礼起于何也？曰：人生而有欲，欲而不得，则不能无求；求而无度量分界，则不能不争；争则乱，乱则穷。先王恶其乱也，故制礼义以分之，以养人之欲，给人之求，使欲必不穷乎物，物必不屈于欲，两者相持而长，是礼之所起也。"③ 礼的起源在于为社会的物质分配求一"度量分界"，故礼的首要目的在于"养人之欲，给人之求"。荀子在强调"隆礼"的同时也没有忘记法在社会生活中的作用，他时常将"礼"和"法"相提并论，甚至认为礼比法更为根本，因为礼是法的纲领或指导原则，在礼的基础上才可能产生法，所以说"礼义生而制法度"④。法生于礼这一点十分重要，是我们理解荀子所谓"法"的关键所在，也是荀子之"法"与法家之"法"的重要区别之一。由于单纯的赏罚不能起到教化人民、治理社会的作用，社会平治的前提在于以礼义来教化人民，如"有离俗不顺其上，则百姓莫不敦恶，莫不毒孽，若被不祥；然后刑于是起矣。是大刑之所加也，辱孰大焉"⑤。在这样的基础上加之以刑，人民就会觉得这是莫大的耻辱；同样，实行"赏"也是如此，在人民都能重视道德、遵守礼义的前提下加之以赏，人民就会觉得是莫大的荣誉。如此，刑与赏在荀子那里就有了它广泛的社会心理基础，也就更能起到教化社会的作用。可见，法必须在教化社会的基础上产生，礼是法的基础，法是礼的补充。总的来说，礼基本上表现为一种教化的功能，即化民成俗，而法更多地具有一种强制的色彩，这和孔子德主刑辅的思想完全一致。荀子的法治不同于法家还有另外一点，即荀子虽主张"重法"，但他认为法的制定与执行均在于人，相对于人而言，法则居于次要的地位，他对此的阐释是："法不能独立，类不能自行；得其人则存，失其人则亡。法者，治之端也；君子者，法之原也。故有君子则法虽省，足以徧矣；无君子则法虽具，失先后之施，不能应事之变，足以乱矣。"⑥ 也就是说，徒有法律对于社会的治理来说是不够的，即使有好的法律，但如果不能得到人们良好的执行的话，

---

① 《荀子·议兵篇》。
② 《荀子·天论篇》。
③ 《荀子·礼论篇》。
④ 《荀子·性恶篇》。
⑤ 《荀子·议兵篇》。
⑥ 《荀子·君道篇》。

法律只是意味着一纸空文。同时，法还可能由于人们以私乱法而失去其应有的精神，有君子则法令虽省而足以为治，如果没有君子，徒然具备各种法的形式，社会也不可能得以平治，因为"有良法而乱者有之矣；有君子而乱者，自古及今，未尝闻也"①。由此可见，人是本而法是末，荀子的用意在于以"治人"来行"治法"。

　　总而言之，德性伦理高于规范伦理，但德性伦理的实现需要以规范伦理为前提，如果没有规范伦理所奠定的道德建设的基础，人们就不知道要发展什么样的德性，德性伦理也就成为无源之水、无本之木，但人们如果没有德性，再好的道德规范也不可能真正被遵守从而得到实现；只有当人们具有德性时，道德规范才能被遵守，从而得到实现。无论道德规则多么周全，如果人们不具备良好的道德品格或美德，也不可能对人的行为发生作用，更不用说成为人的道德行为规范了。没有品质的原则是软弱的，没有原则的品质是盲目的。中国古代道德的核心是对整个专制秩序和宗法结构的服从，以宗法结构为核心的等级秩序具有至上的权威，"在权威主义道德中，只有一种罪过，这就是不服从，只有一种美德，它就是服从"②。可"一种只强调服从而否弃自由和选择的道德是不可能至善的，法治才是个人被公正合理对待的前提，是个人获得道德尊重从而选择有道德生活的前提，也是所主张的个人和社会以道德权力制约国家权力进而实现政治生活道德性的前提"③。法治的真正实施又必须以道德为前提，只有对于拥有正义美德的人来说，才可能了解如何去运用法则，人们只有义务服从良好的法律，德法之间具有不解之缘，这就驱使我们认真剖析传统德治的本质，寻求其合理性的基础，弥补其不足，荀子的致思理路可以为当今的德法共治提供经验借鉴。

　　学者谢遐龄也认为，"中国社会所行的律法，实质上系由礼派生而来。法家太过，六亲不认，故称刻薄寡恩。荀子论礼，为得其中"④。荀子对礼的论述在先秦诸子中可以说是独树一帜的，他从社会本身的角度来阐述礼的起源，将礼之本质归结为"分"，他有关礼的社会功能以及礼与法的关系等的论述，都非孔、孟思想所能涵盖，从而极大丰富了儒家的伦

---

① 《荀子·王制篇》。

② 郭忠：《论冲突中的道德与法律》，《法律科学》2000年第2期，第28—36页。

③ 郭道晖：《道德的权力和以道德约束权力》，《中外法学》1997年第4期，第21—27页。

④ 谢遐龄：《荀子思想的社会学阐释》，http://www.school51.com/Article/2191.html。

理思想。总之，在荀子的理论视阈中，他还是对儒家限制权力、保民而王的民本思想、人皆平等的人格平等观念持赞同立场的，他认为："天之生民，非为君也；天之立君，以为民也。"① 根据这种对权力来源的见解，如果享有了权力，就必须注重自身修养和养民爱民，否则就会遭到天的相应制裁。同时"礼"和"法"代表着不同的治国理念，开启了治国方法的新途径。蔡元培先生在他所著的《中国伦理学史》中，对此曾做了深刻的概括，他说："荀况认为，礼以齐之，乐以化之，而尚有冥顽不灵之民，不师教化，则不得不继之以刑罚，刑罚者非徒惩已著之恶，亦所以慑金人之胆而遏乎恶于未然也。"② 由于荀学既重德，又重礼和法，更适应社会治理的实践需要，所以获得了统治者的真正青睐和接纳，使儒家学说最终得以在政治统治中居于中心地位并绵延不绝。

（四）民本伦理的系统化及其发展

尽管民本学说认定仁义是国家盛衰的决定因素，也是人君必须遵守的最高原则，但要使之具有现实约束力，除了要有思想家对历史理论进行总结和提炼，形成符合当时社会实际并有现实运作可能的理论之外，还需要两个预设的理论前提：君主既要具有以保社稷为己任的自觉，又要具有信任以往历史经验的态度。在这二者之中，思想家们的努力一直是民本伦理得以延续的关键。汉代的陆贾、贾谊、董仲舒，宋代的程颐和程颢等对民本学说继续大力提倡，使得先秦时期已基本形成的民本伦理绵延不绝。

1. 民本伦理的继承与发扬

陆贾认为，仁义是国家长治久安的基础，仁义之治源于圣人，先圣的功绩主要在于物质文明的创造发明，中圣的历史功绩在于从积极方面发展了制度文明（即礼），后圣的历史功绩在于他们创造了精神文明。行仁施义中的首要问题是对于黎民百姓的态度和原则，"百姓以德附，骨肉以仁亲。夫妇以义合，朋友以义信，君臣以义序，百官以义承，曾、闵以仁成大孝，伯姬以义建至贞，守国者以仁坚固。佐君者以义不倾，君以仁治，臣以义平"③，现实社会的政治秩序和伦常秩序都要靠仁义道德来维系。

---

① 《荀子·大略篇》。
② 蔡元培：《中国伦理学史》，商务印书馆 1988 年版，第 37 页。
③ 《新语·道基》。

但他又认为，实行礼义施德于民就必须遵从道，而"道莫大于无为，行莫大于谨敬"①，所以谨守礼法、无为而治是他向往的统治策略。封建君王的君子之德首先表现为不扰民，其次不要轻师尚威，还要笃义薄利，遗利与民。在陆贾的政治思想中，"仁"与"无为"这两个看似相隔很远的范畴很好地结合在一起，以仁义为体，以无为为用，"君子握道而治，据德而行，席仁而坐，杖义而疆，虚无寂寞，通动无量"②，这可以说是陆贾政治思想的总纲。

贾谊是汉代民本伦理复兴和政治转型的思想先驱，一方面，他希望通过恢复外在的礼仪典章制度，维护社会应有的政治伦理秩序；另一方面，强化礼的内在精神，弘扬道德伦理原则。他相信，尽管君主社会地位至上，但"民者，大族也，民不可不畏也。……与民为敌者，民必胜之"，因为国家对人民的依赖是全方位的，"夫战之胜也，民欲胜也；攻之得也，民欲得也；守之存也，民欲存也。故率民而守，而民不欲存，则莫能以存矣"③。他还说："闻于政也，民无不以为本也。国以为本，君以为本，吏以为本。国以民为安危，君以民为威侮，吏以民为贵贱。此之谓民无不以为本。"④ 人民是国家存在的永恒基础，所以统治者必须惜民力并利民。关注民生的同时，他对礼的推行也非常热心，因为"礼者，所以固国家，定社稷，使君无失其民者也"⑤。礼不仅有助于社会秩序的恢复，而且对礼的严守也可以使当权阶层的行为受到限制，使他们的行为符合他们所应当承担的义务，保证生民能够有一个安定的生存环境。只有包括"君"在内的统治者能够遵守礼仪法度，正确行使自己的权利，才能使"民"能够在安定的政治环境中生存。作为统治者不仅要守礼更要重德，因为"君能为善，则吏必能为善；吏能为善，则民必能为善"⑥。君主对士人要礼敬，对百姓要恩爱，方能得到士民的亲近，让他们尽心竭力报效国家，国家方能得到长治久安。贾谊强调，爱民就不仅要富民还要尊重民意，"夫民者虽愚也明。上选吏焉，必使民与焉。故士民誉之，则明上察

---

① 《新语·无为》。
② 《新语·道基》。
③ 《新书·大政上》。
④ 同上。
⑤ 《新书·礼》。
⑥ 《新书·大政下》。

之，见归而举之。故士民苦之，明上察之，见非而去之。故王者取吏不妄，必使民唱，然后和之"①。这样做的目的是为了保证统治阶级的廉明，也是民本伦理得以落实的重要举措。

无论是陆贾还是贾谊都强调道德教育的重要性，希望通过教化把人们的思想和行为统一到封建伦常上来。贾谊更明确指出："夫民者，诸侯之本也。教者，政之本也。道者，教之本也。有道，然后教也。有教，然后政治也。政治，然后劝民也。民劝之，然后国丰富也。固国丰且富，然后君乐也"②。把教育与政治的关系论述得清晰透彻。随着时间的推移，帝王政权渐趋稳固，贾谊便审时度势，试图将伦理崇扬和事功追求协调起来，以适应统治阶层的需要，他说："仁义恩厚，此人主之芒刃也；权势法制，此人主之斥斧也。势已定，权已足矣，乃以仁义恩厚因而泽之，故德布而天下有慕志。"③把道德视为政治的装饰，堪称典型的伦理工具论。伦理道德在文化价值上不仅是为政者的基本目标，而且也被看作是重要手段，依靠伦理道德的遮蔽，统治者不仅能够赢得圣王明君的称号，而且可以使江山永固。

2. 民本伦理的系统化完善

陆贾和贾谊的努力为儒家思想的发展和系统化创造了条件，后来的董仲舒将儒家的正名思想、民本思想与阴阳五行思想结合在一起，将儒家思想神秘化、专制化，从而使儒家的民本思想从以民为治之本转变为以民为制之本。董仲舒系统地总结了历史上"以德配天"等关于统治合理性的思想，用"王道之三纲，可求于天"、"天不变，道亦不变"来论证君权的合法性与长期性，将统治的终极权威重新赋予了"天"，满足了当时君主集权政治的需要，比较圆满地完成了君主政治的理论论证，奠定了中国2000多年封建君主专制制度的理论基础。其天命观既包含着维护皇权的政治目的，亦蕴涵着对皇权道德制约的用心。其原因如下：

首先，其理论中的天、君、民有一个互相关联的逻辑关系。在"三纲五常"的铁律面前，民必须忠于天子，但天子又必须遵从天，而上天意志又是以民意为准则的。他虽然指明君权的神圣来源，但更强调"天

---

① 《新书·大政下》。
② 同上。
③ 《新书·制不定》。

之生民，非为王也，而天立王以为民也。故其德足以安乐民者，天予之；其恶足以贼害民者，天夺之"①。不仅说明民是本位，而且天夺恶王的理论也说明了替天行道的诛暴君行为是正当的，实际上继承了孟子民众革命权的论说。其次，他的"天人感应"理论对君权作出了极大的限制。他说："国家将有失道之败，而天乃先出灾害以谴告之，不知自省，又出怪异以普惧之，尚不知变，而伤败乃至。"② 这一理论在现实中带来几个方面的影响：（1）国有灾异，皇帝罪己自责，对朝政修葺，以顺天意。（2）群臣利用灾异抨击时弊，指刺权幸，约束皇权，抒发政见。（3）灾异为"禅让"、"受命"说和改朝换代提供了理论依据。（4）灾异说不仅成为统治阶级内部争权夺利、攻击政敌的工具，而且成了谋反造反的征兆与依据，迫使皇帝必须时时注视天的喜怒表现，依照它来行事。③ "天人感应"理论的核心价值观念，就是要人"法天而行"，其政治目的就是"屈民而伸君，屈君而伸天"④，用君、天、民的三角结构，构筑封建统治稳固的基础。他苦心构建这一理论框架，其原因正如清代学者皮锡瑞在《经学通论·易经》中所说："君尊臣卑，儒臣不敢正言匡君，于是亦假天道进谏，以为仁义之说，人君之所厌闻；而祥异之占，人君之所敬畏。"汉朝的皇帝，以及后来各朝皇帝不得不或多或少地用这一理论来检验他自己和他的政策，这一思想观念成为中国传统政治中一种不可移易的深层文化心理，体现了儒家学者对制度安排与政治设计的理想追求以及士大夫的政治精神。

皇权统治符合天意的主要表现就是爱民、利民、教民。董仲舒说："天常以爱利为意，以养长为事，春秋冬夏皆其用也。王者亦常以爱利天下为意"⑤，他反复表达一个意思：天眷顾人民，天是仁的极致，人间的君王必须效法天的仁心爱心，用德政治理天下，秉承天意从事，任德教而不任刑。德行之一便是不与民争利，同时进行财富调剂，"使富者足以示贵而不至于骄，贫者足以养生而不至于忧"⑥。他还反对统治者滥用民力，

---

① 《春秋繁露·尧舜不擅移、汤武不专杀》。
② （汉）班固：《汉书·董仲舒传》，中华书局1962年版。
③ 何平立：《两汉天命论：皇权政治的双刃剑》，《上海大学学报》（社会科学版）2005年第1期，第12、88—94页。
④ 《春秋繁露·玉杯》。
⑤ 《春秋繁露·王道通》。
⑥ 《春秋繁露·度制》。

要求他们"省徭役，薄赋敛，出仓谷，赈困穷"；"省宫室，去雕文，举孝梯，恤黎元"①，竭力向统治者宣扬要言传身教以敦朴民俗，"为人君者，正心以正朝廷，正朝廷以正百官，正百官以正万民，正万民以正四方——是以阴阳调而风雨顺——而王道终矣"。反之，"凡以教化不立万民不正也，夫万民之从利也，如水之走下，不以教化堤防之，不能止也，是故教化立而奸邪皆止者，其堤防完也；教化废而奸邪并出，刑罚不能胜者，其堤防坏也"②。尽管其教化思想就是在人民头脑里筑起堤防，以使他们主动避免触犯统治者的刑罚，但其合理性的一面也不能否认。后来的王符也强调说："凡人君之治，莫大于和阴阳。阴阳者，以天为本，天心顺则阴阳和，天心逆则阴阳乖。天以民为心，民安乐则天心顺，民愁苦则天心逆。民以君为统，君政善则民和治，君政恶则民冤乱，君以恤民为本。"③ 历史演进中通过理论和实践的承继，把民本伦理进一步向前推进。

陆贾和贾谊没有真正完成为限制人君提供理论依据的工作，只有董仲舒创立的思想体系才为其建立了理论依据。天的哲学表面上似乎又回归远古的天命观当中，但实质上并非是一种倒退，因为它仍然以对民的关注为基础，对天的地位的肯定和对民的关注是完全统一的，在某种程度上也可以说这是董仲舒对先前民本思想家过于强调对君和君权的限制而重视民的地位和作用，从而导致统治者对他们的学说敬而远之的一种修补，是对以往民本伦理的一种改造和发展，使民本理论更符合现实政治的需要。但董仲舒和以往的思想家们一样，把民本伦理的现实落实完全寄托在君主的道德自觉上，对君主没有实质性的约束，更没有设计切实可行的制度来保证民本的实施，这就为民本政治伦理思想构筑了一个极为不稳定的基础。同时，董仲舒试图用"天人感应"的辩证方法解决君权的来源和边界问题，似乎也在学理范围内达到了目的，但其"三纲五常"的论调进一步激化民本伦理的内在矛盾，因为"五常"毕竟是以人人都须遵守的道德规范而存在的，因此，每一规范对于一切人来说都有一个共同的要求，然而在"三纲"之中，人们是处于不同的等级而且地位根本对立，怎能要求他们遵循统一的道德规范呢？当然，"三纲"与"五常"间的矛盾，乃是封建

---

① 《春秋繁露·五行变救》。
② 班固：《汉书·董仲舒传》，中华书局1962年版。
③ 王符：《潜夫论·本政》，中华书局1979年版。

伦理纲常的内在矛盾，董仲舒无法解决，其他伦理学家也无法解决。

3. 民本伦理的延续与微变

从本质上看，民本伦理并非就民众立场而考虑民众利益，而是从长治久安的君国利益角度来做必要的民众关怀计算，"固本"只是前提，"宁邦"才是目的。正如《左传》和《谷梁传》都曾道破的公开秘密一样："民者，君之本也"，民本理论的主要目的是通过对君的限制达到社会的圆通和融。程颢指出："上，谓人君与居人上者，观剥之象而厚固其下，以安其居也。下者，上之本，未有其本固而能剥者也。故上之剥必自下，下剥则上危矣。为人上者，知理之如是，则安养人民，以原其本，乃所以安其居也。"① "下者，上之本"是程颢民本思想的理论基石，"上者"，是指人君与居人上者即统治者，"下者"是指普通老百姓，他们是上者赖以生存的根本。程颐也在《上英宗皇帝书》中说，"为政之道，以顺民心为本，以厚民生为本"，这些论点充分反映了二程对民众社会地位认识上的真知灼见。他们也同样都意识到对民"富而后教"的重要性，明确提出："民可明也，不可愚也；民可教也，不可威也；民可顺也，不可强也；民可使也，不可欺也。"② 既然断言民是"可教"、"可明"而"不可愚"、"不可欺"的，那用什么"教"民？让民"明"什么呢？当然是教民以"理"，对民要教以"邦国之道"，使之明"顺君之理"，最终达到"上下相交"、"两志相应"。因为"万物皆只是一个天理"，理的本质在于礼，虽把儒家的伦常上升到本体的高度，但仍看到了人的道德主体性和能动性，因为"上下之义不交，则天下无邦国之道。建邦国所以为治也。上施政以治民，民戴君而从命，上下相交，所以治安也"③。正如费孝通所言："礼并不是靠一个外在的权力来推行的，而是从教化中养成了个人的敬畏之感，使人服膺，人服礼是主动的。"④ 其实质是通过"顺于人心"的教化，使民懂得邦国之道，并悦服于帝王统治，完全秉承了先秦民本思想的教化理论。

理学的集大成者朱熹也同样赞赏民本伦理，认为执政者如能躬行仁

① 《剥·周易程氏传》卷2，程颢、程颐：《二程集》，王孝鱼点校，中华书局1981年版。
② 《二程遗书·卷二十五》，程颢、程颐：《二程集》，王孝鱼点校，中华书局1981年版。
③ 《萃·周易程氏传》卷3（下），程颢、程颐：《二程集》，王孝鱼点校，中华书局1981年版。
④ 费孝通：《乡土中国》，三联书店1985年版，第52页。

义，仁民爱物，视民如伤，社会自然趋于圆融和谐，因而端正帝王之心，使统治者具有实现仁义道德，就成为天下万物的大本。他说："天下国家之大务，莫大于恤民，而恤民之实在省赋。"① 一颗纯净的道德心灵，自觉自然的天理，落实到以德治国，亲亲而仁民，仁民而爱物，这样，人类社会秩序便按照仁义的精神编排成一个等差有序的结构，这是政治理想的基石。但政治理想的实现，还依赖于利益调解和道德教化的双重功效。面对南宋封建王朝的统治危机时，为了治国纠弊，缓和阶级矛盾，朱熹经常竭力呼吁统治者应以惠民为政治义务，不仅请求统治者关心百姓，"爱养民力"，保护民众获得应有的物质利益的权利，而且利用有限条件亲力亲为践行民本。他的民本思想是以天理人欲论为基础的，因为"他不是一般地把天理、人欲对立，而是在把天理、人欲与义利、公私结合的基础是，承认二者的渗透甚至统一，把'存天理，灭人欲'落实为存公去私，并提出'义在利中'的命题，既解决了天理向人性的具体落实问题，又与古典伦理'德者，得也'的传统精神相一致"②。

　　心学大家陆九渊从另一角度丰富了民本伦理的内容。他认为：要完善强化君主的统治艺术，关键在规范君主的言行举止，因为君主兼有政治领袖和道德领袖的双重身份，就必须以内省修身来树立道德圣人的典范，修身的前提是先格君心，因为时弊治乱不在法度而在人心有所蒙，君心有所不正。君心的清浊决定政治的成败，吏治不良，世风日下等社会现象都是因为君心蒙蔽所致，所以君主应去除己私，施仁爱之心。施仁心的最直接方式便是以民为心，担起养民之责。他承继孟子"得乎丘民为天子"的祖训，要求君主能够实行仁爱，首先要调整君民之间利益关系，调整国富民富的矛盾，以此缓和君与民的矛盾，君既要体谅民之疾苦，又要明白百姓足才能国家足、保民实质为保君的道理，一面整饬吏治营造优良的政治氛围，一面整顿赋税减轻对民的盘剥。在以民为心的观点指导下，他抨击了当时不关心民之疾苦的郡守县令，建议实施"官足民不病"的取予两得的方法，希望做到既不伤民又不伤国。鉴于民心向背是统治者江山安危的关键，民本思想外化本身就理应是君主道德修养的一部分，民本并非出于民的一种需求，而是上天早已设计好的君主道德修养方式，因为"天

---

① （元）脱脱：《宋史·朱熹传》，中华书局 1985 年版。

② 樊浩：《中国伦理精神的历史建构》，江苏人民出版社 1992 年版，第 351 页。

生民而树之君以利之"。陆九渊从天理人心的逆向推理中得出政从君心出的结论，显然是要建构一个自律的道德主体，树立社会的道德价值，从而转变社会的行为习俗，扭转堕落的世风。但把权利交给心之后，实质上陷入一种泛道德主义的理想政治模式，强化了民本伦理固有的不足，使其对君的依赖更加严重，所以其民本主张的影响也很微弱。

总之，理学家们的民本主张几乎都无例外地落入传统民本思想的悖论之中，从其现实品格来说，它们都以民为落脚点，言必称民，积极入世；但从先验道德而言，则是超越现实追求完善的典型的乌托邦。他们将社会秩序的扭转、社会张力的调控寄希望于君主道德的完善，将道德修养作为一个由内向外发散的过程，将封建等级秩序的观念融化到道德情感约束中，希冀找到一种君民的合一与认同，从而稳定君臣民这种三角关系，其真实目的则在于为君主设计一幅保国安邦的理想社会蓝图，从而达到社会整合的目的。

这时出现的功利主义学派也从另一角度对民本伦理思想作出了贡献，影响比较大的是其代表人物陈亮，他从人性本然的视角对民本伦理进行了阐述。首先，陈亮从人性论的角度论证了人的物欲的合理性。他认为："耳之于声也，目之于色也，鼻之于臭也，口之于味也，四肢之于安佚也，性也，有命焉。出于性，则人之所同欲也。"① 人人生而有各种欲求，声色臭味是人之所欲，富贵尊荣是人之所愿，这是人们的天性，具有不可违抗性，因之也可以说是"天命"。满足了人们的天性，也就顺遂了人们的天命，从而实现了最大的天理。但由于人人有欲而满足人欲的物质有限，必然会带来人与人之间的争权夺利，假如陷入物欲之争而忘了人伦所独有的"分"的限制，就会使人道消亡。解决争的方法主要有两种：第一是实现"同欲"的主张。陈亮说："好色，人心之所同，达之于民无怨旷，则强勉行道以达其同心，而好色必不至于溺，而非道之害也。好货，人心之所同，而达之于民无冻馁，则强勉行道以达其同心，而好货必不至于陷，而非道之害也。"② 第二是调和公与私之间的矛盾。陈亮公私观的最大特点在于它不仅肯定了适度的"私"的合理性，而且引进了"法"的概念，认为"私"通过"法"的调节可以达到与"公"的统一。他说："人心之多私，而以法为公，此天下之大势所以日趋于法而不可御

① 陈亮：《问答下·陈亮集》（上），中华书局 1974 年版。
② 陈亮：《勉强行道大有功·陈亮集》（上），中华书局 1974 年版。

也。——法者公理也。""天运之公，人心之私，苟有相值，公私合一。"
通过法的调和而达到公私合一，实际上就是以法律引导民众趋向公共利
益，使私欲成为"同欲"，私利合乎公益，从而最终沟通横亘于公私、义
利之间的道德鸿沟。① 由于他坚信道德修养不能徒事空谈而要通过实事实
功来体现，"道"和"事"本身是统一的，脱离了实事实功，"道"也就
不复存在。因为"道之在天下，平施于日用之间"②，"日用之间"即是
国计民生。他的理想状态就是"官民以家也，农商以事也。上下相恤，
有无相通，民病则求之官，国病则资诸民。商籍农而立，农赖商而行，求
以相补，而非求以相病……通其有无，官民农商，各安其所而乐其胜"③。
其主张农商依存的观点有巨大的进步意义，但其上下相恤的见解显然是一
种空想。由于这一学派认定"道在事中"，道的存在和作用通过具体的实
事来体现，从而把民众的日常需求和形上之道联系起来，形成理欲统一的
道德观和义利合一的价值观，对民本伦理的丰富和发展产生了较大的
影响。

　　纵观儒家民本伦理思想及其实践，我们可以发现民本伦理中关于治国
务得民心、施政务取民信的观点，关于爱民、利民、富民的思想，关于尊
重民意、了解民情、体恤民众疾苦的经验和做法，都表明民本思想的精华
具有无限的生命力，如果落实到现实政策中，将继续推动现代中国社会不
断向前发展。但仔细考察其本质，就会明白它只是统治者的醒脑剂，是为
了优化专制统治所作出的理性选择。贯彻实施的目的是为了维护统治阶级
的整体利益，没有任何现代意义上的自由、平等和权利意识。虽然有爱，
但它是基于上位者对下位者的惠爱和仁爱，而不是平等意义上的博爱。君
以及各级官吏是民之父母，只有他们才有施爱的资格，而民只有孝忠的义
务，没有丝毫的权利。民本伦理思想能否在实践中得到落实，民众没有任
何主动权，完全受制于在上者，主要是君主本人。民本是否能坚持完全取
决于最高统治者的个人素质，缺乏制度的约束，带有极大的随意性。重民
的结果也只是限制统治阶级过度的奢望，放弃部分眼前利益以服务其长远
利益，它造就的只能是民的依附性人格和君的神圣化倾向，和真正的民

① 朱晓鹏：《论陈亮事功主义伦理思想的基本特征》，《杭州师范学院学报》（社会科学版）
2005 年第 3 期，第 47—50 页。

② 陈亮：《经书发题·诗经·陈亮集》（上），中华书局 1974 年版。

③ 陈亮：《四弊·陈亮集》（上），中华书局 1974 年版。

主、自由无涉。对"民"的强调，不但没有带来"民"的地位的提高，相反，在君与民的对立中强化了人与人之间的尊卑、等级关系，并通过"礼"对这种尊卑、等级关系加以制度化和程式化，以抵御和消弭"民"的不满与反抗。更重要的是民本伦理中重视的都是民的低层次的物质利益需求，完全忽视了民众的精神需求，更谈不上民众个体的发展需要，与整个以人性假设为前提的道德修养目标发生严重的背离，根本无助于人的自由发展和社会进步，这些都是我们应该吸取的教训。民本与君本的不同之处，仅在于它们权衡君国与民众利益的视角有差异，一个是着眼于民众生存的开阔视野，另一个是从君主私家的狭隘立场出发，其目的完全一致，因而鉴于阶级和时代的局限，传统民本思想不能也不可能向更深层次拓展。随着社会经济的发展，明末清初的思想家们在继承、弘扬传统民本思想时，对封建制度大胆进行抨击和批判，提出一系列抑制君主专制的设想，表现出反对封建君主专制的民主主义启蒙倾向，既将传统民本思想推进到了极限，开辟了新的思想境界，使传统民本不得不面临覆灭或转型的抉择，他们的思想和主张对民本伦理思想来说，又是一个全新的视角，这些将在下一章节中进行专门论述。

三 墨家兼爱利民的民本伦理构建

先秦时期，墨学与儒学并为显学。墨家从发展社会经济、保障下层民众的普遍利益，从对国家民主政治生活的要求，从国内及国家间的社会平等几个不同角度，论证自己的学说与主张。以兴利为民作为实现民本的经济保障，以选贤举能作为实现民本的政治保障，以反战维和作为实现民本的国防保障，形成自己独特的兼具"民本"倾向的思想，呈现出三个明显特征：借天志来实现民意代替天意的保民思想，用兼爱来追求民主平等的重民思想，以贵义尚利体现义利统一的惠民思想，其中心目的就是爱利百姓。

（一）爱利百姓的民本伦理依据

马克思说过："人按照自己的物质生产的发展建立相应的社会关系，正是这些人按照自己的社会关系创造了相应的原理、观念和范畴。"[①] 墨

---

① 马克思：《哲学的贫困》，《马克思恩格斯全集》第 4 卷，人民出版社 1960 年版，第 144 页。

子借用天志、明鬼作为理论支撑来建构他的思想体系，定最高主宰，把"兼相爱，交相利"说成是天的意志，给神权注入理想的内涵，假天行道，主要是为了提供统治者爱利百姓的最高依据，给自己的其他思想学说以有力的支撑，给统治者和大众以心理上的压力，借此推行自己的理想，奠定其民本伦理的根基。

1. 天意保民的宗教依据

天虽然含义很广，但墨子之天的意思主要指天帝、皇天、造物主等，是一个纯然的"人格神"，既是万物的主宰，也为万事万物的标准。天有意欲，有感觉，有情操，有行为，因为天不仅行广而无私，有普遍性、客观性、持久性、明确性，而且无所不在，全知全能，监察天下，赏善罚恶。最为重要的是上天兼爱天下百姓，因为"天何欲何恶？天欲义而恶不义。然则率天下之百姓以从事于义，则我乃为天之所欲也"①。天欲的主要内容就是让统治者率领天下百姓服从"义"，《墨辩》把天欲之"义"的含义归为五种：（1）义即是利；（2）利之对象是天下；（3）义者之存心以利天下为自己之职分；（4）义者才能做利天下之事；（5）不必见用于世，有利天下之功，而后为义。② "义"的最终目的就是为天下黎民百姓谋利益，怎么知道天欲求义而利百姓呢？"曰：天下有义则生，无义则死；有义则富，无义则贫；有义则治，无义则乱。然则天欲其生而恶其死，欲其富而恶其贫，欲其治而恶其乱，此我所以知天欲义而恶不义也。"③ "义"出自何处？墨子曰："义不从愚且贱者出，必自贵且知者出。""然则孰为贵？孰为知？曰：天为贵天为知而已矣。然则义果自天出矣。"④ 墨子在此将天确立为所有意义的终极源头，理由是天是世间那最贵且知者。作为既贵且智的终极之天与人间天子又有什么关系呢？"天子为善，天能赏之；天子为恶，天能罚之，天子有疾病祸祟……则天能去之"⑤，所以天子必须按天意行事，接受天的监督，为天下民众谋利益以便上同于天。天成了墨子意志的化身，手中治世的法仪，推行义事的强烈

---

① 《墨子·天志上》，孙诒让：《墨子间诂》，中华书局1993年版（以下引用《墨子》的话均引自该版本）。

② 高亨：《墨经校诠》，世界书局（台北）1981年版，第35—36页。

③ 《墨子·天志上》。

④ 《墨子·天志中》。

⑤ 同上。

保证。因此，墨子借用"天志"让自己的思想获得更大的说服力，把其理想上升为天意，使自己的主张获得一种公正而神圣的权威。人类遵循了天意，国家自然得到治理，人民会免除祸害，安居乐业。据此，天作为一个外在的精神力量，已成为人格化的实体，能实现主体的意志，"天志"的核心就在于以民意代替天意。墨子思想的核心是人，人的一切自然欲望都是天之必然，所以"贵生"是"天志"的必然要求，为其民本伦理学说找到了一个外在的保障和自然的基础，"天志"成为个人手中的工具，其中的宗教精神凸显的是保民护民的认知理性，因此，"墨子的思想和活动是入世的，不是出世的，是此岸的，不是彼岸的"①。

　　墨子的天志、明鬼本非如野蛮时代之绝对的信仰，其主要目的是为了打破统治者的特权，并给予其心理上的威慑和约束。"天"是专门用来约束"天子"的一个力量，而"鬼"则是一种在世间替"天"行道的存在。墨子之证天、明鬼，最终要证明的无非是一个政治新秩序背后那个保障力量的终极性和有效性。墨子认为，鬼神是天意的执行者，且直接关系到天下治乱。他在分析天下失义、诸侯力争，最终导致天下乱的原因时总结道："此其故何以然也？则皆以疑惑鬼神之有无之别，不明乎鬼神之能赏善而罚暴也"②。如果人民怀疑鬼神，也就必然怀疑"天意"。正如冯友兰先生所言："墨子论证鬼神的存在，是为他的兼爱理论作张本，而不是对于超自然有什么特别的兴趣。他的'天志'和'明鬼'理论只是为了让人相信，实行兼爱将得上天奖赏，如不实行兼爱则将受上天惩罚。大众持这样的信仰，将有利于在人间建立理想世界。""墨子的思想从极端功利主义出发，崇奉鬼神，又主张薄葬节礼，两者之间并不矛盾，因为都有利于大众实行兼爱。"③何况，墨学虽然承认天和鬼神的存在，但他更重视对现实世界的改造，他的理想在于改造此岸世界，而不在于追求彼岸世界的幸福。天、鬼、神在墨子的观念中是作为其政治理想代言人出现的，充当的是施政辅助工具的角色；天鬼观本身，墨子也只取其中的积极方面，其可能的消极方面又被积极的非命所取代，因为墨子讲非命，主张尚力，倡导自强精神，号召人通过自己的不懈努力来改变自己的命运。针对

---

① 詹剑峰：《墨子哲学与科学》，人民出版社 1981 年版，第 73 页。

② 《墨子·明鬼下》。

③ 冯友兰：《中国哲学简史》，新世界出版社 2005 年版，第 75—76 页。

儒家的"死生有命，富贵在天"的天命论观点，墨子批判道：有命之说危害甚大，一方面是它怀疑人的力量，否定人的力量，这样就必然危害人们求天下之利的活动，使人们无所作为；另一方面它又庇护暴君坏人的不义行为，不利于求天下之利的活动，所以墨子反诘："其在汤武则治，其在桀纣则乱，安危治乱，在上之发政也，则岂可谓有命哉。"① 以对比方法对天命说进行了有力的批驳。墨子相信，不必依靠上天的恩赐，只要自身积极进取，平民也可以改变自己命运，从而形成自己顺天有为的天志、明鬼、非命三者合一的天人观，看到了民众个体的力量与价值，为民由被动转向主动提供思想动力，为民本的真正实现奠定了坚实的基础。

2. 兴利为民的现实根源

墨子出生工匠，被人列入"贱人"，其弟子也大多是自食其力的劳动者，过着极其简朴的民众生活，所以墨子知道以力谋利的艰辛，更能理解物质生产的重要性。在墨子看来，没有劳动就没有人类的生活，人人都必须努力劳动，人类才能存活，社会才能存在和发展。"国家富，财用足，百姓皆得暖衣饱食，便无宁忧"②，所以墨子极力主张兴利维民，作为民本的经济保障。然而，春秋战国之际，周天子尸位素餐，失去了号令天下的实权，诸侯趁机拥兵自立，相互争战不休，广大民众不仅饱受战争之苦，还得承受诸侯、王公大人等统治者奢侈淫逸生活所带来的重负。墨子真切地了解劳动人民的疾苦和忧患，尖锐地揭露、批判了统治者掠夺人民、侈靡腐朽、相互兼并的罪恶给劳动人民造成的严重灾难，批判他们"以其极赏，以赐无功；虚其府库，以备车马、衣裘、奇怪；苦其役徒，以治宫室观乐。死又厚为棺椁，多为衣裘。生时治台榭，死又修坟墓。故民苦于外，府库单于内，上不厌其乐，下不堪其苦"③。抨击残民、虐民、害民的现实，为推行民本创造条件。

墨子生活的时代也是一个思想活跃的时代，当时，许多王公大人没落了，农与工肆之人大批从奴隶地位解放出来，成为具有平民身份的小生产者，这些变化必然在思想家的心声中有所反映。墨子站在农民小生产者的政治地位，思考救治的良方，主张兼相爱、交相利为核心的伦理思想，是

---

① 《墨子·非命中》。

② 《墨子·天志上》。

③ 《墨子·七患》。

我国历史上第一位替劳动者阶级呐喊的思想家。① 人是社会的主体，社会发展的根本目的理应是为了人的发展，人的发展的本质就体现为人的需要的不断满足和不断发展。人的需要是促使人们积极从事各项活动的原初动力和内在动力，需要的发展是促使人全面发展的强大力量。人生最强烈和最本质的需要就是衣食住行等基本生活的满足，满足民众的生存权是社会发展的基础，墨子正是从人的基本需求出发并对当时的社会现象进行比较和总结，才得出当时的社会有"四恶"的结论：即"饥而不得食，寒而不得衣，劳而不得息，乱而不得治"，希望通过自己设计的社会模式，达到"民无饥而不得食，寒而不得衣，劳而不得息，乱而不得治者"② 的境界。崇高的理想降落到实际的生活，并以现实的追求作为理想实现的阶梯，架起现实通往理想的桥梁。

墨子民本的理想目标是兼爱。陈顾远先生在《墨子政治哲学》中说："因兼爱的缘故便主张非攻；因非攻的缘故便主张赏同；因赏同的缘故便主张赏贤；因赏贤的缘故便有社会的仁政国家的理想；因想使这理想实现便利用天鬼使得政治进行；因利用天鬼便主张非命；因非命意在力行，就和他的实利主义相近了；因讲实利就有节用的论调；因有节用就有节葬非乐的言辞。"③ 兼爱非攻是其理想，原因是为了爱护民众。这一政治目标和经济领域的节用节葬、重利贵义以及思想文化领域的非命、非乐紧密联系在一起，相互之间互为补充互相制约，从而形成一个有序的社会控制体系，其目的是为了利民富民。非攻、尚同、尚贤、非命、节葬、节用、非乐都是他爱民的手段。不论是国与国、家与家或人与人之间的攻伐都与兼爱相背，对人类无益，破坏民本，所以墨子反对攻伐厮杀，希望统治者能以德治理天下，顺从天意。"若使天下兼相爱，国与国不相攻，家与家不相乱，盗贼无有，君臣父子，皆能孝慈，若此则天下治。"④ 可见，兼爱是国治民安、天下太平的法宝，言兼爱则必然主张非攻，兼爱的伦理观就在社会政治生活领域升华为一种非攻的政治伦理原则，而非攻实际上也是保民的重要手段，有了兼爱、非攻，就会万民和乐，国家富裕，财用充足，百姓衣食无忧，这是以民为本、崇尚德治必然造就的结果。

---

①　任继愈：《中国哲学发展史》（先秦），人民出版社1983年版，第206页。
②　《墨子·尚贤中》。
③　陈顾远：《墨子政治哲学》，上海泰东图书局印行1923年版，第235页。
④　《墨子·兼爱上》。

（二）兼爱交利的伦理目标及其实现路径

每个人都生活在一定的社会关系中，社会关系的状态好坏，直接影响着个体生存质量的高低，同时也决定了社会的整合程度。墨子不幸生活在一个动荡不安、充满危机的社会环境里，在这个社会中，"子自爱，不爱父，故亏父而自利；弟自爱，不爱兄，故亏兄而自利；臣自爱，不爱君，故亏君而自利"。"父自爱也，不爱子，故亏子而自利；兄自爱也，不爱弟，故亏弟而自利；君自爱也，不爱臣，故亏臣而自利。""贼爱其身不爱人"，"大夫各爱其家，不爱异家"，"诸侯各爱其国，不爱异国"①，这种亏人自利的社会现状，其根源"皆起不相爱"。所以墨子一心想用"兼爱"的良方，造成"强不执弱，众不劫寡，富不侮贫，贵不傲贱，诈不欺愚"② 的局面，为广大民众营造一个和谐美好充满仁爱的生活空间。

1. 兼爱天下的民本伦理理想

墨子民本学说的核心是兼爱，其兼爱有两层含义，首先，它是一种爱的关系。人与人相处的时候都应当有一份纯真的爱心，去关心和体贴他人，这不仅体现了一个人的善良品质和道德情操，是人性善的重要表现，而且也是人我和谐相处的必由之路，因为"夫爱人者，人必从而爱之；利人者，人必从而利之；恶人者，人必从而恶之；害人者，人必从而害之"③。如果每个人都能做到爱利他人，他人也自然爱护自己；相反，如果人们都只关心自我，相互之间冷漠自私，就会相互攻杀抢夺，根本无法长存发展。墨子兼爱论的出发点和落脚点都是为了人民大众，只有相亲相爱的人伦关系才符合民本的应有之义。这一理想给人以无限的希冀和安慰，对人有极强的心灵感召力，但要真正做到，就必须把对方看成与自身完全平等的主体，不以其地位和身份的变化而有所转移，彻底排除利欲、血缘、等级等世俗因素。表面看起来，墨家的兼爱是不论关系、亲疏、远近，不论阶级、高低、贵贱的平等之爱，这种平等之爱，一方面是人己的平等，另一方面也是从所有的个人都是人的观点，认为人人平等。价值的把握与人的思维方式紧密相关，如果仅着眼于血缘的亲属关系，其价值原

---

① 《墨子·兼爱上》。
② 《墨子·兼爱中》。
③ 同上。

则就会取伦列之爱，如果放眼人类，肯定坚持平等之爱。兼爱或博爱的前提只能是每个人的自由权利和平等权利的天然存在，含有冲破阶级等级观念因子的兼爱思想要在君权、家权、父权的秩序之下实现，权利和地位的不平等使这一理想变为虚妄。墨子理论本身也充满矛盾，没有认清社会的等级本质，相信与君权概念相对应的并不是民权概念，而是臣权概念。但在君与臣的关系上，又认为君对臣的兼爱属于施爱，臣对君的兼爱属于献爱，最后目的不能脱出为家天下的万世绵延而服务的范畴，其最终效果是使君王的个人和家族的权力得到妥帖的保护并且延及子孙，从而使兼爱沦落到为一己效劳的地步。他甚至要求身份低的人向身份较高者兼爱，弱势者对强势者兼爱，这更把他的兼爱理论推到了荒谬的境地，靠这种方式来落实自己的民本理想显然是不可能的。

其次，兼爱有实现自我的功利主义动因。因为墨子的爱和儒家的爱是有区别的，儒家是爱有差等、推己及人，墨子却认为爱利他人就是爱利自己，因为人的感情的互通性，爱利他人是达到爱利自己的途径和手段，所以爱要不分薄厚，不辨亲疏，无论对己对人，皆能一视同仁，待人如己，爱人如己。"视人之国若视其国，视人之家若视其家，视人之身若视其身"，如此一来，"诸侯相爱则不野战，家主相爱则不相篡，人与人相爱则不相贼，君臣相爱则惠忠，父子相爱则慈孝，兄弟相爱则和调。天下之人皆相爱，强不执弱，众不劫寡，富不侮贫，贵不敖贱，诈不欺愚"[①]，既顾及民众作为整体所需要的环境与氛围，又兼顾了民众个体的道德与利益，这才是真正站在民众立场，谋万民的福祉。因为如果有兼爱，不仅个人与个人之间相亲相爱，家庭与家庭之间可以和睦共处，国家与国家之间也可以睦邻友好，个体与个体、群体与群体之间都和乐融融。这种和乐不仅是地位的平等，更重要的是精神的协调，因为实现目标的手段是非功、尚同、贵义。人我之间的交流与沟通、理解与信任、平等与互助，不仅有利于个人的身心健康和茁壮成长，而且可以使社会形成稳定发展的局面。尤其是对那些生活在动乱年代身心饱受创伤的民众来说，人我之间这种以爱为支撑、以爱为媒介的融洽关系的建立，更是其所热切渴望的。

2. 贵义尚利的伦理标准

任何时候，个人利益总是和普遍利益相伴随的，马克思曾经说过：

---

① 《墨子·兼爱中》。

"个人利益总是违反个人的意志而发展为阶级利益，发展为共同利益，后者脱离单独的个人而获得独立性，并在独立化过程中取得普遍利益的形式，作为普遍利益又与真正的个人发生矛盾。而在这个矛盾中既然被确定为普遍利益，就可以由意识想象成为理想的，甚至是宗教的、神圣的利益。这是因为在个人利益变为阶级利益而获得独立存在的这个过程中，个人的行为不可避免地受到物化、异化，同时又表现为不依赖于个人的、通过交往而形成的力量，从而个人的行为转化为社会关系，转化为某些力量，决定和管制着这个人，因此这些力量在观念中就成为神圣的力量。"① 这就是说，在人们的社会生产生活中，必然会产生一种与个别人的个人利益相对立并独立于个人利益之外，以表现出来的共同利益，以观念形态的神圣力量制约着人们取利行为，这就是经济伦理所说的义利问题。所有的思想家在设计自己的治国方案时，都不得不面对义利问题，作出自己的抉择。选择的合宜性与否，主要取决于其对个体利益和公共利益进行取舍的角度以及处理方案。儒家直接从统治阶层的角度进行理论预设，墨家则从平民的视角进行理论推演，而道家却从宇宙的本然出发规划自己的蓝图，理论内容各有不同，但其对民关注的实质都是通过分利于民来维护君主统治。

与儒家"罕言利"或"何必曰利"不同，墨子贵生、重利，认为"仁人之所以为事者，必兴天下之利，除去天下之害"②。天下之利害主要在于人与人之间是否兼爱，国与国之间是否非攻，社会到底和谐与否。要想实现天下之大利，必须以"兼相爱，交相利"之法取代"别相恶，交相贼"之害，因为自我利益的实现存在于爱人、利人当中，即"爱人不外己，己在所爱之中"③。可以说，墨家理论直言不讳地强调逐利，但墨子所言之利实际包括两个方面：一指自我利益，一指天下之利。因为利己是主体道德行为的动机，但欲实现利己的动机，主体又必须从利人入手，这种致思理路正好和民本的学理路径相一致，君主要想实现自身的利益，必须首先让利于民，才能获得万民的回报，达到君本的目的。其实质是为了调和个人利益和他人利益的矛盾，却完全否定了道德的独立自足价值，把道德看成达到自己利益的一种手段与工具，失却其精神感召力。但与此

① 《德意志意识形态》，《马克思恩格斯全集》第 3 卷，人民出版社 1960 年版，第 273 页。

② 《墨子·兼爱中》。

③ 《墨子·大取》。

相联系，墨家又认为生命的价值肯定不在谋取个人私利，而在为全人类谋取利益，公利才是利的最高道德价值标准。私利虽具有价值正当性，但在追求私利时，只有采取"交相利"的方式才具有伦理正当性，否则就是"不义"，也就是恶。进而提出唯义是行，当个人利益与义发生矛盾时，应排除情欲的干扰，无条件服从义，最终以义为归宿。判断一个人行为义与不义的标准，是看他的行为功效是利人还是害人、利天下还是害天下，只有"兴天下之利，除天下之害"的人才是仁人，既属功利主义又属利他主义，其评判的最终根据还是是否对民众有益，能否真正贯彻民本理念。墨子说："若是上利天、中利鬼、下利人，三利而无所不利，是谓天德。故凡从事此者，圣知也、仁义也、惠忠也、慈孝也，是故聚天下之善名而加之"，即是说，凡是有利于天下人现实利益的行为，就是至善，反之就是恶，即："若事上不利天、中不利鬼、下不利人，三不利而无所利，是谓之天贼。故凡从事此者，寇乱也、盗贼也、不仁不义，是故聚天下之恶名而加之"①，据此，墨子提出了一条行为准则，"利人乎即为，不利人乎即止"②。可见，墨子的利是人们的行为准则和义的价值尺度，墨子的义是以公共利益为内核的道德理性精神，义就是利，利就是义，既贵义又尚利，义利合一，把人们的物质利益与精神追求结合起来，既肯定了至善的标准又强调了道德原则和道德规范，铸就了一种独具特色的功利主义，这才是民本伦理的真意所在，反映了当时社会中的小私有劳动者和平民百姓的根本利益，对民众实际利益的实现有巨大的理论意义。但他更突出强调利首先是一种公利，是天下之利、万民之利、百姓之利、国家之利，认定为了天下之利，可以牺牲自己的一切包括生命，虽然注重了人的超越层面，却忽略了人的现实实用特征，也带有某种理想主义的成分，说明墨子还没有充分认识道德与利益的辩证关系，主观上希望为万民谋利，客观上却在如何实现天下之利的问题上提不出切实可行的实现手段、途径和方法，导致墨子义利合一兴天下之利的设想也像他的兼爱说一样成为一种空谈。

3. 尚同尚贤的政治保障

贵义尚利的重点在于德治，要想以德治国，就要尚同尚贤，这是墨子

---

① 《墨子·天志下》。

② 《墨子·非乐上》。

实施民本伦理的政治策略。尚贤是墨子尚同思想的逻辑起点，因为只有先有贤者方能有贤策，衡量贤者的标准是事功，也就是对民众利益的满足程度。墨子主张"虽在农与工肆之人，有能则举之，高予之爵，重予之禄，任之以事，断予之令"，"官无常贵，而民无终贱，有能则举之，无能则下之"，"不肖者抑而废之，贫而贱之以为徒役"①，他把"尚贤"的范围扩大到"农与工肆之人"，反对任人唯亲，打破了血缘的束缚和世袭阶级的界限，是对血缘宗法制度的挑战，反映了下层民众的利益。儒家讲"尚贤"，其思路是贤者娴于礼乐仁义，通过推广礼乐仁义而达到政通人和，百姓富庶，墨子关心的则是百姓的生存问题："贤者之治邑也，蚤出暮入，耕稼树艺叔粟多而民足乎食"②，贤者的任务首先是要解决百姓的吃饭问题，有功则为贤，无功则不贤，这与其"兴天下之利，除天下之弊"的现实目标是一致的。通过尚贤，一则可以激励平民阶层尚力向上，奋发有为；二则形成能上能下、唯贤是举的良性互动机制，更好地促进社会的发展。他身体力行地去宣传自己的学说，为实现自己的政治理想而四处奔走。但是，面对人微言轻的不利局面，墨子希冀找到一种可以依靠的力量来达成自己的目标，这种力量不仅对统治者要有威慑力，而且能够得到普通民众的认同，于是他就借助天鬼，强调天的旨意就是要实现劳者得息、饥者得食、寒者得衣、乱者得治，实现"老而无子者，有所得终其寿；连独无兄弟者，有所杂于生人之间；少失其父母者，有所放依而长"③的伦理和谐目标。虽然在当时鬼神流行的年代，这种凭依对人们的心理可以形成一定的威慑力，但这种威慑恰恰是人们无力无能的表现，一旦统治阶级大权在握，他们就会弃之若敝屣，甚至会为了自身的某些利益，反过来利用天鬼观念愚弄和麻痹劳动人民，所以墨子这样做不仅不能解决自己学理本身存在的问题，反而有可能被统治者加以利用。

4. 节用非乐的现实举措

墨子主张的"兼相爱、交相利"的伦理准则，运用到国家对人民的统治关系上，就是治国之策。墨家学说所提倡的社会习俗，都以利民为价值主旨，这种利民思想贯穿于它政治主张的各个方面。节用、节葬、非乐

---

① 《墨子·尚贤上》。
② 《墨子·尚贤中》。
③ 《墨子·兼爱中》。

等主张的提出，就是以利民为出发点的，落脚点在于义和利。由于墨子认为对天下有利的事情就是义，具体到统治者而言，爱民、利民就要减少对人民的压迫和剥削，所以他认为一切费用的消耗都应该对民众有利，圣明的统治者当然要尽可能减少费用开支以让利于民，做到"诸加费，不加于民利者，圣王弗为"①。在当时生产力水平一定的条件下，提倡节俭是富民的一个重要条件，统治者只要在饮食、衣裘、兵甲、舟车、宫室、丧葬等方面节约开支，就符合人民的长远利益，是贵义的主要表现。如果统治者过于奢侈，任意挥霍有限的社会财富，"必厚作敛于百姓，暴夺民衣食之财"②，其恶果是"其使民劳，其籍敛厚，民财不足，冻饿死者，不可胜数"③，更严重的可能造成天下大乱，即所谓"富贵者奢侈，孤寡者冻馁，虽欲无乱，不可得也"④，所以能否提倡节俭，不仅是关系到国家治乱的关键，而且也是关系到国家兴亡的关键，即"俭节则昌，淫佚则亡"。减轻剥削的方法除了从根本上节用之外，还必须提倡节葬，因为厚葬浪费了大量的社会财富，造成了有限的物力不能尽其用，也造成聚敛加重。何况长辈死后，家人都要守丧三年，造成大量的人力和物力的浪费，所以，墨子非常反对这种"厚葬久丧"的陋习，对之大加讨伐。另外，墨子还反对欣赏音乐，认为这样不仅会浪费社会财富，并且也会使统治者生活腐化堕落，荒废政事，造成对人民剥削加重，不仅不符合仁义治国之道，还会导致亡国的危险。因为音乐会直接影响社会生产，丈夫为之，会耽误耕稼树艺之时，如果妇女也为之，则必影响妇女纺织之事，造成衣食两损。当然，墨子并非一概反对人们欣赏音乐，他只是从反对统治者侈靡的角度来谈这个问题。通过节用节葬非乐，不仅可以限制统治者的穷奢极欲，减轻人民的负担，为社会积累财富，而且可以缩小社会差别，减弱等级制度在现实的影响力，逐步调整人们的心理，使平等的观念得以内化为人们的行为规则，其目的不仅是想让统治者体现民心、民意，真正爱民以便维持长治久安，而且在某种程度上体现了社会发展的应然之理，有巨大的理论意义和现实意义。

总之，墨子贵义重在尚利，而尚利的实质是把维护民众利益看作自己

① 《墨子·节用中》。
② 《墨子·辞过》。
③ 《墨子·节用上》。
④ 《墨子·辞过》。

人生的价值取向，尤其是高居社会之巅的统治阶层更应如此。他针对当时诸侯纷争的局面，强调"上之所是，必亦是之；上之所非，必亦非之"①。从字面来看，是要求下者要绝对拥护并无条件地服从于君主制，实际上是希望通过这种统一的命令和要求，做到令行禁止，避免由于人们之间缺乏统一的行为准则和价值取向所造成的混乱与无序的局面，希望能够上下同心，把国家治理好。同时，这种绝对服从的前提是上者为圣王，目的是为了保证德治的实施。其次，墨子自己也以身作则，躬行实践其道德信念，甚至达到"摩顶放踵利天下，为之"② 的崇高境界。希望人们能为义而不避毁就誉，主张"有力者疾以助人，有财者勉以分人，有道者劝以教人"③，各尽其力营造美好的社会环境。他不仅关切劳动人民的生死富贵，而且关注民众的德治教化，有强烈的道德责任感和救民意识，充分体现出为民谋利益的真诚精神。同时，墨子恪守"道义高于利禄"的功名思想，坚持公利高于私利，视利民之义为天下之良宝，从根本上实现了贵义的道德价值与尚利的功利价值的统一。墨子还把贵义、尚利的道德价值观贯彻于道德评价上，在中国伦理史上，第一次提出志、功这对范畴，并对两者关系以及如何应用这一道德评价原则作出了比较正确的回答，对于形成言行一致的优良道德传统，具有理论先导作用。④ 但由于历史条件和个人的局限，墨子治理社会的各种目标和手段之间存在无法协调的矛盾，而且在现实中也找不到一个真正可以依靠的力量和方案来克服这一矛盾，最后寄希望于一种神秘的超人间力量。从墨子思想的主要内容中，我们可以真切地感受到墨子那种力图为万民兴利除害的美好愿望，和急于为当时社会寻找一条新的出路的迫切心情。但是，由于墨子对未来社会的构想，更多的是一种伦理意义上的考虑，因而很难找到现实的社会对策。何况墨子并没找到培育个体德性的有效办法，更没看到兼爱与当时专制社会之间无法克服的矛盾，所以他所营造的美妙社会只能存在于观念之中。尽管如此，他所宣扬的兼爱互利的人道精神，勇于牺牲的人格魅力，尊贤使能的用人之道，质朴勤俭的劳动本色仍可作为我们建设多元新文化、新道德的有益思想资源。

---

① 《墨子·尚同上》。

② 《孟子·尽心上》。

③ 《墨子·尚贤下》。

④ 朱贻庭：《中国传统伦理思想史》，华东师范大学出版社 2003 年版，第 66 页。

四　道家因循自然的民本伦理理想

除儒、墨两家外，道家思想中也蕴涵着深刻的民本伦理因子。他们深刻认识到"贵以贱为本，高以下为基"①，下贱之民是统治阶级之本，从哲学高度概括了民的重要与地位。但与儒家民本具有鲜明的伦理实践性不同，道家民本则立足于自然发展的原则，强烈地反映出一种顺民治国的意向。认为人民的饥饿、百姓的苦难是由统治者的过度剥削造成的，所以提出轻徭薄赋、消弭战争、减省刑罚等主张，希望尽量减少对民众生活干预，使民众能够自由生存和发展。用"无为"的理念告诫统治者依顺"道"的本真。道是老、庄哲学的核心，天地万物都按照道的原理运行，各司其事，互不相扰，只要遵循道的自然本性，就可以造就人与人、人与社会、人与自然的和谐状态，否则就会祸乱频生，民不聊生。作为统治者更应该遵照道的指示，对民无惊无扰，以达到长治久安的目的。"无为"可以体现"道"的本质，通过无为可以使人民信任君主，举国政通人和。在其"无为"学说中，积聚了丰富的保民爱民因素，这种统治方式和结果充分反映了民本伦理的实质，某种程度上甚至可以说道家倡导的治理模式是民本伦理的最高境界。

（一）效法自然辩证求治的民本伦理基础

正如梁启超所说，内圣外王之道包举中国学术之全体。内圣外王，语出《庄子·天下篇》，其特征是："配神明，醇天地，育万物，和天下，泽及百姓，明于本数，系于末度，六通四辟，小大精粗，其运无乎不在。"② 内圣，就是通天晓地、取法于自然、贯通法度、和四时通六合，从而达到与天地合为一体的境界；外王，则是孕育万物，均和天下，泽及百姓。内圣外王的关键是从内心深处树立起道德的权威，学会按道德的法则立身处世，待人接物。道家伦理思想以尊道贵德为基本的价值视角和理论基点，充满着对"道"和"德"的崇拜与敬畏。在老子看来，"道"

---

① 《老子·三十九章》。
② 《庄子·天下篇》，陈鼓应：《庄子今注今译》，中华书局 1983 年版（以下所引《庄子》均引自该版本）。

为天地之始和万物之母，"德"是"道"的具体表现和功能效用，最高的"德"的运作、状态，是随着"道"而变化的，道生万物，德畜万物，万物莫不尊道贵德，所以用道和德作为自己理论的根基。

1. 效法自然的民本伦理依据

老子认为"道法自然"，作为万物本原的道与自然是同一的。道的特征主要表现为：恬淡、柔和、虚无、清净、无为、自然、纯粹、平易、朴素、忍辱不争。道家崇尚真朴本然的道德，所论及和探究的"道"本身，集高远广大，平实简易和精湛深幽于一体。因为"道之为物，惟恍惟惚。惚兮恍兮，其中有象；恍兮惚兮，其中有物。窈兮冥兮，其中有精；其精甚真，其中有信"①。"道"作为一种存在物，是恍恍惚惚、若有若无的，但恍惚之中有形象，恍恍惚惚中有实物。它虽深远模糊却含有极细微的真实的精气，又是非常可靠的。正因为道具备这种精微高远、缥缈又真切的特性，所以道家认为道德的追求永远不会有终极的目标，道德的修养永远不会有绝对的顶点，道德的发展也永远不会有尽头，在道德的追求和修养上总是呈现为不足或不圆满的状况，不同时代的人只能近似或相对地把握和体悟道德。因此，道家告诫人们应当虚怀若谷，谦卑为怀，修养道德就应该效法天地万物，既自强不息又厚德载物，以刚健的精神律己自为，以宽厚的胸怀待人接物。只有这样，才能真正使自己成为一个有道德的人，也才能推动人类道德文明的不断进步。统治者要想成为圣王维持长治久安，就必须依据道的本性，不断提升自己的素养，对民勿扰勿惊，这样才可以为万民谋福祉。

由于道德是利而不害、为而不争的，它们生长万物但并不以万物为私有，促使万物成功但不自恃有功，给万物以利益而不希望从万物那里得到回报，人类尊道贵德，就应该效法天地自然之道，公而忘私，追求而不要占有，奉献而不要回报，人生的意义和价值就在于利他为公。正因为尊道贵德的价值追求，凸显的是道德的权威、尊严和价值，要求人们把讲道德视为一种内在的义务，不以讲道德去谋取功名利禄或物质财货，所以道家认为儒墨两家竞相宣扬仁义礼智的道德理论，是一种"有为"，这种"有为"的道德脱离了道德的实然本质，在社会生活中产生了消极的影响，以

---

① 《老子·二十一章》。

致成为贪利者的假借之器，造成了"捐仁义者寡，利仁义者众"① 的道德实用主义局面。庄子也明确地把儒家的仁义道德视为桎梏人生的钩绳规矩，并进而认为儒家的仁义道德"残生伤性"，实与为货财而殉身没有区别。在道家看来，孔、孟所宣扬的仁义道德本质上是一种以讲道德取悦于人、许诺讲道德会给人带来种种好处的"下德"，这种仁义道德的异说使社会的道德风尚日趋浅薄，人人试图通过讲求仁义道德来谋取自己的功名利禄，只能闭塞天性，遗祸社会，使道德发生异质性的变化，最终成为不道德。

　　当然，任何一种形而上学，最终都会落实到人生和社会现实的层面上。对宇宙起源的探讨，目的是对现实社会和人生问题作出合理的解释，为事物纷繁复杂、变幻莫测的运动发展找到一个固定的规律，或者是为社会和人生寻找一种依托。老子的哲学也是这样，他设想出一个超越时空的"道"，是企图为现实社会寻找一个理想的模式，并为这种模式的合理性作出可靠的注释，同时为个人的精神生命寻找一种依托，将人的精神生命与宇宙的精神融合在一起，从而寻求一种无限与永恒。由于道法自然，它以自然为本性或归属，既不存在为什么，也没有为什么，一切都是自自然然的，道家就必然要求人们把讲道德视为自己天性的本然，在自然中体悟和把握道德，不存功利目的，更不把道德当作牟利的工具，使人类的道德吻合于天地万物的自然规律，形成天人合一的伦理思想体系。宇宙间的万事万物都是自然质朴的，人作为自然界的一部分，"少私寡欲"应是人性自然的基本特征和要求，因为五色缤纷使人眼花缭乱，五音纷杂使人听觉不灵，五味鲜美使人味觉失常，骋马狩猎使人癫狂放荡，难得的财货使人行为不轨，所以圣人治理天下，就应该不为外物所诱惑，一切以生活之必需为限。不推崇有才干的人，使民不争功名利禄；不看重稀有商品，不去偷盗；不显耀那些能诱发人贪欲的东西，使民的心性不被搅乱，其根本宗旨就是以"无为"的态度去处理世事。庄子也认为，取得君位的方式不应是争或盗，而应通过修行道德而来。"玄古之君天下，无为也，天德而已矣。"② 所谓天德，就是"万物作而弗始，生而弗有，为而弗恃，功成而弗居"③ 以及"物顺自然而无容私焉"④ 的境界。修行道德的结果，不

---

① 《庄子·徐无鬼》。

② 《庄子·天地》。

③ 《老子·二章》。

④ 《庄子·应帝王》。

仅可以完善自身，同时也可赢得四方之民的归服。可见，道家的自然主义
与西方自然主义把自私利己、自爱自保、趋乐避苦视为人的自然本性，进
而以道德为促进个人私利实现的观点可谓天壤之别，它综合着超利己主
义、超功利主义、超快乐主义和超物欲主义等多种因素，并不是一种诉诸
人的感性欲求、注重人的物质生活需要并以此来界定善与正当的自然主
义，而是一种对人的感性欲求持批判态度，认自私利己、巧取豪夺、贪得
无厌为不自然的自然主义。①

　　这种用无为达至无知无欲的观点，虽然带有某种违背历史发展规律的
嫌疑，但在当时浇薄乖戾、物欲横流的时代，不失为一种积极的探索和尝
试，试图从精神理想层面杜绝贪婪纷争的根源，寻求彻底解决问题的良方
妙药。如何在非道德的社会生活中遵循道德的要求，使自己成为一个有道
德的人，一直是道家所最为关心的伦理问题。道家总的思维趋向是：人不
能因为社会生活中存在非道德的现象，就不讲道德，也不能因为他人不讲
道德，自己也可以不讲道德。尽管道家也讲入世和应世，甚至主张和光同
尘，挫锐减纷，但道家入世和应世的目的并不是完全与世沉浮、随波逐
流，而是更好地保全自我和实现自我，主张处世讲究"外圆"的同时更
强调"内方"，其核心点是出世而不超尘，入世而不流俗，把保守自我的
道德独立性和纯粹性，过一种丰富的精神生活看得比什么都重要，从而为
整个社会的道德提升寻求一道可以依赖的屏障，为人间的道德培育铺垫一
块坚实的基地，为社会的清明昌盛和谐奠定更坚实的形上根基。

　　2. 辩证求治的民本伦理理路

　　道家伦理思想是中国伦理文化体系中最富于辩证思维的伦理思想类
型，辩证思维是老庄学派认识问题的出发点。善恶矛盾是人类道德生活领
域的特殊矛盾，美丑善恶相因而成，正如古希腊伦理学家德谟克利特所
说："善从哪里来，恶和避免恶的办法也从哪里来。"② 人们正是因为社会
生活中自私自利等恶习的存在，才有公正、诚实、团结合作的道德需求，
即老子所说的"大道废，有仁义；智慧出，有大伪；六亲不和，有孝慈；
国家昏乱，有忠臣"③。但真正的本然应是了无知觉，也就是"上德不德，

---

　　① 王泽应：《道家伦理精神实质》，《湖南社会科学》2001 年第 3 期，第 9—12 页。
　　② 周辅成：《西方伦理学名著选辑》（上卷），商务印书馆 1964 年版，第 79 页。
　　③ 《老子·十八章》。

是以有德；下德不失德，是以无德。上德无为而无以为；下德无为而有以为。上仁为之而无以为；上义为之而有以为。上礼为之而莫之应，则攘臂而扔之。故失道而后德，失德而后仁，失仁而后义，失义而后礼。夫礼者，忠信之薄，而乱之首。前识者，道之华，而愚之始。是以大丈夫处其厚，不居其薄；处其实，不居其华。故去彼取此"①。也就是说，具有上德的人不表现为外在形式的"德"，顺任自然而无心作为，所以实际上是有"德"，下德的人死守着形式上的"德"并有心做作，因此实际上是没有"德"。丧失了"道"而后才有"德"，丧失了"德"而后才有"仁"，丧失了"仁"而后才有"义"，丧失了"义"而后才有"礼"。"礼"成了祸乱的开端，象征着忠信的不足，大丈夫应舍弃薄华的"礼"，采取厚实的"道"和"德"，从而否定了儒家的仁义道德，要求统治者学习水的品德，因为水至柔却又无坚不摧，无为而又能无不为，善利万物又不争，统治者应该像水那样"居善地，心善渊，与善仁，言善信，正善治，事善能，动善时"②。利于民而不争，讲仁德，讲诚信，讲善政，使民有时，保持善的德行，真正成为百姓的榜样。庄子继承了老子的辩证思维，并将他对民的认识表述得更为直接。他说："贱而不可不任者，物也；卑而不可不因者，民也。"③ 恰当地因循自然、利民行事，不仅可以使自己的品行德性充盈，而且可使天下太平，人心素朴归一。王的地位尽管至高至贵，非万民所能比，但"贵以贱为本，高以下为基"④，在现实政治关系中，君居于雄、刚、强、先的地位，而民居于雌、柔、弱、后的方面，民是君的依托和基石，但这种关系不是一成不变的，因为天下之至柔，驰骋天下之至坚。君居于高贵地位，就要有自知之明，懂得柔弱胜刚强的道理，盲目自贵自高是取败之道。

万物之间既相互依存又互相转化，"曲则全，枉则直，洼则盈，敝则新，少则得，多则惑。是以圣人抱一为天下式。不自见，故明；不自是，故彰；不自伐，故有功；不自矜，故长。夫唯不争，故天下莫能与之争"⑤。也就是说，委曲反而能保全，弯曲反而能伸直，低洼反而能充盈，

① 《老子·三十八章》。
② 《老子·八章》。
③ 《庄子·在宥》。
④ 《老子·三十九章》。
⑤ 《老子·二十二章》。

破旧反而能生新，少取反而能多得，贪多反而会迷惑。"圣人"用"道"作为观察天下命运的工具，如果不自我显示，反而能显明；不自以为是，反而能显著；不自我夸耀，所以能有功劳；不自高自大，所以能长久。正因为不跟人争，所以天下没有谁能争得赢他。得民之道和得天下的关系恰如老子所说："江海之所以能为百谷王者，以其善下之，故能为百谷王。是以圣人欲上民，必以言下之；欲先民，必以身后之。是以圣人处上而民不重，处前而民不害。是以天下乐推而不厌。以其不争，故天下莫能与之争。"① 在老子看来，甘居下流，不与民争并不是坏事，而是得民之道，只有把民众的利益放在前头，民众才不会感到你的统治是一种压力，才会乐于接受你的统治。庄子发挥了这种思想，要求统治者不但要做到不争，还要做到无为、无私，顺其自然。他说："夫帝王之德，以天地为宗，以道德为主，以无为为常"，"帝王之德配天地。此乘天地，驰万物，而用人群之道也"②。所谓宗法天地，就是用天地自然之理来运行人间事务，在实践中就是无为而治。无为的基本方法在于用无用有的统一，什么时候用有，什么时候用无呢？老子十分强调天地自然都变化无常，从政必须根据不同情况采取不同对策。又说："其政闷闷，其民淳淳；其政察察，其民缺缺。""是以圣人方而不割，廉而不刿，直而不肆，光而不耀。"③ 大意是，政治宽厚清明，民风就会淳朴无邪；政治残酷黑暗，民风也会狡黠欺诈。所以，圣人治理国家，有规范而不过分强制，廉洁而不伤害民众，直率而不放肆，有光泽而不耀眼，圣人不妄为就不会失败，不想主宰万物就不会失去什么，一切顺其自然。但是，在复杂多变的社会之中，存在无序向有序发展的趋势，人们总是在各种矛盾和冲突中力图改造社会，然而又总是在筹划改造社会的宏才伟略之时容忍社会在保持现状的情况之下照常运行。"将欲歙之，必固张之；将欲弱之，必固强之；将欲废之，必固兴之；将欲取之，必固与之，是谓微明。柔弱胜刚强，鱼不可脱于渊，国之利器不可以示人"④，也就是说，要合拢，必须先张开；要消灭它，必须让它强大；要废除它，首先要使它兴盛；要从中获取，就首先资助它，这样才能获得长久的发展。君主明白了这个道理，就应该谦虚地对待下

---

① 《老子·六十六章》。

② 《庄子·天道》。

③ 《老子·五十八章》。

④ 《老子·三十六章》。

民，自称孤独无助和才德不好，争取民众的拥护和辅助。深知什么是强雄，却安于柔雌的地位，深知什么是荣耀，却安于卑辱的地位，永恒的"德"才得以充足，而回复到真朴的状态。有"道"的"圣人"沿用真朴，则成为万民的榜样，"是以圣人终不为大，故能成其大"①。庄子对之进行了承继，认为："贱而不可不任者，物也；卑而不可不因者，民也；……故圣人观于天而不助，成于德而不累，出于道而不谋。……恃于民而不轻，因于物而不去。"② 明确指出，民虽然地位卑微，但圣人不得不随顺他们，圣人应当依靠百姓而不轻视他们。正是由于万事万物之间存在这种依存转化的辩证关系，因此要求统治者要善于把握形势和事物发展的度，顺势而为，进退得当，近道达道，实行真正的无为而治，才能称得上真正符合尊道崇德，不仅能保证自己的幸福和安逸，而且能够为民众带来真正的利益，成为人们效法和模仿的对象，带来社会的昌明。

（二）义利俱轻无为而治的民本伦理取向

先秦儒、墨、道、法诸家都把自己的中心放在国家治理和人心安顿上，但主张的实施方式完全不同，儒、墨采取积极有为的方式，而老、庄主张用"无为"与"天放"的方式。道家崇尚自然，从天道自然的哲学观念出发必然推出人道无为的政治观念，何况，面对现实社会中统治者的贪得无厌、生杀予夺、肆意妄为，老子思考宇宙及生命的内在机理，希冀天下大治和人民安居乐业，另辟蹊径地提出和儒家完全不同的理论方略，其理论的核心就是通过与民休息的方法达到"无为而治"的目的。

1. 道家民本的伦理目标：遵从自然、无为而治

无为的精神实质是顺从自然，老子讲："天地不仁，以万物为刍狗；圣人不仁，以百姓为刍狗。"③ 天地无所私爱，任凭万物自然生灭；"圣人"无所偏爱，听任百姓自然天地之间。因为"我无为，而民自化，我好静，而民自正；我无事，而民自富；我无欲，而民自朴"④，对民众的态度就应当是"生而不有，为而不恃，长而不宰"⑤。"道"之所以受尊

---

① 《老子·六十三章》。
② 《庄子·在宥》。
③ 《老子·五章》。
④ 《老子·五十七章》。
⑤ 《老子·五十一章》。

崇，"德"之所以被重视，就在于它们对万物不加干涉，从来都让万物顺应自然。正因为如此，老子才对统治者的重赋厚敛进行了猛烈的抨击，斥责横征暴敛者如同大盗。提出"天之道，其犹张弓与？高者抑之，下者举之；有余者损之，不足者补之"①，现实社会却是财富急剧向权贵集中，两极分化日益严重，呈现损不足以补有余的情况，完全违背道的运行原理。人民陷于饥饿，是因为统治者吞吃的赋税太多，人民所以难于统治，是因为统治者强作妄为。谁能够把有余的拿来供给天下不足的？只有有"道"的人才能如此。有"道"的圣人有所作为而不自恃己能，有所成就而不居功自傲。庄子认定无为政治的基本原则就是治民如同牧马，牧马的关键是顺应马的天性，治民也要顺民之性而去其害民者。庄子也同样设计了自己的理想王国，认为"至德之世"里，人民"同与禽兽居，族与万物并，恶乎知君子小人哉！同乎无知，其德不离；同乎无欲，是谓素朴，素朴而民性得矣"②。后世的仁义礼智却践踏了人的本性，只有抛弃它们，人类的本性才能得到彻底的解放。圣人治国要去甚，去奢，去泰，绝圣弃智，绝巧弃利，绝学无忧，为慈、为俭、不敢为天下先，要求统治者薄税负、尚节俭、轻利、去智、重无为，达到保万民的目的。

　　无为而治的落脚点一方面在于为民众谋利维护民众的根本利益；另一方面在于也是为了更好地延续统治者的治理。老子说："圣人无常心，以百姓心为心。善者，吾善之；不善者，吾亦善之；德善。信者，吾信之；不信者，吾亦信之；德信。圣人在天下，歙歙焉。为天下浑其心，百姓皆注其耳目，圣人皆孩之。"③ 大意是说，有道的圣人没有自己固定的意志，以老百姓的意志作为自己的意志，善良的人，我就以善良对待他，不善良的人，我也以善良对待他，这样整个时代的品德就归于善良了。诚实的人，我以诚实对待他，不诚实的人，我也以诚实对待他，于是整个时代的品德就归于诚实了。有"道"的人在统治地位上，将收敛自己的意欲，使人心归于纯朴。虽然百姓都专注于自己的耳目欲望，但有"道"的人能使他们回复到婴孩般的真诚淳朴状态，如此达成世风清纯社会昌明的境界。对于完全违背自然本性的掠夺战争，老子持坚决反对的态度，他希冀

---

① 《老子·七十七章》。
② 《庄子·马蹄》。
③ 《老子·四十九章》。

贤能之士做用"道"去辅佐君主的人，告诫君主不要靠武力在天下逞强。在他眼中，武器是不祥之物，善于用兵打仗的人，只求达到救济危难的目的就够了，不能用兵力来逞强于天下。即使达到目的也不要自高自大，不能自我夸耀，不自以为是，更不要逞强，而要认为这是出于不得已，因为无论国家还是个人，凡是气势强盛之后就会趋于衰弱，因此逞强斗狠不合于"道"，不合于"道"必然很快就会死亡。正因为此，老子一再告诫统治者，"民不畏威，则大威至。无押其所居，无厌其所生。夫唯不厌，是以不厌。是以圣人自知不自见，自爱不自贵"①。人民不害怕统治者的威压，那么更大的祸乱就要发生了。统治者不要逼得人民不得安居，不要堵塞人民谋生的道路，只有不压迫人民，人民才不会厌恶统治者，严苛的刑罚只能养就视死不惧的民风。他一再告诫统治者，"民不畏死，奈何以死俱之？若使民常畏死，而为奇者，吾得执而杀之，孰敢？常有司杀者杀。夫代司杀者杀，是谓代大匠斲，夫代大匠斲者，希有不伤其手矣"②。也就是说，人民不害怕死，为什么用死刑来吓唬他们？如果使人民总是很害怕死，那么对于捣乱作恶的人，我们可以抓来杀掉，还有谁敢为非作歹？本来经常有司杀者（上天、自然）主宰杀的事情，那些硬要代替上天和自然去执行杀的任务的，就好像是代替木匠去砍木头一样。代替木匠砍木头，很少有不砍伤自己的手的。统治者如果"有为"、违道，其最终结局也必定是自食其果。社会治理的好坏可以划分为四个等级：最好的政治，人民根本意识不到统治者的存在；其次的政治，人民亲近君王、赞扬君王；再次一等的，人民害怕统治者；更次一等的，人民轻侮统治者。最好的统治者是悠闲自如的，从不轻易发号施令，他的统治应该做到这样："豫兮若冬涉川，犹兮若畏四邻，俨兮其若客，涣兮其若凌释，敦兮其若朴，旷兮其若谷，混兮其若浊，澹兮其若海。"③ 其大意就是：小心谨慎像冬天踏冰过河，警惕疑惧像提防着周围的攻击，庄重严肃像在作客，融和疏脱像冰柱消融，敦厚质朴像未经雕琢的素材，空豁旷达像深山幽谷，浑朴厚道像江河的浑浊，能保持这种"道"的本性，虽然不自求圆满，表面破败，也不会穷竭。有"道"的圣人想要统治人民，必须用言词对

---

① 《老子·七十二章》。

② 《老子·七十四章》。

③ 《老子·十五章》。

人民表示谦下；想要领导人民，必须把自己的利益放在人民的利益之后。圣人处于人民之上而人民不感到有负担，处于人民之前而人民不感到有灾害，民众乐于推戴他而不厌弃，正因为他不与人争，所以天下才没有人能够与他争。这些观点都深刻论证了统治者与人民的精神情感互馈互动的报施关系，从而也触及到了政治伦理乃至整个社会的核心问题，即人我己群关系的权利义务互动性和情感的双向对应性问题，在关注民情的基础上，为统治者的永祚万年谋划一个精微的蓝图。

　　道家在让统治者妥协退让时，对民众也提出了具体的要求，就是要民众回到"无知无欲"的婴孩时代。在老子看来，"民之难治，以其智多。故以智治国，国之贼；不以智治国，国之福"①。"是以圣人之治，虚其心，实其腹，弱其志，强其骨，常使民无知无欲。"② 不论从字面或其实际用心来看，这都是一种典型的愚民思想，在理论上为统治阶级的愚民政治提供了支持。庄子尽管也主张去智，但与老子有所不同，他抛弃了老子对统治者的偏袒，主张不论是民还是君都应该放弃仁义礼智。庄子清楚地看到，仁义礼智往往掌握在统治者手中，正是由于他们的这些文明智慧，导致了民的难治。然而，不管是老子的去智论，还是庄子的消灭仁义礼智论，对统治者而言都是不可能实践的幻想。现实生活中，智慧正在为统治者带来源源不断的财富和万人臣服的尊贵，谁会愿意舍去呢？况且，去智的权力就掌握在他们自己手中，谁会去主动舍智呢？阶级社会里，教育权利永远掌握在统治者手里，他们可以轻而易举地剥夺被统治者的受教育权利，使之更加愚昧落后。而广大的被统治者，因散居各处而软弱无力，再加上统治者的愚化策略，就可能一直处于臣服和顺从状态，但他们的潜在力量又一直威胁着现有的统治，因而统治者有意垄断教育，愚弄甚至麻痹民众的意志。由此可见，这种虚幻的无为策略又完全符合统治阶级的长远利益，从这里我们清楚地看到道家民本伦理的双重性，他们对世道浇薄、人类文明成果常常被用作扼杀人民生命工具的局势了如指掌，所以对所谓的仁义道德大加讨伐，其出发点在于察民情、顺民心，希望通过自然之道的恢复改变民众的痛苦现状，但最终没有找到切实有效的方法。道家的主张是一柄双刃剑，不论对统治者和被统治者都会有刺伤，但真正地落到实

---

① 《老子·六十五章》。

② 《老子·三章》。

处又会给双方带来长远的利益，这种看似乌托邦式的设计，却提供了一个彻底解决矛盾的另类视角。总体上看，老、庄无为而治的民本伦理建立在对现实礼乐文明批判之上，在其期望现实回归到自然状态的理想中，透露出对民的重视和关爱。他们呼吁统治者给民众以自由的生存权，不仅是出于对民众现实生活状况的考虑，也是出于维护现实政权的需要。这种民本呼声虽然不如孔、孟民本思想那样响亮，但它同样是汇成先秦时期民本思潮的重要支流。

2. 道家民本的实践真谛：鄙视权贵、义利俱轻

人类道德观念的发展，一方面需要对现实道德的合理性进行维继；另一方面需要一种对现实的道德持怀疑态度的批判主义精神。批判是一种以社会本身为对象的人类活动，尽管它本身产生于一定的社会结构中，但其目的不是帮助这个结构的要素更有效地运作。哲学、伦理学的一个重要功能和任务就是对现实所流行的东西进行批判，道家伦理主要是想冲破当时的社会秩序和道德秩序，重在培植人们的道德真诚以抵抗世俗的虚伪，重在追求心灵的解放和道德自由，教人从人际间的道德束缚中挣脱出来，过一种真正符合人的自然本性的自由自在的生活。对现实伦理道德的不满意即对儒家所推崇的伦理道德观念的猛烈抨击与批判，是道家伦理思想的一个突出特征。

老、庄为代表的道家，笑傲王侯，不为权贵羁绊，鄙视功名利禄，这就使他们有可能超越世俗的功利考虑，站到一个比较高的理性角度来审视社会现实和人生，更能清醒地意识到世俗道德的弊端。老子认为，天地万物就是按着自己的自然本性而生长演变，人的本性也应当顺道自然而行。人按着自然之道行为便是有德，反之，如果故意有为，到处宣扬礼义，就是失去上上之德。庄子也说，真正的道是无法取名相称的，真正的仁看起来就像不仁，真正的廉是不逊让的，真正的勇敢是对人不伤害的。道不是可用言语招来的，德也不是自称有德就可得到。道德本是自然和无心的表现，若是有心为善，就会脱离大道，造成道德的堕落。道家学说对儒、墨道德进行了猛烈的抨击，认为儒、墨所提倡和鼓吹的仁义道德皆属人为做作，这些世俗的仁义道德和礼乐伤性害生，桎梏人性，使人逐物不反。他们对儒、墨之徒号召以仁义救世的行为不以为然，认为他们徒托空言，都无实义，甚至会成为假借仁义之名逞一己之私欲之辈的工具。正是由于那些讲仁义说道德的所谓贤人的宣扬与提倡，使仁义道德成为人们竞相追逐

的目标，从而使人们为得一善名而卷入名利之争，造成"窃钩者诛，窃国者为诸侯，诸侯之门，而仁义存焉"① 等种种弊端。儒家对仁义的倡导，从效用上非但无益于人心的稳定与平静，相反会导致人与人之间的纷争与仇恨，不仅使人产生求名的欲望，而且使人产生诈伪，以仁义道德来保护自己的私欲、谴责别人过失的恶习，演出以道德整人、坑人、害人的恶剧，引起天下纷乱。只有钳儒、墨之口，绝仁弃义，才能使大盗不起。老、庄的论述确实具有反对道德形式主义的合理因素，从一个侧面揭露了仁义礼智的虚伪性，实际上提出了要警惕一些人对仁义礼智的歪曲利用，防止欺世盗名，以道德作钓饵去谋取功名利禄这样一个十分严肃、事关道德纯洁性的大问题，号召人们不仅应当反对行为功利主义，尤其应当注重反对道德功利主义。

因为仁义道德主要由权贵者垄断，道家对现实的仁义道德的批判，必然演化为对现实统治权贵的抨击。道家从物质到精神生活的各个层面都对统治阶级进行了深刻的揭露，首先斥责统治者横征暴敛如同大盗。老子说："大道甚夷，而人好径。朝甚除，田甚芜，仓甚虚；服文采，带利剑，厌饮食，财货有余；是谓盗夸。非道也哉！"② 意思就是，大道很平坦，但是统治者喜欢走小路。朝廷非常腐败，农田荒芜之极，仓库空虚到顶点，可他们穿着华丽的衣裳，佩带锋利的宝剑，吃足了精美的饮食，钱财剩余很多，这就叫做强盗头子，这是多么不合理呵！在这些言论中，老子尽管没有明确提出要薄赋敛，但他对统治者奢靡与厚敛的批判，却明确地显示了这方面的意义。庄子也警告那些富人，有余财并不是一件好事，相反它会带来乱、苦、疾、辱、忧、畏六种祸害，六害伏身，说不定哪一天就会性命不保。他指责魏武侯"独为万乘之主，以苦一国之民，以养耳目鼻口，夫神者不自许也"③。这样的批驳可谓一针见血，入木三分。其次尖锐批评了统治者的刑杀，"法令滋彰，盗贼多有"④，盗贼多是法令严苛造成的，这种观点的确悖于常理，但从无为角度讲，朝令夕改，严刑峻法，无疑会使民心乖张，铤而走险，所以坚决反对严刑峻法。再次，坚

---

① 《庄子·胠箧》。
② 《老子·五十三章》。
③ 《庄子·徐无鬼》。
④ 《老子·五十七章》。

决反对逞强争霸。老子说："师之所处，荆棘生焉。大军之后，必有凶年。"① 在破坏社会生产力和民众自然生活的诸多因素中，战争可称得上是头号凶手。庄周学派的反战爱民思想提得更为明确和彻底，人们习惯于颂扬治世，谴责乱世，而庄子对治乱一概否定，认为正是人们的求治思想带来了社会无休无止的战争和混乱。人性原如陶，自然安逸地存在着，但由于圣人的出现和他们乱人之性的种种行为，却使社会进入了万劫不复的混乱状态。在他眼里，万人称颂的尧舜文武尽是人类的罪人，正是他们的仁义礼智，使人类走进了现实的困境。老子曾说，天之道，损有余而补不足，人之道，则损不足以奉有余，从而说明现实的权贵富庶都是违背道的本性的，人民的困苦难治，完全是统治者造成的，人民的贫困和统治者的富庶这种不平等是完全违背自然规律的，是真正的圣人不屑为之的。老子和庄子都对统治者横征暴敛、巧取豪夺的丑恶行径以及醉生梦死、腐朽糜烂的生活方式进行了批判，谴责了他们践踏人命、残杀无辜的暴行，正是在批判中，道家建立了以自然主义为理论基础，以崇尚真诚淳朴、反对奸诈虚伪为中心的伦理价值学说，并大大发展了反对道德功利主义和道德实用主义的置重道德纯洁性的思想，筑起了抵御世俗功名利禄侵蚀的心理屏障，从而为独善其身、过一种与自然天性相吻合的生活铺平了道路。

老、庄以不能自已的情怀替天行道，向统治者提出了严厉的警告和尖锐的批评，在批判和揭露的基础上建立了自己别具一格的伦理思想理论，表达和反映了人民的愿望和心声，可以说，道家伦理思想具有比其他诸家伦理思想更多的人民性和人道性。尽管他们对人类社会所面临的种种问题的认识存在这样那样的缺陷，尽管他们对克服社会弊端、解脱人生桎梏所提出的特异理论不可避免地带有乌托邦的色彩，但他们关注宇宙、人生的大问题，触及了社会的物质文明进步与道德水平下降、个人利益追求与社会冲突加剧、善恶斗争的复杂莫辨等深层次和带有整体性的问题，并试图揭示伦理的实质和人生的真相，这无疑是难能可贵的。它一方面不为人们求取财货功利的物质欲望辩护，主张无知无欲和少私寡欲，另一方面也不为现实的功名利禄所左右，主张超越功名利禄、富贵荣华之外，既不被个人功利掣肘，也不为社会功利所动。虚无恬淡、清静无为的目的正是为了促成天下大治，造成人的身心和谐、内外平衡。"儒家重义轻利、贵义贱

---

① 《老子·三十章》。

利，从伦理价值学说上建立的是道义论伦理思想体系，因此可说它是反功利主义或非功利主义的。但是，如果从重义轻利的最终目的和效用上讲，其实儒家正是想借用这种反功利主义方式来达成维护君父秩序和宗法人伦关系的功利目的。而道家却包容和内涵着强烈的非世俗道义因素，认为仁义是社会道德堕落的表现和确证，又加速着社会道德的堕落，因此靠弘扬仁义道德根本无助于淳化风俗和净化人心，只能不执着于是非善恶的争论，怀抱宇宙，与万物合为一体，把世俗的尊贵卑贱等量齐观，保全本性、持守天真，才能保有纯正之德。所以道家认定和追求的道德则是一种看似不道德而实则真道德的道德，是一种重质轻文、重内容轻形式因而流弊少的道德。从这一意义上讲，道家从超道德主义出发走向的恰恰是心目中理想的真正道德，是一种通过摆脱形式而朝向实质的道德，从超道义论的价值基点迈步趋向的正是一种高远恢宏的道义论。"①

（三）众皆平等的民本伦理追求

儒、法两家都主张实施等级制度，墨家虽提倡人人平等，但并不反对等级制度，只有道家才在尊道贵德的基础上阐发了人的自由平等的根基问题。道家从道本身的公平无私出发，提出人人平等的价值主张，要求善待每一个人。天地万物都是由道创造的，均是道的表现物，本质上都具有道的性能，因而人与人之间、人与物之间、物与物之间并没有什么本质的差别，其差异是表面上的，是人的思维所附加的。人是自然界的一部分，在本质上应该和天是和谐统一的，自然并没有使一部分人高贵而让另一部分人卑贱，现实的尊卑贵贱显然违反自然本性。人应当坚守天人合一的信念并以此为出发点来看待人与人之间的关系，与天为徒。庄子还根据天道无亲的原则，进一步提出在自然面前人人平等的激进思想，"与天为徒者，知天子之与己皆天之所子"②。天子与我本质上都是天的儿子，"势为天子，未必贵也；穷为匹夫，未必贱也"③。人与人之间应当互相尊重、平等相待，这就从根本上否定了君主有超越他人之特权。君主应具有势而不

---

① 王泽应：《自然与道德——道家伦理道德精粹》，湖南大学出版社 1999 年版，第 88—89 页。

② 《庄子·人间世》。

③ 《庄子·盗跖》。

骄的品质，"势为天子而不以贵骄人，富有天下而不以财戏人"①。"其于
人也，忠信尽治而无求焉。乐与政为政，乐与治为治。不以人之坏自成
也，不以人之卑自高也，不以遭时自利也。"② 抛弃天下为私有的念头，
抑己从众，抱一种广阔的胸怀，忍天下之大辱，自居下流，勇当愚人，为
天下人做好事，在道的根基上为统治者设立一个极高的道德门槛，也设定
了道家伦理道德的最高根源。

　　老子认为："知者不言，言者不知。塞其兑，闭其门；挫其锐，解其
纷，和其光，同其尘，是谓玄同。故不可得而亲，不可得而疏；不可得而
利，不可得而害；不可得而贵，不可得而贱。故为天下贵。"③ 其意是说，
智者是不随便向人民施加政令的，施加政令的人就不是智者。塞住他们知
欲的孔窍，关闭他们知欲的门户，磨去锋芒，化解纠纷，含蓄光耀，混同
尘垢，这就叫做玄同的境界。如此就不分亲近，不分疏远，不分利益，不
分祸害，不分高贵，不分低贱，这样的人才能做天下的君王。"实质上表
达了'在自然之道面前人人平等'和'人人平等是自然之道的内在要求'
的思想，在中国伦理思想史上第一次提出并论证了'人天生平等'的理
论并以此作为反抗专制统治、抨击和抵制社会不平等现象的理论武器。"④
从人人平等的原则出发，道家把斗争矛头指向君主制，对之表示轻蔑和否
定。认为君主制和等级制是违背自然的，无君无臣、无上无下的生活才是
最快乐的和合乎自然的。老子提出了"小国寡民"的理想，在那样的国
度里，没有人际纠葛，没有礼仪束缚，没有战争，所有的人都是平等的。
人们甘其食、美其服、安其居、乐其俗，无忧无虑，其乐融融。庄子则干
脆将理想社会退回"无何有之乡"，让人类完全回到自然状态，人与"万
物群生，连属其乡"⑤。在道家理想的人类生活中，主张打破人生以来的
陈规陋习，蜕去人间的礼仪枷锁，使人们复归于自然状态。在他们的理想
国里，不存在剥削制度，人民过着自足自适的生活，春耕秋收，日出而
作，日落而息，逍遥于天地之间，人人吃饱穿暖，风俗淳朴，平安无事，
没有多少交往，也没有战争，这幅恬静的生活画面呈现出浓厚的原始民主

---

① 《庄子·盗跖》。
② 《庄子·让王》。
③ 《老子·五十六章》。
④ 王泽应：《自然与道德——道家伦理道德精粹》，湖南大学出版社 1999 年版，第 154 页。
⑤ 《庄子·马蹄》。

色彩。尽管老、庄抱着善良的愿望所开的救世药方解决不了现实生活问题，仅仅停留于幻想的层面，但他们对民主生活的向往和描绘，仍然显现出智慧的火花，在认识论上更具有重要意义，因为它消灭了森严的等级差别，否定了君主的至上权威，从而使民众在理论上拥有了和君主一样的权利。说到底，就是要王者去私助人，甘居下流。从这种认识出发，道家主张把人我联系起来作一体化思考，正确并善于处理人我己群之间的关系，求得人际关系的和谐与完善。

面对社会问题，历史上的政治家和思想家们大多从正面入手提出自己的解决方案，但德治仁政的理想仍遥遥无期。对战争的厌恶和恐惧，对现实的无奈和对未来的失望必然使部分思想家对正面手段产生怀疑，老、庄显然是这部分人的代表。他们探寻现实混乱的渊源时，发现了仁义礼智与现实混乱的某种联系，主张彻底废除人类以来的文明成果，将社会打回原形，并让它以原形的模式运作，认为这才是解决问题最彻底的方式。要采取这种手段治理社会，就必须考虑是否保留现实政府，老、庄的回答是肯定的，但他们同时又认为，现实政府必须改变有为的态度，无为而治，因为道家肯定人在天地间的崇高地位和人的价值，并认定人能自觉地效法自然规律。总之，道家用对现实人生的超越精神来提升自己，将自我融入永恒不息的道德活动中，提升生命的质量和价值。他们以"贵以贱为本，高以下为基"的辩证思维为武器，以关心民瘼为动机，以洞悉现实苦难为材料，依据"天地与我并生，万物与我为一"的基本精神，建立起幽玄莫测的民本伦理体系。其民本伦理有着两面性，一方面带有极大的虚妄性，不仅要求统治者本身去欲忘智、顺遂自然的策略难以变为现实，相反却让统治者从去智论中学得更为狡诈和聪慧，也使他们对民众的统治更得心应手。也就是说，老子和庄子为统治者又提供了一套为政的方法，这套方法与传统的正面处理问题的方法相比，更具有隐蔽性和欺骗性，深藏不露，暗伏杀机，常于不经意中慑服臣民。另一方面，道家对现实的物质和精神批判又相当深刻，给当时统治者以当头棒喝，使他们不得不心有余悸，俯身向下关注民生疾苦，关心民众的切身利益。

总之，通过对儒、墨、道三家民本主张的分析，我们可以发现儒家文化绵延不绝并占据主流地位的根源所在。道家拒斥仁义礼智，主张绝圣弃智，否定一切精神控制，张扬古朴淳厚的原始生活方式更直接地是对现实政治的蔑视。墨家的兼爱非攻、节用非乐也是对统治者政治、文化生活的批判。二者在消解了现实政治与价值系统合理性的同时也消解了自身存在的合理性，丧失了发展壮大的条件。而儒家学说一开始就试图充当整个社会各个阶级共同的教育者和导师，在统治与被统治阶层之间寻求一种妥协或通融，一面劝说人民接受统治者的统治、承认既定的社会等级、稳定现有的生活秩序，一面又认为教育君主似乎是更重要、更迫切的任务，因为他们认为社会动荡理想失落的根本原因恰恰是统治者的贪婪暴虐造成的。自己当然要与统治者结盟才能在政治上发挥作用，但又必须保持人格特别是价值观上的独立性，完成自己的社会责任感和使命感。从纯粹政治的角度看，他们臣服于统治者，是统治者对他们的控制和利用；但从意识形态的角度看，他们引领统治者建构新型的社会价值秩序，是他们控制和利用了统治者。因而这一学派既能得到整个知识阶层的赞赏，又能使统治者认可和接受。随着经济发展方式转变和思想界的争鸣碰撞，原有的社会结构和利益集团开始松动和重组，专制制度的弊端暴露得越来越充分，人类的思想意识也越来越丰富，思想家们依据现实的条件和理想的追求，必然向传统弊端发出挑战和攻击，不仅要在实践领域争取自身的权利与发展，而且在思想领域试图挣脱政治的束缚获得意识的独立，对传统民本理论的缺陷进行修缮和纠偏，必然引发民本伦理发生更大的裂变。

第三章　民本伦理的蝶变与解构

随着社会的逐渐发展，农业经济分化，资本主义萌芽，封建结构出现解体，士大夫群体意识逐步觉醒，批判意识进一步增强，社会转型悄然来临。伴随着社会结构的变化，传统民本伦理的积极价值和局限性越来越引起知识阶层的重视，他们纷纷著书立说，吸取传统民本思想的同时又对其展开猛烈批判，再加上社会环境的变迁，传统民本思想面临内外双重挑战。但明末清初的民族危机基本还限于华夏范围，受外来文化的影响有限，因而民本思想的外部危机表现得并不明显，但内部危机暴露得越来越真切，思想家们不断对其进行补充和修正，修补的结果却使之面临被解构的危险，其主要变化表现为新型本末观念的确立、义利观念的变更和对专制君权的质疑批判三个方面，下面将分别予以论述。

一　本末观念的变更及民本伦理价值导向的转移

明朝之前，大多数统治者和思想家在经济领域里都坚持以农为本、以商为末的观念，虽然他们也认识到商业即末业在经济发展过程中有不可或缺的作用，但又认为"末业"具有不利于"本业"的巩固、滋生奢侈浪费之风、使民风由淳朴趋于奸伪的负面效用。鉴于此，他们在为商业进行伦理合法性辩护的同时，又对于发展商业的态度始终留有余地，如司马迁就提出了"本富为上，末富次之，奸富为下"①的区分，传统民本伦理的经济意识也正是建立在这样的基础上。宋代以降，功利主义思想家在"本末之辨"问题上的态度开始转变，主要趋向于农商并重，但只有到黄宗羲那里才正式提出了具有近代意义的"工商皆本"的主张。他把是否

---

① 司马迁：《史记·货殖列传》，中华书局 1959 年版。

有利于"民用"作为判断"本末"的标准，这样，传统"末业"的伦理正当性始得证立。随着与资本主义接触的增多，先进的中国人士强烈地呼吁富民利民必须重商，甚至出现"工商富国"的呼声，使民本伦理的经济观念发生了根本性的变更。商品经济的发展需要政治的民主、平等和自由来保证，必然对传统民本伦理所维护的等级秩序发出挑战，撼动民本伦理产生和赖以存在的根基。伴随工商皆本观念的确立，政治民主的呼声越来越高，君权衰落民权兴起成为势不可挡的发展趋势，传统民本伦理开始了向近代的某种转化，使古代民本伦理面临被解构的危险。

（一）"重农抑商"到"商为国本"的民本伦理基础变更

虽然重农抑商是中国社会传统思想的主流，轻商却非社会共识。王符就曾反对把工商业一律斥为末业，认为农工商之中都有本、末之分，"夫富民者，以农桑为本，以游业为末；百工者，以致用为本，以巧饰为末；商贾者，以通货为本，以鬻奇为末。三者守本离末则民富，离本守末则民贫"①。虽没有正面对传统观念进行批判，只是明确宣称能使民致富的都是本，反之则为末，却赋予商业以完全不同的意义。叶适则以公开的方式对崇本抑末进行了反击，他说："夫四民交致其用而治化兴，抑末厚本，非正论也。"② 否定传统之论的正当性后，主张通过提高"末"的伦理地位和社会地位来促进工商业的发展，承前启后，主张农商并重。受学于叶适的陈耆论述道："古有四民，曰士、曰农、曰工、曰商。士勤于学业，则可以取爵禄；农勤于田亩，则可以聚稼穑；工勤于技巧，则可易衣食；商勤于贸易，则可以积货财。此四者皆百姓之本业。自生民以来，未有能易之者也。"③ 四者皆本业的思想可以视为工商皆本论的先声。

1. 工商皆本的提出及其影响

经济运行反映一系列行为主体间的经济利益关系，这种关系在很大程度上依赖伦理道德的力量予以维系。伦理道德对经济主体行为的影响是通过影响经济主体的价值观念进而影响其行为取向与方式，从而发挥其对经济主体行为的导向功能与约束功能。封建社会中后期，"重农抑末"思想

---

① （汉）王符：《潜夫论·务本》，中华书局 1979 年版。
② 唐凯麟、陈科华：《中国古代经济伦理思想史》，人民出版社 2004 年版，第 356 页。
③ 同上书，第 357—358 页。

越来越招致功利主义思想家的反对，"农商并重"思想开始成为经济伦理思想的主潮。特别是明中叶以后，随着商品经济发展和资本主义萌芽的兴起，产生了以工商业为主的新型城市，使整个社会的商人和资本者的数量有了明显的增加，市民势力明显增强。嘉靖末年出现了天下首富17家，商人占4/10的局面，明中后期士大夫兼营商业在江南地区已成不可逆转的风气。商人集团的财大气粗和士大夫的投身商业，使以往社会地位低下的市民阶层到明中叶开始扬眉吐气。尽管他们还未能成为一支独立的政治力量，却开始动摇传统的"士农工商"的社会分层结构，"商贾居首"在某些地区已成为社会风气。市民阶层的兴起，必然要求统治者给他们以应有的社会地位。明末，"惠商"、"通商"、"体恤商行"呼声不绝于耳，充分反映了这一阶层要求改变抑商政策、积极发展工商业的愿望和要求。

黄宗羲审时度势，一反农业为本工商为末的传统观念，强调工商皆本。他说："世儒不察，以工商为末，妄议拟之。夫工固圣王之所欲来，商又使其愿出于途者，盖皆本也。"[1] 他认为，尽管重农抑商是封建统治者为维护自然经济而制定的基本国策，但是禁止生产和销售奢侈品、迷信品的工商是符合"古圣王崇本抑末之道"的，生产和销售必需品的工商则不是抑制的对象，所以要切实发展用于民用、使民富庶的普通消费性质的工商业。他言道："今夫通都之市肆，十室而九，有为佛而货者，有为巫而货者，有为优倡而货者，有为奇技淫巧而货者，皆不切民用，一概痛绝之。"[2] 黄宗羲认为以上所说的属于奢侈性的消费型工商业，和普通民众的关系并不密切，应加以批判、禁止；而真正"兴民利、厚财源"的新型工商业，由于其促进了流通，使社会财富的价值在流通中得以实现，这类工商业就值得提倡。黄宗羲是"中国古代经济伦理思想史上第一个明确否定传统的'重本抑末'论的思想家，他所提出的'工商皆本'论，充分反映了明清之际资本主义萌芽兴起的发展要求"[3]。对于有着近两千年"重农抑商"传统的中国封建社会而言，黄宗羲"工商皆本"思想的出现，无疑是对传统的反叛和挑战，对于打破人们的思想桎梏，促进资本主义工商业在封建社会的萌芽，有着重大的推动作用。这种农商并重、把

---

[1]　黄宗羲：《明夷待访录·财计三》，中华书局1981年版（以下《明夷待访录》均引自该版本）。

[2]　《明夷待访录·财计三》。

[3]　唐凯麟、陈科华：《中国古代经济伦理思想史》，人民出版社2004年版，第394页。

工商业和农业都看成是富民的主要手段的想法，解构了传统农业社会"重农抑商"的价值观念，从而在文化意识形态方面为工商业者发展自己的事业提供了新的哲学论证和伦理合理性说明，标志着中国经济发展思路的转变，这一转型使中国的商业精神得到张扬。

王夫之也认为"商贾货贩之不可缺也，民非是无以通有无而赡生理"[①]，认识到商人是人民不可或缺的组成部分，从事工商业的不再是以往的市肆之人，而是堂堂的富民，"大贾富民者，国之司命也"[②]，商人具有主宰国家经济命脉的能力，因而他要求国家重视商业的作用，主张贸易自由。但王夫之的重商论呈现两重性特点，因为他一方面认识到工商业在社会发展中的作用，另一方面在道德上又鄙视人民群众的经济活动。唐甄的重商思想也非常鲜明，他认为立国之道在于富民，但富民的途径多种多样，他尤其重视传统的所谓末业，赞扬"陇右牧羊，河北育豕，淮南司鹜，湖滨缲丝，吴乡之民编蒉织度"[③] 的景象，把农商并举，同样是对传统思想的一种否定。总之，晚明以降，中国知识阶层的一些大儒开始从正面肯定工商业的道德价值，为工商业发展提供伦理上的合理性论证。"工商皆本"与反对专制的政治思想相表里，成为转变甚至解构超越传统民本思想的重要表征。虽然从总体上说，明清之际学者们的思想，并未突破传统伦理观念的范畴，但毕竟尖锐地暴露了传统伦理发展的内在矛盾与危机，反映出传统道德自我批判、自我超越和自我更新的思想倾向。明清之际的批判总结思潮之所以未能产生一个新的道德体系，从根本上说是因为社会上还没有出现与封建社会制度根本冲突的利益集团。自明代中叶渐次发达的市民阶层，虽然与农耕经济有着不同的利益和需要，但是其生产方式的手工劳作性质，决定了他们的经济活动仍然属于封建自然经济范畴。因而，他们一方面与传统的纲常名教有冲突，另一方面又能够与之在一定范围内共存，这就决定了明清之际的学者最多只能从事对传统伦理道德的自我批判，而不可能进行道德形态的转换。

2. 商为国本观念的确立

鉴于明末清初社会经济的迅速发展，工商皆本思想几成这一时期经世

---

① 朱林等：《中国传统经济伦理思想》，江西人民出版社 2002 年版，第 170 页。
② 王夫之：《黄书·大正》，《船山全书》第 12 册，岳麓书社 1988 年版，第 529 页。
③ 唐甄：《潜书·富民》，四川人民出版社 1984 年版，第 310 页。

派的共识。对商业的重视显示出功利的倾向，功利主义价值观念出现取代德性主义思想的苗头，这是与传统伦理道德有着本质不同的思想体系，后来因为以满族为代表的封建专制得以强化，这股思潮被遏制在萌芽之中。鸦片战争的爆发打破了中国社会的宁静，随着社会危机的逐渐加重，一批知识分子的自我意识开始觉醒，一方面，出于对比侵略者的坚船利炮和自己的落后无奈，产生了向西方学习的强烈愿望，另一方面，承继经世致用的思想，批判现实，要求御侮图强。到洋务运动时期，言利者越来越多，开辟利源更成为洋务派关注的热点。洋务派官员在求富逐利思想的驱使下，涉足商业经济活动，并肯定民间争利求利倾向的正当性。李鸿章说："国家必先富而后能强，尤必富在民生，而国本乃可益固"①，左宗棠也认为民间求利获利是合情合理的事情，建议朝廷"与民争利，不若教民兴利之为得也"②，肯定逐利的正当性与合理性，较明显地表露出功利主义的色彩。最后，重农抑商政策终于变为以工商立国和振兴工商的政策，李鸿章就明确指出："盖国用出于税，税出于商，必应尽力维持，以为立国之本。""欲自强先须裕饷，欲浚饷源，莫如振兴商务。"③ 张之洞也说："商务实富之基，泰西以商立国"，"窃惟富国之道不外农工商三事"④。洋务派适应近代社会的变化，批评"贵义贱利"、"重农抑商"和"黜奢崇俭"的传统道德观念，宣扬西方重商主义和功利主义的伦理学说，还把求富逐利的经济伦理观念逐渐地从一种意识观念发展到制度层面，使古代经济伦理原则发生了进一步的改变。

与此同时，近代思想家们也本着关怀民生、经世务实的精神，既不回避民生凋敝的严峻社会现实，又勇于借鉴新思想新制度，形成了以兴利除弊、谋求民富国强为主题的民生改良思想。旅欧之后的王韬彻底被西方工商文明所造就的民富国强所折服，提出"恃商为国本"、"商富即国富"⑤，建议政府重视工商业，将主要以农为本的"足民"发展为农商皆本的"富民"。为达到真正的"富民"，王韬提出了许多具体的"为生民辟财源"的办法，其民本思想中渗透着国富民强的向往和爱国主义的因

---

① 朱林等：《中国传统经济伦理思想》，江西人民出版社 2002 年版，第 218 页。
② 同上书，第 218 页。
③ 同上书，第 219 页。
④ 同上。
⑤ 张岂之、陈国庆：《近代伦理思想的变迁》，中华书局 2000 年版，第 62 页。

子。郑观应的重商思想在近代中国经济思想史上也起着振聋发聩的作用，他清晰论证了振兴商务与中国自强的关系，指出当今之世发展工商业的迫切性。他说："天下何由而治？盖富强即治之本也。……故舍富强而言治民，是不知为政者也。"① 国家的富与强是互相维系的关系，非富不能图强，非强不能保富，"欲制西人以自强，莫如振兴商务"② 的说法，鲜明地揭示了早期维新派以求富为主旨的民生改良思想的主旨，使自先秦时期就已发育成熟的民本理论终于走出了日渐僵化封闭的理论框架，获得了新的生机。他还说："商务者，国家之元气也；通商者，疏畅其血脉也。""商以贸迁有无，平物价，济急需，有益于民，有益于国，与士、农、工互相表里。士无商则格致之学不宏，农无商则种植之类不广，工无商则制造之物不能销。是商贾具生财之大道，而握四民之纲领也。"③ 确定了商人在国家政治和社会经济中的突出地位，使传统民本论在民的内涵和养民富民的方法上都有了重要突破。后期的孙中山直接提出实业救国的主张，彻底扭转了传统的本末观念。工商业的发展在经济上不仅迫切要求扩大国内市场，削减封建体制对商品流通的束缚，而且积极要求进行对外贸易；在经济伦理上则不仅要求为工商业的发展提供行业社会价值的合理性，而且要为商贾的"经济人"人格谋求道义的说明和支持，这是本末观演变的一般机制、趋势和最终根源。

（二）民本伦理向功利化过渡的趋势

经济伦理的本末观就是关于农业、工商业的社会作用和地位以及两者关系所形成的道德价值判断和价值取舍的思想观念。近代之前，重本抑末的经济伦理观在意识形态领域几乎未松弛过，因为社会等级秩序的稳定和维护需要重本抑末。但随着商品经济的出现与发展，探讨富国强民的途径，为在自然经济中一直处于附庸地位的商品经济摆脱从属地位寻求合规律性之外的合目的性，为提高商品经济的主要行业（"商"）及其主体（商贾）的社会地位、为发挥其更大的社会经济功能树立价值合理性，诸种努力使民本伦理的价值理路与利民的方法和手段不得不发生更改。黄宗

---

① 谢俊美：《醒狮丛书·盛世危言》，中州古籍出版社 1998 年版，第 96 页。
② 同上书，第 309 页。
③ 同上书，第 299、303 页。

羲的"工商皆本"命题不仅对传统四民的"价值序列"进行了解构与重建，而且从功利的角度对工商业者在社会经济发展中的整体性意义进行了剖析，赋予"商"或"末"以价值合理性。此后，践行民本就必须允许和鼓励民众经商求工商之利并为此提供各种条件，如此，思想家们就不得不对其合理性进行分析论证，探求其深层的理论根源。

　　龚自珍认为，私既是自然规律也是人的本性，本身无所谓善恶，"三代以上，大臣百有司无求富之事，无耻言富之事"①，试图为求富找寻神圣的历史根据。正是因为上古不讳私，所以求富即为正当，"保庶莫如富"，提倡以富裕来保证人的繁盛，坚决批判讳言财利的传统思想，指出"未富而讳言利是谓迂图……未富而耻言财允为过计"②。林则徐也清醒地认识到民众对商业的艳羡以及闭关带来的缺憾，坚决要求政府实施对外贸易的主张，鼓励民众追逐正当的利欲，赢利和求利的价值合理性得以确立。魏源虽然始终把农业称为本业，却认为"自古有不王道之富强，无不富强之王道"③，"使人无暇顾廉耻，则国必衰；使人不敢顾家业，则国必亡"④，认识到国家的兴旺根本在于富民。他还说："语金生粟死之训，重本抑末之谊，则食先于货；语今日缓本急标之法，则货先于食。"⑤ 这是一种反传统的观点，正确辨明了时势，认识到在当时形势下，"标"或"末"却比"本"更急迫，"货"的问题应放在更优先的地位来考虑。更在本富和末富的价值取向上，提升了"末富"，把"本富为上，末富次之"的顺序倒了过来，认为后者优于前者，"天下有本富，有末富，其别在有田无田。……是以有田之富民可悯更甚于无田"⑥。不仅为新兴富裕者呼吁，更重要的是让传统民本论中的重农轻商价值取向得以根本性扭转，这种本末颠倒的价值观冲击了传统民本伦理的义利关系。但这一时期的民本伦理呈现出二重性的特色，重义不轻利，尚本不抑商，既重视德性也不忽视功利，充分表现出过渡性的特征。特别是魏源的"利商"、"用商"思想成为其中新的亮点，他把发展商业资本的思想贯彻到所分析的

---

　　① 侯外庐：《中国思想通史》第 5 卷，人民出版社 1956 年版，第 672 页。

　　② 朱林等：《中国传统经济伦理思想》，江西人民出版社 2002 年版，第 191 页。

　　③ 魏源：《默觚下·治篇一》，《魏源集》（上），中华书局 1976 年版，第 36 页。

　　④ 朱林等：《中国传统经济伦理思想》，江西人民出版社 2002 年版，第 193 页。

　　⑤ 魏源：《圣武记·军储篇一》，《魏源集》（下），中华书局 1976 年版，第 471 页。

　　⑥ 魏源：《默觚下·治篇十四》，《魏源集》（上），中华书局 1976 年版，第 72—73 页。

各种经济问题上，形成中国出现资本主义萌芽以来最全面的重商经济伦理思想。尤其是"师夷长技以制夷"的观点提出，表明那个沉浸在天朝上国梦呓中封闭没落的近代社会从内部萌蘖了新的东西，代表着整个近代社会的社会价值导向的转变，再想提倡民本伦理，就必须引导民众学商、经商关注利欲，才能和自己的敌人抗衡，维持统治秩序，促进中国发展。

资产阶级思想家从发展近代新式工商业的社会要求出发，试图以西方的经济伦理观改良中国传统经济伦理观，主张建立自由主义的经济秩序和合理利己主义与功利主义的伦理秩序，并对经济自由、义和利的统一、富与德的协调、竞争规则、分配消费伦理等做了探讨。中国必须富强，但要求强必先求富，求富兴利只能靠兴办新式资本主义工商业。随着振兴工商活动的展开和工商立国政策的确立，政府和民间的经济伦理意识也随之改变，普遍的重末轻本，对以工商立国有了广泛的思想认同和一致的行为趋向，使经济伦理在经济政策层面和意识及行为层面更趋向近代化，民本伦理的功利化倾向也更加明显。另外，以工商家之经济实力和组织，必然要求广泛参与政治，使商家之社会政治地位提高，于是民主政治就有了相当的经济和思想基础，催生近代的民主政治意识，传统民本伦理剥夺民众政治权利的不合理性进一步暴露。但优质的工商业文化不是简单地重视工商业，它至少应包括积极的商业意识，务实、互利的商业理念，完整的商业规则，恪守商业道德、诚实守信的商业环境，宽松的商业氛围等，这种文化是推动经济进一步发展的强劲动力，近代中国的社会氛围显然缺乏这样的条件，实现民本伦理的近代转型还需要多种因素的继续配合。然而，思想家们对民本伦理所维护的君主专制的揭露和批判，对西方议院制度和民权、立宪的肯定和宣传，以及对发展工商业以裕民生的提倡，明显地表明了传统民本伦理的诸多理念在人们心目中的地位已开始动摇。无论是理论上还是实践上，民本伦理都必须在参用"西法"的基础上作进一步的自我调整，以适应时代政治和社会发展的需要。

二　义利观念的变更及其影响

新的利益结构的形成需要新的社会秩序的维持，任何社会秩序必须在价值观和伦理规范的调节和支持下才具有价值合理性。"商"的价值地位的重估和确立，必然会影响和促进其他经济伦理观念的相应改变。商贾求利，冲击了"闭言利之门"的戒条，经济本末观的转变，产生出对立于身份等级制的权利意识和反禁欲主义的求利倾向，义理和利欲的关系重新成为思想家思考的重点，迫使他们重新审查传统民本伦理的价值观念，进一步探讨逐利的合理性与合法性。支持经商并确立商业在民本伦理中的应有地位，就必须明确利的社会价值和逐利的正当性，批判违背人性阻碍社会发展的理学，因为宋明以来盛行的"存天理，灭人欲"观念，一直禁锢着人们的思维，因而思想的解放也必然从人欲的释放开始。关注人性私欲，就必然关注民众的身心需求，对身心的关注必然导致对百姓日用之学的关心，为民本伦理的践行和转换进一步创造条件。李贽、顾炎武、王夫之、戴震等都是其中的杰出代表。

（一）义利关系变更的人性论基础

中国的人性论思想尽管源远流长，百家殊异，但概要而言，无外乎自然主义人性论和德性主义人性论两种基本主张。前者以人的自然本能来规定人性，肯定人的自然欲望，以此为道德的合理性依据，自然会承认个体的合理利益；后者赋予人性以道德内涵，认为道德理性是人区别于禽兽的根本标志，以此作为道德的合理性依据，便要求个体克服自身欲望需求而服从道德规范的要求。明清之际出现了三种人性论观念，即：李贽、顾炎武为代表的基于自然人性论基础的人必有私论；以王夫之为代表的继善成性、习与性成与性日生日成的辩证发展人性论；以颜元、戴震等为代表的气质之性一元论，但三者有如下的共同点：

1. 肯定人性本私

中国早期的启蒙思潮是以质疑理学的德性主义人性论这种特有的方式展现出来的，在某种程度上说，以上三种观点都对当时中国思想界起到了一定的启蒙作用。尽管学界通常把黄宗羲、顾炎武和王夫之作为启蒙思潮的代表，但笔者认为，李贽的贡献也是不可忽视的。李贽认为，人性是真实的现实之心，而不是先验的、抽象的义理之心，其本性是自私的，"夫私者，人之心也。人必有私，而后其心乃见；若无私，则无心矣"[①]。因此，道德规范不在于压抑与禁止人们天赋的私心，而是应当顺应人的自然本性，使人的私心利益得到合理的满足。黄宗羲说得更明白，《原君》开

---

① 李贽：《德业儒臣论·藏书》卷24，中华书局1959年版。

宗明义就指出："有生之初，人各自私也，人各自利也"，明确肯定了人的私欲和利益的先天性及合理性，为满足普通民众正常的生理和生活需求奠定了理论基础，接近了西方的天赋人权观念。顾炎武认为古今人性并无不同，"人之有私，固情所不能免"，"圣人者因而用之，用天下之私，以成一人之公而天下治"，"合天下之私，以成天下之公，此所以为王政也"①。也就是说，不论凡圣都是怀有私心的，天子只要善于运用人固有的私心，就可以造就太平盛世，表面看来是为百姓着想，其真实目的依然是自为，是为了自己江山的长治久安，因此"世之君子，必曰有公而无私，此后代之美言，非先王之至训也"②。这种合私成公的可贵之处，揭露了以公灭私的封建道德的虚伪性。他们还通过对社会经济的考察，清醒地意识到，正是每一个人追求其合理的私人利益的欲望，才是社会经济发展的最直接动力。所谓有道之世，必须厚生为本，社会生活中最重要的道德就是做到富民利民，反映了当时市民阶层的愿望和利益。

2. 统一天理人欲

尽管李贽和顾炎武在不同程度上承接与发挥了自然主义人性论，肯定了人的自然情欲和个体利益的合理性，但论述最深刻者莫过于王夫之。因为从汉以来，在董仲舒和朱熹的哲学逻辑结构中，其最高范畴就是"天"、"天命"、"天理"或"理"。"天"、"天理"不仅具有至上性，而且能主宰、支配自然、社会、人事。个人在这里完全是被动的、消极的，人被取消了独立存在的价值，只是当时封建伦理纲常的附庸。王阳明的"心学"把"吾心良知"作为哲学逻辑结构的最高范畴，取"天"、"天理"而代之，指出"心即理"、"心外无理"，把"天意""天理"拉下主宰者的宝座，而降到了"吾心良知"之中，从而成为"心之条理"，"吾心良知"便上升为"天理"，起着主宰万物、生育万物的作用，这无疑突破了"天理"的一统局面，而使"吾心良知"确立了最高本位的地位，也是对人的主观能动作用的肯定。"从内在结构上说，对心的肯定，归根到底会导致对作为人心的重要内容之一的'欲'的肯定"，"客观上就在理学的伦理结构上引进了一个自我否定的因素，这是心学最终所以会导致

---

① 顾炎武：《郡县论五》，《顾亭诗林文集》卷1，中华书局1959年版。
② 顾炎武：《言私其豵》，赵俪生：《日知录导读》，巴蜀书社1992年版，第22—23页。

理学瓦解的内在原因"①。但宋明以来的理学家，往往把"人欲"与"天理"对立起来，主张"存天理，灭人欲"，这就必然要求对理学进行更深入的剖析，才能对人心起到振聋发聩的作用，王夫之在这方面作出了突出的贡献。他明确反对理学对天理与人欲的割裂，着重从统一性方面论述了两者的关系，提出"人欲"即"天理"的命题，使"天理"与"人欲"从对立的关系变为相互依存的关系，从而大力肯定了人的自然欲望的合理性，终于把王阳明的"良知"说发展成了一种自然人性论，解除了数千年来"天理"对"人欲"的束缚与扼杀。王夫之还以"理自性生，欲以形开"、"天理人欲，同行异情"②的观点，证实自己理欲皆性的学说，改造宋明理学"性即是理"的同时，又进一步提出"夫性者生理也，日生则日成也"③的新命题，认为人性处于不断的形成和发展变化过程之中，"突破了传统理学的道德命定论，通过'日生'为主体的德性提升找到了理论根据，同时又突出了社会环境、后天教化对人性的作用。可以说'性日生'论比较合理地解决了德性自我修养与道德教化之间的矛盾"④。天理就是人欲的说法，给人们带来了新鲜的气息，给人们的思想注入了新的活力，这种强调自我意识、高扬主体精神的论证，对封建社会后期人性觉醒和思想解放思潮的产生具有巨大的刺激和推动作用。

戴震在批判、借鉴、总结前人思想的基础上，提出了一种新的伦理价值观。他认为，所谓"理"或"天理"不过是自然之分理、事物之条理、腠理，并非如程、朱所言是超越于具体事物之上的精神本体。"理"或"天理"不能超越于人的情欲之外而独立存在。"欲不流于私则仁，不溺而为慝则义，情发而中节则和，如是之谓天理；情欲未动，湛然无失，是谓天性；非天性自天性，情欲自情欲，天理自天理也"⑤，明确地把天性、情欲、天理三者看成是一致的，并提出血气心知的实体人性论，不仅在理欲关系上对理学进行了批判，而且也从根源上批判了理学的先验主义道德观，可以说集明清之际反理学思想之大成，在理论深度上超过了前人。他

---

①　樊浩：《中国伦理精神的历史建构》，江苏人民出版社 1992 年版，第 363 页。

②　侯外庐：《中国思想通史》（五），人民出版社 1956 年版，第 102 页。

③　王夫之：《周易外传》卷 1，中华书局 1962 年版。

④　樊浩：《中国伦理精神的历史建构》，江苏人民出版社 1992 年版，第 383 页。

⑤　沈善洪、王凤贤：《中国伦理学说史》（下），浙江人民出版社 1988 年版，第 590—591 页。

还说："生养之道，存乎欲者也；感通之道，存乎情者也。二者自然之符，天下之事举矣。"① 仁义之道就必须关心人们的日用饮食起居等民生问题，如果伤害人们的生存权利，就是违背人性的不仁主张和行为，肯定了人和人的社会生活的正当性，从而奠定新型民本经济伦理的理论基础。

（二）重义轻利到义利统一的民本伦理价值转向

尽管上述思想家的学说并不完全一致，但他们的欲理统一观，将百姓日用提升到了本体的高度，这种认识路线，导致对百姓"俗事"、粗鄙之事的重视。既然个人的各种欲望、情感都出于本体、自然，是天生不可抹杀的，那么理学所推崇的那种道德理想主义就显得虚伪。在现实中，道德的纯粹往往不能解决问题，倒是以追逐利益为归趋往往能切实有利于国家、百姓，于是义利关系问题又一次成为伦理学家们关注的重心。

1. 义与利的统一

李贽肯定了人的情欲的合理性，解放了饱受道德主体压制的合理的欲望、人情，还进一步解释了义利关系，指出"正义即是谋利"，"夫欲正义，是利之也。若不谋利，不正可矣"②。他认为，利之所在便是义，利在义中，正义的目的就是有利可谋，若无利可谋，正义也就失去了意义。因为在人的发展过程中，物质欲望和天理道义是密切地联系在一起的，人所共有的生存和发展的基本需求，就是完善的天理，所以，王夫之说："性者，生之理也。仁义礼智之理，下愚所不能灭，而声色臭味之欲，上智所不能废，俱可谓之为性。"③ 他不仅把人们共同的物质生活欲求看作伦理道德的基础，而且指出伦理道德还是以人们共同的物质欲求为其内容的。但王夫之也认识到人的个性发展和欲求满足总是受到条件的限制，只有合理的、在道德理性的制约下的欲望的满足才是正当的。"无理则欲滥，无欲则理废"，因此要"以理导欲"，使人欲的实现在义的导引和规约下进行，由不合理趋向合理，获得正常发展。故而他不同意李贽"穿衣吃饭即是人伦物理"的观点，认为如果一切以利害为转移，"利在则仇亲，利去则亲仇"，势必导致世风日下，道德沦丧，社会混乱可能跟随而

① 侯外庐：《中国思想通史》（五），人民出版社 1956 年版，第 439 页。
② 李贽：《德业儒臣论·藏书》卷 24，中华书局 1959 年版。
③ 沈善洪、王凤贤：《中国伦理学说史》（下），浙江人民出版社 1988 年版，第 526 页。

来，所以要满足的只能是人的合理欲望。既然合理的个人欲望、利益符合天理，那么义利、公私就有了统一性，肯定"人欲之大公，即天理之至正矣"①，也就是说，人人各得其利欲，便是大义、大公、天理，这和传统伦理道德发生了激烈的冲突，因而重新论证伦理道德关系的课题严正地摆在了他的面前，使他们不得不对义利和公私关系进行分析。

2. 处理义利关系的新方法

作为义利观集中体现的营利观，是对经济行为和方式的价值合理性的基本判断，它包括对经济行为本身、利己与利他关系以及道德与经济关系的伦理价值认识和价值取舍，对经济结果的道德认识和价值判断两部分。一般来说，营利观是由公私观所决定，是公私观的外在表现；公私观中若是肯定私或私利，则内在地涵容承认个人营利的价值合理性的逻辑定式或倾向。传统营利观对于任何不利于维护封建等级秩序稳定的个体经济营利行为的价值合理性都持否定态度。自然主义的人性论揭露了封建道德的虚伪性，肯定了谋求私利的正当性，为平民百姓争取生存权利和改善生活的欲望作了理论辩护。被正统儒家视为"异端"的李贽，伸张"私"的权利，主张人的自然欲求的满足，要求个体和自我的自立，主张恢复作为人的本真的"童心"，对压抑私欲的"道学"虚假意识形态进行了抗争，把民本伦理建立在人人平等的基础之上。他认为，"致一之理，庶人非下，侯王非高，在庶人可言贵，在侯王可言贱"②，通过阐发圣人、天子、侯王等所谓社会上层在本质上与庶民同等的平等观念，否定了民上者与庶民之间的贵贱之别。既然凡圣一样，圣人、君主、侯王等与庶民平等，民上者只能顺民之性，从民之欲，根据民心民意施治。为此，民上者就必须"知道"、"知人"，要想"知道"、"知人"，就要了解民之性、民之欲。李贽认为："为好货，为好色，为勤学，为进取，为多积金宝，如多买田宅为子孙谋，博求风水为儿孙福荫，凡世间一切治生产业等事，皆其所共好而共习，共知而共言者，是真迩言也"，"唯以迩言为善，则凡非迩言者，必不善。何者？以其非民之中，非民情之所欲，故以为不善，故以为恶耳"③。圣人要隐恶扬善，执政于中，但圣人无中，只能以民为中，不

① 侯外庐：《中国思想通史》（五），人民出版社1956年版，第100页。
② 朱贻庭：《中国传统伦理思想史》，华东师范大学出版社2003年版，第450页。
③ 沈善洪、王凤贤：《中国伦理学说史》（下），浙江人民出版社1988年版，第399页。

仅肯定了民众追求物质利益的正当性，而且还把它当作了道德的基础，要求施政从民之欲，顺民之性，民心、民意就成了施治的基准。他还由民本位政治思想出发，对封建社会的伪道学进行了严正的批判，鲜明地提出与传统儒家政治原则相异的"人即道"，"道即人"，"人外无道"，"道外无人"的观点，这种与官僚政治的官本位相对立的民本位思想，无疑具有启蒙的意义。

王夫之对义利关系的认识也具有代表性。在他看来，天理与人欲同行，只有尊性、养性、达情，才符合义的要求，但"立人之道曰义，生人之用曰利，出义入利，人道不立；出利入害，人用不立"，如果行为是以利为价值取向，则不仅得不到利，反而有害，因为"言利之弊，其祸必至于杀人"①。这种见解虽然没有超出儒家的义利范畴，但他对理欲的论述超越了前人。他认为，"理"为公是"公欲"，"欲"为私是"私欲"；"理"是普遍性的社会公德准则，而"欲"则是个人一己之欲求。为了正确处理公"欲"与私"欲"的关系，主张"存公去私"。从政治层面上看，公与私表现为群体与个体的关系，因为一姓之兴亡为私，而关系民众生死的事才是公。"以天下论者，必循天下之公，天下非一姓之私也"②，君主的兴亡是一家一族之私事，而广大民众的生死，则是天下的大事，这种"公天下"与"家天下"的区分，实际上也是民众公利与君主私利的划分。同时，从价值判断上看，公与私又表现为义与利的关系，王夫之讲的义利统一的"利"，指的是"天下之利"、"利济苍生"的"公利"，他坚持"公利"原则，反对以私乱公，以私夺公，不能容忍以追求私利而损害社会的利益、民族的利益和国家的利益。他还说："有道之世，必以厚生为本"③，厚生就必然要让民众摆脱贫穷的折磨，得到实际的利益。对"善为国者，藏富于民"主张的认同，使他必然地走上批判为人上者只图求利导致民生贫困、国计窘迫的状况。但问题的关键不在于言财、言利，而在于利民、益民还是害民、损民，民才是政治的归宿和目的。王夫之认定人皆有情欲，既然私心私欲是人的天性，统治者就必须重视民情民欲。在现实中，"君以民为基"、"无民而君不立"，要维护君

①　唐凯麟、陈科华：《中国古代经济伦理思想史》，人民出版社 2004 年版，第 400 页。
②　王夫之：《叙论》（下），《读通鉴论》卷末，中华书局 1975 年版。
③　沈善洪、王凤贤：《中国伦理学说史》（下），浙江人民出版社 1988 年版，第 499 页。

权必须重民，因为上天立君的目的是为了民，君王置吏的目的也是为了民，君王与官吏的存在是以民为前提的，民成了社会生活的中心，所以衡量君王、官吏功罪的标尺就是民众的忧乐生死。他不仅极力呼吁统治者关心民生疾苦，而且告诫统治者要做到真正"虑民"、"虑国"，就应懂得"取"与"勿取"之数，体恤民众。"恤民"的根本在于重视人民的生活，减轻人民的赋税负担，使人民得以休养生息，只有这样逐利，才符合义的要求。更为值得称颂的是，王夫之思想中的义利具有层次性，他说："有一人之正义，有一时之大义，有古今之通义；轻重之衡，公私之辨，三者不可不察。以一人之义，视一时之大义，而一人之义私矣；以一时之义，视古今之通义，而一时之义私矣"①，如此一来，既肯定了人的正常生活欲求和追求功利的合理性，也针砭了由于取消一切道德规范所导致的社会病态，把义作为人类生活所追求的最高价值和最终目标，并通过对义的层次性分析，说明了道德的绝对性和相对性以及道德评价的客观性和复杂性，不仅体现了辩证的思维方式，而且提高了传统义利观的理论深度，达到中国伦理思想史的巅峰。

"列宁曾经分析启蒙运动的三个基本特点：第一，对于农奴制度及其在经济、社会和法律方面的一切产物满怀着强烈的仇恨；第二，热烈拥护教育、自治、自由……第三，坚持人民群众的利益，主要是坚持农民的利益。"② 与此对照可以发现，中国近代经济伦理思想的各个方面都发生了演变，呈现鲜明的反传统倾向，首先对传统社会中占主导地位的人性论进行了颠覆，在此基础上把人的主观需要提升到了本体的高度，主张合理利己主义，为普通民众的言利、逐利行为作出了伦理辩护；提出了鲜明而强烈的"以实事程实功"的民族主义功利观思想，并以此为据发展了传统的义利和公私观念，肯定了民众生存和发展的权利。公开"言利"的观点不断涌现，等级均贫富的思想受到一定的冲击，排斥竞争的道德倾向得以稍稍改变。在义利观上，主张"工商厚民论"，为近代实业建设寻找伦理精神支持；在财富观上，鼓吹"重商富国论"，提出了农工矿商并重的新型生产伦理；在群己观上，倡导"以和为贵论"，努力寻求各方利益集团协调发展，促进了人们的思想解放。当然，这些思想观念还处于幼稚的

---

① 王夫之：《叙论》（下），《读通鉴论》卷末，中华书局1975年版。
② 侯外庐：《中国思想通史》（五），人民出版社1956年版，第27页。

萌芽阶段，不能从根本上促使人们摆脱封建制度的束缚，但它对传统民本伦理的挑战和修正，却为中国思想界吹来一阵新风，程度不等地表现出近代关怀人道和经济思想，对传统民本伦理提出尖锐的挑战，为中国人接受近代先进文化创造了有利的条件。

三 民本伦理的等级序列遭遇全面挑战

义利观念的变化不仅使人从德性主体还原为感性主体，也成为权利主体和平等的价值主体。商品经济发展面临的首要课题是，如何使社会经济生活最大限度地摆脱专制主义行政权力的干预，使私有财产得到保障，要求形式上人人有自由平等的经济权利，于是封建等级身份财产占有原则不再具有伦理合理性，货币就是权力，而非身份代表权力。民本理论的根本目的是维护身份地位至高无上为标志的君权，所以，对君权的质疑甚至否定就标志着传统民本伦理的解构。伴随本末、公私和义利观念的变化，思想界对君权的相关问题也展开了讨论，其中尤以黄宗羲的君权学说表达得最为完整和深刻。他对专制政治不仅进行了理念的反省，同时也进行了制度的反思，对传统社会的根本政治制度和政治理念提出了深刻和尖锐的批判，并设计了自己的目标理路。

（一）质疑君权的合法性与合理性

自从君主制确立，思想领域就开始为君权的合理性和合法性寻求依据。最初，人们用"君权神授"作为君权合法与合理的根源，但从西周开始，"天辅德主"的思想逐渐占了上风，君主的德行随之成为民本伦理的深厚基础。黄宗羲吸取古典民本思想的德性理念，认为古代君主不仅具备人先我后的优良品格，而且处处为民众利益着想，"不以一己之利为利，而使天下受其利；不以一己之害为害，而使天下释其害"。人君产生的目的就是为了兴公利而除公害，他们辛勤劳作的程度超过天下所有的人，但"以千万倍之勤劳，而己又不享其利"，"凡君之毕世而经营者，为天下也"。以此与后世君主进行比照，展开了自己特有的权利观。

1. 抨击至高无上的君权

黄宗羲认为，古代君主是圣君、仁者和人们推崇的典范，而后世君主却恰恰相反，他们私操天下利害之权柄，"以天下之利尽归于己，以天下之害尽归于人"，并且利用严刑峻法和虚伪说教，"使天下之人不敢自私，不敢自利"，而君主自己却"以我之大私，为天下之大公"，"视天下为莫大之产业，传之子孙，受享无穷"。正是因为君主以己之私换取天下之大公，所以他破天荒地宣称君主专制制度是一切罪恶之根源，"凡天下之无地而得安宁者，为君也！""天下之害者，君而已矣。"接着，他进一步对专制君主的残暴和贪婪进行了深刻揭露，指责君主在争夺天下时，"屠毒天下之肝脑，离散天下之子女，以博我一人之产业，曾不惨然！曰'我固为子孙创业也。'其既得之也，敲剥天下之骨髓，离散天下之子女，以奉我一人之淫乐，视为当然，曰'此我产业之花息也'"①，这一尖锐的批判，涉及政治统治的终极合法性基础及统治的合理性依据，这种振聋发聩的声音使人们不得不进行政治理念的反思，并依据君主的行为本身推翻其道德上的合理性。通过对"家天下"和"君天下"的猛烈批判，主张把对社会治乱观察的立足点和价值出发点，从一姓王朝的兴灭转变到天下万民的忧乐，认为天下之治乱与一姓之兴替是无关的，"盖天下之治乱，不在一姓之兴亡，而在万民之忧乐"②，超越了以往儒者把焦点放在统治阶级利益之上的局限，认定一国的治与乱要看万民幸福与否，并不在于由谁来做君主，而在于是否以万民的切身利益为目的，否定了专制君主将万民幸福系于一姓的谎言，表达了社会的正义呼声。政治的正义必须以万民的好恶为归依，而绝不能以一姓皇权的利益和兴亡作标尺，任何专制皇权的利益在万民的利益面前都是微不足道的，人民的利益才是至高无上的。

更为大胆也更为深刻的是，黄宗羲还从"法统"的角度对"三代"以后的君主统治予以彻底否定。指出"三代"以前的"法"都不是"为一己而立"，是公法，而"三代"以后的"法"都是君主为了保护自己私家的利益而设立，都是私法和非法。③人民有遵守公法的义务，但私法并不具备合理和合法性，因为它失去了法应具备的道德基础，维护的只是一少部分人的利益。如此一来，皇权的嫡长子继承制同样失去了存在的基础，从根本上斩断了君主专制制度的命脉，摸到了民主制的大门，大大超越了传统民本理论在君权方面的缺憾，从而赢得了启蒙思想家的赞誉。

---

① 《明夷待访录·原君》。
② 同上。
③ 《明夷待访录·原法》。

2. 批判君本对个人权利的压制

天赋人权理论在西方可谓源远流长，这一学派认为，在国家形成之前的自然状态下，人是自由和平等的，生命、自由、追求幸福与财产是人的固有品质，也是人固有的权利，这种权利受到人类理性的指导与规定，因而亦是不可侵犯的。但人在本性上是利己的、自私的，"自然"就是自私或利己，就是对个人享乐和权力的追求，人的本性在于为自己求利避害，因而，奉行正义就是遵从自然规则，即每个人自由地从自然确立的有益于自己的事物中汲取生命。黄宗羲的见解在某些方面已接近自然权利的本质，因为他在破除了以一姓王朝的皇家利益为"公"的同时，还批评封建专制政治压制和限制个人正当的私欲，要求统治者承认"人各得自私""人各得自利"的合理性。黄宗羲认为，没有专制的时代，是个"人各得自私也，人各得自利也"的时代，而专制制度的本质就在于"使天下之人不敢自私，不敢自利，以我之大私为天下之大公"，实质上已经将国家看作是人与人之间的关系，君主窃取了或者剥夺了本来属于人民的自然权利，这与那种视远古为道德的黄金时代，而把专制的产生归咎于道德堕落的观点不同，实际上"已涉及近代自由主义的一个根本理念，即专制的本质在于对个人权利的剥夺或对个性自由的压迫，任何专制归根结底都是共同体对个人的专制，在没有个人自由的条件下，共同体对个人的压迫实质上就是共同体的人格化象征者对全体共同体成员的压迫"[1]。

对于自然权利派而言，尽管它们对自然状态的描述不尽相同，但他们都认为，人们是根据自然权利而且是带着自然权利进入国家状态的。即使人们向国家或政府让渡出自己的全部自然权利，人们仍然保留着让渡其自然权利的权利。政府即使对个人权利做了某些限制，目的也只是使每个人的个人权利得到共同力量的保护；如果政府侵犯了这种权利，人民有权收回自己的权利，推翻其统治，即个人有权反抗主权者。伊壁鸠鲁也从利己的角度解释自然正义，认为任何一种曾经被宣布为公正的事物，倘若不再对人们有利，就不再是公正的。这些论说为人们毫不羞涩地主张和捍卫自己的利益提供了必要的伦理环境，也使个人不再把国家利益和法律当作外在必然性来服从。可惜的是，黄宗羲没能沿着天赋人权的路子继续走下

---

① 秦晖：《从黄宗羲到谭嗣同：民本思想到民主思想的一脉相承》，《浙江学刊》2005 年第 4 期，第 9—12 页。

去，他没有意识到个体权利的存在及其实质和必要性，只是把这种权利的表述当作道德的义愤，想以此作为自己进行社会改革和立法改革的基础，虽然对君权进行了质疑，但并没有提出个体权利而要求推翻君权，从而又离开自然权利的大道，继续主张在限制君权的基础上维系君权，重新回到传统民本伦理的老路上。

（二）挑战民本伦理的等级秩序

黄宗羲虽然对君主制度进行了前所未有的揭露，但依然固守传统民本伦理的核心，因为他并不否定君主专制，只是对君权的运行方法进行了一系列构想。君主拥有至高无上的权力，但一切有权力的人都容易滥用权力，已经是一条万古不易的真理，权力如果不受监督和限制，就容易导致腐败，正如阿克顿公爵所说："权力导致腐败，绝对的权力导致绝对腐败。……绝对权力会破坏社会道德。"① 黄宗羲深知权力具有自我扩张的特性，故而必须要纠正君主专权带来的弊端，设计限制君主权利的方案，以期到达人际平等的目的。

1. 制约监督君权实施

为了制约君主的权力，黄宗羲认为首先应该恢复汉、唐的宰相制，以相权制约君权。因为宰相除了可以补救天子的不贤之外，还可以防止君主专制家天下的肆意妄为。宋明以降是中国封建社会君权不断上升的时期，明太祖朱元璋罢去宰相，更把封建专制推向巅峰。黄宗羲把这件事当作明代制度的第一弊端，他说，"有明之无善治，自高皇帝罢丞相始"②。自明王朝废除宰相制度后，政治权力集于君主一身，使政治日趋昏暗。为扭转这种黑暗专制局面，黄宗羲设计了一套制度建构，即："宰相一人，参知政事无常员"，每日与天子共同讨论商定国家大事。宰相下设政事堂，下面再设不同的部门，这些不同的部门分管不同的政务，天下大事咸经宰相以上传下达。下边进呈的奏章，由天子批阅，宰相也可以代批，"天子批红，天子不能尽，则宰相批之，下六部施行"③，想以分权的形式防止独裁的发生。其次，黄宗羲提出以"士权"限制君权。在全国普遍设立各

---

① ［英］阿克顿：《自由与权力》，侯健、范亚峰译，商务印书馆 2001 年版，第 342 页。
② 《明夷待访录·置相》。
③ 同上。

级学校，"学校不仅为养士而设也"，而更应是制造舆论、议论朝政和判断是非的中心，是得议朝廷之政，培养造就真才的地方。"天子之所是未必是，天子之所非未必非，天子亦遂不敢自为非是，而公其非是于学校"①，天子或朝廷之是非，最后由学校公议而定。同时，各级学校通过讲学的途径，规范和指导国家的政治，以舆论监督的形式使专制国家的各级政府的权力受到限制。可见，这里论证的学校已不仅仅是个教育机构，设立学校的目的是影响国家的政治事务，从而达到天下大治。

在专制社会里，没有人享有批评政府机构及其官员的自由。除了谏官以及某些级别的官员，可以在随时可能被撤销的恩准之下批评最高统治者的不当行为之外，其他人是必须沉默的。尽管以道德制约权力的机制，也能够培养官员的自我监督和自我制约的能力，历来也为民本思想家们极力推崇，但事实已经清楚地表明了道德制约的局限性，所以黄宗羲又提出了两个重大改革举措——权力制约和舆论监督，以权力制约权力的机制意在使权力内部的机构和官员实行相互的制约与监督，真正的舆论监督所要建立的是被治者对于统治者的监督，是社会对权力的外部监督机制的重要组成部分，它俨然是一种民主性质的监督。也就是说，黄宗羲已经走到近代民主的门口，他的思想已透露出近代民主主义的曙光，可惜的是这道大门还被一把传统凝固的专制大锁紧紧关着，黄宗羲没能找到钥匙，因为它并没有把舆论监督权力赋予普通的人民大众，而人民群众掌握监督权是实现人民群众当家做主的根本保证之一，只有人民群众实现了对权力的监督，才能达到对权力的真正有效制约，其他的权力制约方式虽有其历史必然性，但也都有其现实局限性。

2. 主张君臣地位平等

封建君主独揽大权，不仅会使臣僚尸位素餐，不敢有所作为，同时会造成各级官僚在做事时，唯一顾忌的是如何获得专制君主的信任，很少会顾及民众的利益，最终结果只能使民众生活倍加困苦。所以，黄宗羲坚持认为，政治的正义必须以万民的好恶为归依，而绝不能以一姓皇权的利益和兴亡作为标尺。君与臣虽权力有大小，职责有分工，但在人格取向上是平等的，并非主仆的依赖关系。臣之出仕是"为天下，非为君也；为万民，非为一姓也"。不为万民的利益着想，就丧失了其为臣之道，就是

---

① 《明夷待访录·学校》。

"不臣"；因为"天下之治乱，不在一姓之兴亡，而在万民之忧乐"，如果为臣者认为，"轻视万民之水火，即能辅君而兴，从君而亡，其与臣道固未尝不背也"①。在黄宗羲看来，为君和为天下这两种不同的价值目标，决定大臣扮演两种不同的社会角色，臣若为"君主之一身一姓"，而"不以天下为事"，只不过是"君之仆妾，而非人臣"，只有"以天下为事"，才是"君之师友"，因为"君与臣，共曳木之人也"②。通过地位平等的道德及权利地位的确立，臣僚就可以在某种程度上摆脱宗法等级的控制，真正行使自己的职权，削弱皇权的绝对地位。黄宗羲还希望在边疆各地设立方镇，并给方镇以充分的自主权，使方镇有一定的力量制衡中央权力，以去除集权之弊，为削弱君权奠定理论基石，为社会道德完善创设适宜环境。

在我国伦理史上，"舜与途人一"的命题产生较早，但通常只承认圣人与凡人同属人类，并未肯定他们的德性、智能相同，后期的李贽却说"圣人所能者，夫妇之不肖可以与能，勿下视世间之夫妇也"。"夫妇所不能者，则虽圣人亦必不能，勿高视一切圣人也"③，此说真正达到了人类平等的高度，对传统等级制度和维护这种等级制的传统道德进行了颠覆。唐甄在肯定人有共同的人性和情欲的基础上，提出"五伦平恕"的道德观念，坚信圣凡之间没有不可逾越的鸿沟，人与人之间更无贵贱之分。他尤其强调男女平等，同情妇女地位，批判矛头直指封建夫权，极大地冲击了三纲五常之传统。社会的发展首先是人的发展，人的解放需要平等观的普遍认可，而平等观是产生民主的基础，法制是民主的必然要求和具体体现，权力必须制衡是西方近代政治启蒙思想中的一个重要原则，从洛克到孟德斯鸠，都把此当作近代政治构建的基础，其目的是避免因权力过分集中而导致专制和独裁，达到社会平等和公正。明清之际的思想家主张置宰相、设学校、给予地方权力的目的亦是试图制约君权。传统儒家对付皇帝主要有两种方式：一是对皇帝施以道德教化，二是对皇帝施以天神警戒，但二者都是从内部来制约君主。明清之际的思想家则试图双管齐下，从内部确立君主的应有道德标准和君臣民三者的新型关系，从外部通过建立现

---

① 《明夷待访录·原臣》。

② 同上。

③ 沈善洪、王凤贤：《中国伦理学说史》（下），浙江人民出版社1988年版，第411页。

实制度来确保君主不再胡作非为。事实表明，制度的约束比道德约束更为重要和必要，用制度性的设计来制约监督绝对的君权，更为合理和有效。制度约束的构想与平等观念的提出，解构传统民本伦理观念的作用更为强大，对中国近代接受民主思想帮助也更大。

（三）修正民本伦理的统治模式

中国传统政治伦理的中心任务就是处理官民关系，如何待民是政治价值标准的基本内核，也是政治基本问题的价值学存在的方式。进步还是反动，正确还是荒谬，高尚还是卑微，追根溯源，都是依此而鉴别出来的。明末清初的思想家们也围绕这个中心议题而提出自己的见解，但他们都没有否定君主的至上地位，不否定君主专制制度存在的根本依据，只是多方设计防范王权失控的措施，并为此提出一系列相关的理论，从而构筑起自己理想的统治模式。

（1）重新构筑民本伦理的经济基础，提出经济上农商并重、工商皆本，使商业在经济伦理中的合法性和合理性得以确证。商业的发展必然要反对官府和官吏的超经济掠夺，发展民间私人经济以富民，承认私人财产的不可侵犯，重建新的经济制度，传统民本伦理的经济基础开始自我转变。由于前节的本末论和义利观对此都有论说，在此不再赘述。

（2）主张依法统治便民利民。轻徭薄赋是历代民本理论的主要内容，但明末清初的思想家却从新的角度为这一思想注入活力，希望创建统一法制，以此为据减轻民众困苦。主张君主及其臣僚应该按照颁布的封建法制治民，凡征收赋税、调服徭役及用刑等，都必须在封建法制允许的范围内，不可随心所欲地对民众实行剥削和虐害。顾炎武认为，善为国者必藏富于民，因为"利不在官则在民。民得其利则财源通，而有益于官；官专其利，则财源塞，而必损于民"[1]。但统治者往往依靠权势，强取豪夺，所以必须创建统一的法制，把混乱的社会纳入有秩序的境地，从而减轻民众的困苦。因为只有"有治法而后有治人"[2]，有了好的法律，既可以制约君主、官吏，又可以教化民众，使社会稳定有序发展。但明清之际的思想家并没有深刻认识到法律是实现优良的社会生活所必需的前提，法律是

[1]　沈善洪、王凤贤：《中国伦理学说史》（下），浙江人民出版社1988年版，第499页。
[2]　《明夷待访录·原臣》。

限制君主权力和保护民众权利的重要工具。班迪克斯指出："法治的兴起乃是为了对抗绝对君权。"① 博登海默也认为："一个发达的法律制度经常会试图阻止压制性权力结构的出现，而它所依赖的一个重要手段便是通过在个人和群体中广泛分配权利以达到权力的分散和平衡。"② 所以，法律可以实现一种正义的社会秩序。法的理念主要在于它们是为了谁的利益而制定的，以及给谁带来利益。这时的民本思想家似乎已触及法的本质，认识到三代以前与三代以后的法有着本质的区别，用"公"与"私"对两者的性质进行了准确的概括，但这些思想家却没有认识到君主也应该守法，在其理论中，君主仍然凌驾于法律之上。

（3）试图用民主政治矫专制之弊。黄宗羲等人为了实现自己的政治理想，主张以乡举县荐、辟召任士来矫科举之失，以学校议政、参政来矫官僚制之失，以汉宋乃至明代东林式的"党人"政治矫法吏政治之失，这些政治社会理想，是中国思想史的一个划时代的进步，它标志着中国先进的知识分子开始从制度上来认识社会、政治和历史，开始把"治国平天下"的途径，从单纯地重视"修身、齐家"，而发展为进一步重视对腐朽的专制制度改革，但最终没能设计一种更合理的政治制度以取代专制制度，因为他们虽意识到要对君权进行制约，却没有给出有效的制约形式，以便约束现实生活中的权力。他们试图约束君权，却无意于改变君主专制制度，只是试图通过改良的方式找到一种更合理的君主制度，企图将政治权力交到圣贤手中，让德性与智慧来指导和驾驭权力，由一个完美的人格去净化权力，这种在道义上对君主的限制是不可靠的，只会使政治权力从一个君主换到另一个所谓圣贤的君主手中，并不能真正实现对君权的制约。而且其主张中，宰相和学校并没有可以和君权抗衡的权力，至多只是发挥舆论监督的作用而已。萧公权对此评价是："虽反对专制而未能冲突君主政体之范围。故其思想实仍蹈袭孟子之故辙，未足以语于真正之转变"③，他们的思想意识并没彻底脱离传统民本的轨道。传统民本思想既肯定君主权利地位至高无上，又认为"民为贵，社稷次之，君为轻"，逻辑上的矛盾使历代思想家常常陷入理论的困境，而且使民众的重要性处于

---

① 石元康：《从中国文化到现代性：典范转移》，三联书店 2000 年版，第 330 页。

② ［美］博登海默：《法理学—法律哲学与法律方法》，邓正来译，中国政法大学出版社 2004 年版，第 336 页。

③ 萧公权：《中国政治思想史》（中），辽宁教育出版社 1998 年版，第 560 页。

理论上的悬空状态。天下国家究竟为谁所有？明末清初思想家们近乎一致的认识是："天下"是天下人的天下，既然君主不是天下的主宰，臣也就不应是君主用来统治民众的工具，行德政比对君尽忠更为重要，在一定程度上已具有了公权意识和民主意识，从而把一只脚迈进了近代民主主义的门槛，但又没有"主权在民"的观念，他们的政治思想只能为批判封建政治制度提供思想材料，而不可能为创建民主制度提供思想资源。他们虽然强调"有生之初，人各得其私也，各得其利也"[1]，奠定了人的自然权利的思想基础，却没有明晰的人权观念，而真正意义上的近代民主观念和民主制度是必须建立在人权平等观念基础之上的。

可见，明末清初思想家们的思想同民主思想还有很大差距，他们虽然意识到了专制制度的腐朽，也试图解决这一问题，但解决中缺乏创造性富有模仿性，可在当时只可以比照历史，没有其他政体形式可以参照，所以，思想家们只能在激烈的现实批判中，美化远古，幻想未来。这样，激情和义愤就大于现实的改造，这就使他们的理想变成一种难以实现的愿望。总而言之，他们虽然看到了君主专制统治的弊端所在，但并没有真正看到中国社会发展的前进方向，所以这些激进的论说，不可能成为引发中国民主革命的理论，只能是引发中国传统文化向近代转变的动力因子。真正动摇君主专制体系的功绩应归功于近代新兴的资产阶级在政治、经济和文化领域的全面革命，但在我国，由于这一过程不仅直接伴随着西方世俗势力的入侵，而且也纠缠着西方观念的渗入，又与传统民本伦理的自我转变密不可分，内容也较为复杂，只好在后面的章节里再加以论述。

四　民本伦理的制度化设计与失败

传统民本伦理无论在理论上如何强调民的重要性，始终都把君放在重要的地位，君王至尊，势位独一，权力独操，决事独断，天下独占。天、道、圣、王"四合一"的理念，一把王神化、绝对化、本体化；二把王与理性、规律一体化；三把王与道德一体化；四把理想寄希望于王[2]，其目的和重心都是为了王权的统治和延续。尽管在这同时也要求君主要虚心

---

[1]　《明夷待访录·原君》。

[2]　刘泽华、葛荃：《中国政治思想史》，湖北教育出版社 2006 年版，第 227 页。

纳谏，开明用贤，甚至要有罪己意识，但后者更主要的是对前者的完善和补充。随着经济发展格局的变化和社会局势的剧烈变动，一批先进的思想家开始对君权的合理性和合法性进行质疑，对君主专制制度展开了猛烈的批判，从而撕开封建意识帷幕的一条裂缝，使旧有的观念和意识遇到前所未有的冲击。尤其是鸦片战争爆发以后，西方文化势不可挡地涌入中国，西方的功利主义、个体本位、民主政治等价值观念引起了中国士大夫的深入思考，传统民本伦理遇到致命的打击。

（一）民本伦理重心的转移与倾覆：君权衰落民权兴起

民本伦理面临的最大挑战就是随着西方文化的输入，思想家们不仅开始对专制制度产生怀疑甚至批判，并且重新思考和梳理君民关系。19 世纪 60 年代，冯桂芬就提出中国"君民不隔不如夷"，批评专制制度不如立宪制度通达民情；70 年代个别改良派如郑观应等发出开设议院的主张；80 年代部分洋务派提出立宪问题；90 年代先是开设议院主张的普遍提出，后是社会契约论、天赋人权论、自由平等思想的广泛传播。尤其是维新派，不仅对封建的纲常名教进行了鞭辟入里的批判，否定了传统的家族本位主义观念，而且由强调人的价值、人的尊严、个性解放而宣传自由平等思想，使中国思想界开始了翻天覆地的变化。君主立宪的尝试表明中国人民对专制的反对已由空想飞跃到现实，对专制统治造成的威胁也更加直接。但真实的民众权利要求和传统民本伦理中的君本目的相冲突，必受排挤和打压。柔弱的改良呼吁和妥协举措最终化为黄粱美梦，有志之士不得不把矛头直指专制政府，决定运用易君或弑君的权力，从理论和实践两个方面凸显民的价值与地位，孙中山先生的三民主义集其大成。谢扶雅盛赞道："五千年来之政治思想，至三民主义而登峰造极，盖此主义能推陈出新，使传统的民学晋为科学的民学。"[1] 金耀基也说："民本思想到中山先生手中，发展为民本学说，不仅理论上有大突破，而且有制度可依可循，诚如萧公权所谓'不仅树革命之理论基础，而立国之根本大道，亦于是完成，二千余年之政治思想，至此乃臻成熟之境'。故吾名此时期为民本思想的完成时期。"[2]

① 金耀基：《中国民本思想史》，商务印书馆 1994 年版，第 181 页。
② 同上书，第 181—182 页。

　　传统民本伦理到民国时期已走到了穷途末路，重心发生了彻底的转移，君的地位被完全否定而民的地位获得了前所未有的重视。明末清初的思想家们也曾提出分权于天下人和分权于地方的设想，但人民如何参与管理国家和享有权利？他们在制度上无法解决。梁启超早已指出："中国人很知民众政治之必要，但从没有想出个方法叫民众自身执行政治。所谓by people 的原则，中国不惟事实上没有出现过，简直连学说上也没有发挥过。"① 孙中山的民本思想，内容全面系统，既坚决反封建专制，又积极倡导民主共和，而且改变了原来以道德修养作为民本推行主要依据的理路，进入了用制度化保证其正常运行的轨道，使民本制度化、社会关系和价值观念民主化。按照孙中山的自我评估，他的思想一是出自中国自古以来的儒家民本思想，二是借鉴欧美民主国的理论与实践，三是自我的创造。他的伦理思想，既取法了"西人的文明"，也继承了中国"固有的道德"，但两者都不是全盘承袭，而是积极地加以取舍和改造，取舍和改造的标准，又完全取决于中国革命实践的需要。他始终以国家和民族利益为核心，大力倡导民权并希望用制度化的方式来保证民权的实施，还力图通过道德教育与道德感化，培养中国人民高尚的人格与道德情操，使中华民族以一种新的精神风貌独立于世界，表现出强烈的爱国主义精神。他说："夫中华民国者，人民之国也。君政时代则大权独揽于伊人，进则主权属于民国之全体，四万万人民即今之皇帝也。"② 最高明之处还在于他用宪法形式，将主权在民的思想做了规定和维护，《中华民国临时约法》第一章的《总纲》中就规定："中华民国主权属于国民全体"，这是现代文明社会的主要标志。不仅如此，中华民国还以五权宪法和权能分属作为建设国家的基础。所谓"五权宪法"是指行政、立法、司法、考试、监察等权力分属国家不同的独立机关，希望建立具体机构用体制来有效制约权力的扩张并保障和维护民众的自由权利。强调权利属于人民，政府只有治权。既有西方的权力分立与制衡学说，又有富有特色的创见，想以此避免权力独专的弊端，因为"如果同一批人既拥有制定法律的权力又拥有执行法律的权力，那样就会给人们的弱点太大的诱惑，使他们往往急于攫取

---

① 梁启超：《先秦政治思想史》，中华书局、上海书店联合出版 1986 年版，第 197 页。

② 孙中山：《建国方略之一·孙文学说》，《孙中山选集》，人民出版社 1981 年版，第 173 页。

权力。他们可能倚仗那种权力使自己免于服从他们自己制定的法律，并且在制定和执行法律时，使法律适合于他们自己的私人利益，因此开始有不同于其他社会成员的利益，违反了社会和政府的目的"①。显然，分权制衡更有利于民主和发展。

与此同时，孙中山对国家政权的掌握者也有特殊的要求，执政的目的只能是为民服务，因为"中华民国者，人民之国也——国中之百官，上而总统，下而巡差，皆人民之公仆也"②。公仆意识冲击了统治阶级的整体特权，试图扭转传统的等级道德观念。在《中华民国临时约法》中又进一步规定"中华民国人民一律平等，无种族、阶级、宗教之区别，人民享有人身、居住、财产、营业、言论、集会、出版、结社以及选举和被选举权等自由平等权利"。"四万万人一切平等，国民之权利义务，无有贵贱之差，贫富之别，轻重厚薄，无有不均。"③ 由于传统民本伦理的核心是维护等级秩序，因此其爱民重民的主张只是通过道德舆论对封建统治阶级的行为予以有限的监督和约束，而不能从制度创立上体现和维护现实生活中民众的自由权利；相反，其虚伪的说教还可能强化民众对封建制度的认可，麻痹人民对自我权利在政治上的争取。孙中山的民本学说不像传统民本伦理进行单纯的道德诉求，也不是泛泛而论人民的主权，而是具体主张人民掌握根本的权力，以此来保证政府能听命于人民，反映人民的意愿，从而有了切实的政治权力内涵，打破了封建专制的王权体系，国家权力归广大民众掌握，权力享有的主体范围和主体享有的权力范围具有了空前的广泛性。同时，民主权利还有宪法、政令及机构体制为依据和保障，为防止政府某些部门权力过于集中，主张用五权分立制度来进行约束和监督。不仅如此，还用人人平等的理论彻底动摇封建统治的根基，促进了人治盛行的封建社会向法治为主的文明社会的转变。理论批判和制度建设并举，而且尤重制度建设，民本思想中朴素的民主、平等精神被纳入和充实到孙中山的民权体系中去，特别对传统民本思想的理论前提——维护君权进行了否定，而代之以主权在民思想，从而使孙中山的民本观体现了近代价值观。孙中山的革命主张充分体现了以民为本思想的制度化特征，尽管

---

① [英]《约翰·洛克. 政府论两篇》，赵伯英译，陕西人民出版社 2004 年版，译序，第 8 页。
② 孙中山：《建国方略之六·孙文学说》，《孙中山选集》，人民出版社 1981 年版，第 173 页。
③ 孙中山：《建国方略之一·孙文学说》，《孙中山选集》，人民出版社 1981 年版，第 220 页。

没能完全变成现实，但它的作用前无仅有，促进了民众从制度上维护自我权利意识的觉醒，也消解了传统民本伦理坚守的君民关系信念，使传统民本体系面临解体的威胁。

(二) 新型民本模式的设想：物质文明与心性文明共进互长

孙中山不仅关注民众的政治权益，也关注民众的现实需求即民生问题。民生是什么呢？他说："民生就是人民的生活——社会的生存、国民的生计、群众的生命便是。"① "生存"是指人民大众享有必需的生活资料以维持生命的存在，孙中山说："我们现在要解决民生问题，并不是要解决安适问题，也不是解决奢侈问题，只要解决需要问题。这个需要问题，就是要全国四万万人都可以得衣食的需要，要四万万人都是丰衣足食。"② 他在《民生主义》第一讲中就指出："民生既是政治的中心，也是经济的中心和种种历史活动的中心。"③ "民生就是社会一切活动中的原动力，因为民生不遂，所以社会的文明不发达，经济的组织不能改良和道德不能进步。……所以社会的各种变态是果，民生问题才是因。"④ 这一民生问题"原动力"说，看到了道德产生的社会根源，抓住了事物的本质，具有唯物史观的基本倾向。民生以发展生产力为物质基础，但开发生产力的目的是为了满足人民的衣食住行等方面的生活需要，而不是为了赚钱，因而他批评欧美各国只晓得解决民族、民权两件事，结果只有少数人在享幸福，大多数人还是痛苦。所以要吸收西方近代"最大多数人最大幸福"的功利思想，中国革命只能建立一个能实现全体人民幸福的强大国家。达到这一目的的方法首先是主张土地国有、公有，实际上是否认私人对土地的所有权，撼动了封建生产关系，对广大民众从封建阶级依附关系中解放出来，获得人身自由，起了十分重要的推动作用。而让耕者有其田、发展国家资本和国家经济，利益均分归人民所有的主张，则进一步体现了孙中山对私有制下社会贫富两极分化的高度重视。由于孙中山认识到只有物质文

---

① 孙中山：《三民主义·民生主义·第一讲》，《孙中山选集》，人民出版社1981年版，第802页。

② 孙中山：《三民主义·民生主义·第四讲》，《孙中山选集》，人民出版社1981年版，第365页。

③ 孙中山：《三民主义·民生主义·第一讲》，《孙中山选集》，人民出版社1981年版，第825页。

④ 同上书，第835—836页。

明发展以后，人民才有可能永远享有真正的自由文明幸福，所以他极力倡导发展资本主义大工业，企图建立一个像英美一样富足的黄金世界，来奠定道德发展的根基。

孙中山不仅仅认识到物质文明发达的意义，更为深刻的是他认定民生是社会道德状况的决定者，使他在一定程度上看到了物质文明和精神文明的关系，所以主张物质文明和心性文明应共生互动。他说："大凡一个国家所以能够强盛的缘故，起初的时候都是由于武力发展，继之以种种文化的发扬，便能成功。但是要维持民族和国家的长久地位，还有道德问题，有了很好的道德，国家才能长治久安。"① 因为人民能不能当得起民国的主人，同民众的精神素质息息相关，必须对广大民众进行相应的道德教育，训练人民的民主习惯。但由于近代社会的矛盾性，使他的教民思想的内容也具有特殊性。他说："首是忠孝，次是仁爱，其次是信义，其次是和平。"② 但是要尽忠，不是忠于君而是忠于国忠于民，要为四万万人效忠。否定封建的"忠君"观念，提出忠于职守、忠于国家、忠于人民的新思想，保留了忠诚的内在精神，并将之阐扬为爱国主义和忠于民主革命事业的时代精神，赋予"忠"字以时代的精神和内容。再如，对于仁爱的解释，孙中山认为，"仁"有三种，即救世之仁、救人之仁和救国之仁。救世为宗教家之仁，救人为慈善家之仁，救国则是志士爱国之仁。对于革命者来说，应当实行志士爱国之仁。三民主义为革命者之仁所由表现，故革命者应"实行三民主义，以成救国救民之仁"③。孙中山还把"仁爱"思想与西方资产阶级的"博爱"学说联系起来，认为"博爱之谓仁"。借鉴西方人道主义思想，将"仁爱"同爱国救亡的时代主题紧密结合在一起。他还说："我们要人类进步，是在造就高尚人格。……我们要造成一个好国家，便先要人有好人格"④，高尚人格的培育需要不断地奋斗，但奋斗有两种方式，要崇尚团体奋斗，不专尚个人奋斗，因为"物种以竞争为原则，人类则以互助为原则。社会国家者，互助之体也；道德

① 孙中山：《三民主义·民族主义·第六讲》，《孙中山全集》第9卷，中华书局1986年版，第242页。

② 孙中山：《三民主义·民族主义》，《孙中山选集》，人民出版社1981年版，第680页。

③ 孙中山：《在桂林对滇赣粤军的演说》，《孙中山全集》第6卷，中华书局1985年版，第29页。

④ 孙中山：《在广州全国青年联合会的演说》，《孙中山全集》第8卷，中华书局1986年版，第316页。

仁义者，互助之用也"①。仁义道德就是互助的具体表现，"人类进化的主动力，在于互助"②。这种互助论当然有其现实必要性，但在当时缺乏实施的基础，最后流于空谈。

　　孙中山对道德的培育不仅有总体的设想，还对革命党人和普通民众提出了具体的道德要求。"要把革命做成功，就一生一世都不存升官发财的心理，只知道做救国救民的事业。"要"革命党人免去自私自利之心，树立公共心"③，做人民公仆，替人民打算，为人民谋福利。传统民本伦理虽然也讲官吏要爱民如子等等，但其仁政、德治能否实现完全取决于执政者个人的意愿和他自身的才能素质、道德觉悟的高低。官吏被视为民之父母，维护的是以官吏为主导的官本位，其权利的来源从来没有从根基上被否定，执政者完善自身的修养虽是应然要求但还未成为执政者的必然和必需的选择。孙中山的公仆论彻底确立了以民为本位的执政原则，颠倒了旧的官民之间的主次关系，这样，提高自身的素质就成为执政者的必备条件和他们自觉自愿的执政取向。公仆论的提出，将重视执政者自身修养的传统发展到了一个新的历史高度。作为普通民众，也不能仅仅追求个人利益，而应该更多地追求他人利益。因为"重于利己的人，每出于害人，也有所不惜"。"重于利人的人，只要是于人家有益的事，每每至于牺牲自己亦乐而为之"，利人的思想发达，"有聪明才力的人，就专用彼之才能，以谋他人的幸福，渐渐几成博爱的宗教和诸慈善的事业"④。从天下为公的良好愿望出发，从塑造完善人格的角度论证利己与利人的关系，要求人们以自我的节制以至自我牺牲的方式妥善处理利己与利人的矛盾。"现在文明进化的人，觉悟起来，发生一种新道德，就是有聪明才力的人，应该替众人服务。这种替人来服务的新道德，就是世界上道德的新潮流。"⑤ 只有为国家、为社会、为人民服务，才是一种崭新的道德观。国

---

　　① 孙中山：《建国方略·心理建设》，《孙中山全集》第6卷，中华书局1985年版，第195—196页。

　　② 孙中山：《建国方略·物质建设》，《孙中山全集》第10卷，中华书局1985年版，第394页。

　　③ 孙中山：《在陆军军官学校开学典礼的演说》，《孙中山全集》第10卷，中华书局1986年版，第293页。

　　④ 孙中山：《三民主义·民权主义·第三讲》，《孙中山选集》，人民出版社1981年版，第706页。

　　⑤ 孙中山：《三民主义·民权主义·第三讲》，《孙中山全集》第10卷，中华书局1986年版，第156页。

家和民族利益应该置于个人利益之上，也就是用维护国家和社会的利益，还是维护个人利益，作为一个人格之塑造是否完善和人性善恶的基本准则，为区分道德善恶设定了一个新的标准。

（三）民本伦理制度化陷落：沦入内外文化造就的困境

孙中山对传统民本伦理的颠覆与制度化设计，实际上是想把资本主义民主引入中国的同时，再结合中国实际加以改造，创建自己的民主体系。但有学者指出，民主不仅是规章或制度，更重要的，它是一种生活方式，它根植于一个国家的历史文化背景与社会经济的条件之中。孙中山对西方民主政治的追求注重民主的制度设计层面，却忽略了个人的自由平等与主体意识的觉醒，其依靠贤人政治实行民主的理想，表明他并没有完全摆脱传统政治思维范式的制约。实际上，孙中山对现代民主政治的理解有一定的片面性，一方面，他不承认民主政治的普遍原则和基本前提是个体生命的自由和独立，表现出一种国家本位、民族本位的思想倾向；另一方面，他的主权在民思想中的民仍是一个不可分割的整体，作为个体的民完全没有独立存在的价值，偏离了真正的民主政治中主权在民的原则，因而他政治理念与政治实践中的所谓民主，不是人民当家做主，仍是传统儒家的"为民作主"。这样一来，民主政治的基本前提便被抽空，剩下的便只能是开明专制的唯一选择。

同时，在缺乏民主意识的政治文化土壤中，近代的政治家即便具有较高的民主素质，他们面对犹如一盘散沙般、仍带有浓厚小农意识的广大民众却只能显得曲高和寡，似乎除了借助于家长制的权威主义之外，别无选择。正如马克思在《路易·波拿巴的雾月十八日》中对农民的评价时所说："他们不能代表自己，一定要别人来代表他们。他们的代表一定要同时是他们的主宰，是高高站在他们上面的权威，是不受限制的政府权力。这种权力保护他们不受其他阶级侵犯，并从上面赐给他们雨水和阳光。所以，归根到底，小农的政治影响表现为行政权力支配社会。"[1] 帝制下的臣民，通过民主的启蒙与实践，转变为民主共和国的公民，这是历史发展的必然趋势，但问题在于，依靠少数先知先觉的培养，或者依靠仅代表少数阶级利益的政党，来唤起广大民众的真正政治觉醒以及培养他们的政治

---

[1]　马克思：《路易·波拿巴的雾月十八日》，《马克思恩格斯选集》第 1 卷，人民出版社 1972 年版，第 693 页。

能力，而忽视民众自身的力量，很可能会走向民主政治的反面。当时的中国民众恰恰缺乏民主的理念和素养，不具备实施民主的物质与阶级基础，资产阶级内部对民主的认识也不统一，对实施民主的向往和决心更是纷繁复杂，再加上封建主义的残余以及帝国主义的顽强阻碍，使这种制度设计化为泡影。个体与群体之间的紧张，始终是孙中山民权主义思想内核中的一个疑难。孙中山的民权主义面临着与民族主义相抵牾、与古代民本相错位、与民众素质相脱离等多重困境。由此，我们不难窥见时代条件、文化传统与民众素质对思想家所起到的难以逾越的制约作用。这些困境，凝聚着近代中国错综复杂的时代矛盾和文化冲突，也折射出了近代中国政治现代化的艰难历程。

可以说孙中山尽管将传统民本伦理在理论上推向了高峰，也可以说他将之推到了悬崖边缘，因为他的设想如果得以实现，将使传统民本的精华部分得以昭示并落实，但它会彻底颠覆传统民本的目标界限。可惜，孙中山在实践中难以达致其理想，其原因除了外部阻碍之外，其思想本身也存在一些相互矛盾的缺陷，主要表现为以下几个方面：

第一是民权理论的局限。孙中山尽管对民权理论进行了精心的建构，但民权本身并非中国社会演变的必然产物，而是汲取西方分权理论后再加以个人的独创，理论体系虽然精致，但落实起来非常困难。虽然三民主义理论用主权在民论取代了君为民主论，并提出反君权兴民权的思想，可在现实运作中，从整体的角度理解，民众的力量和利益被认为有可能高于君主或其他当权者，但从实际的个体角度而言，民众仍然属于不知不觉者。无论民本论者在理论上对民众的地位作出多高的评价，都没有导致他们在实际的政治生活中，站在一个农民或其他普通劳动人民的立场上，肯定他们的政治地位，从而使其理论的实施失去了实践动力。

第二是自由平等观念的矛盾。孙中山认为："假如现在中国来提倡自由，人民向来没有受过这种痛苦，当然不理会。如果在中国来提倡发财，人民是一定很欢迎的。……中国人现在所受的病，不是欠缺自由，如果一片散沙是中国人的本质，中国人的自由老早是很充分了。"故"自由"一词，"万不可再用到个人上去，要用到国家上去。个人不可太过自由，国家要得完全自由。到了国家能够行动自由，中国便是强盛的国家"①。我

---

① 孙中山：《民权主义》，《孙中山选集》，中华书局1981年版，第715—719、722—723页。

们革命的目的，就是要把四万万人都集合起来，结成一个大团体，"这个大团体能自由，中国国家当然是自由，中国民族才能真自由"①。所以中国民主政治的必然选择不是发展个人的自由，而是着眼于国家和民族的自由，体现了资产阶级革命派积极谋求国家独立和民族解放的革命精神。但我们也发现，孙中山提倡的民主政治不是给人民提供更大的自由空间，而是将人民训练成令行禁止的羔羊，这种认识没有摆脱传统民本伦理的局限，必然会导致理想的破灭。

第三是民本理想的乌托邦性质。孙中山设计的理想社会承继了传统文化的主旨，主张建立大同世界，他说："从事革命事业，非成功，即成仁，二者而已。成功则早出庄严华丽之国家，共享幸福。……孔子有言曰：'大道之行也，天下为公。'如此，则人人不独亲其亲，人人不独子其子，是为大同世界。大同世界即所谓'天下为公'。要使老者有所养，壮者有所用，幼者有所教……"② 俨然比欧美的共和国更令人神往，但其实现大同的途径是平均地权和节制资本，手段的无力导致理想的落空。同时，他又推崇《大学》中"格物、致知、诚意、正心、修身、齐家、治国、平天下"的道德修养路径，认为这是我们政治哲学知识中独有的宝贝。对道德的向往使他误认为依靠博爱和人道的大力推广就可以"泯除国界，而进入大同"③，进一步暴露出他的空想性和主观性。因为，建立在博爱基础上的大同理想，和民本论者主张以德治为手段来维护国基和国本地位的思想有着逻辑上的一致性。孙中山强调的是人类的互助和博爱精神，公开反对马克思主义的阶级斗争理论，走向泛道德主义。但把一切权力都交付给道德之后，道德制约的无力和难以规范的弊端却无法防范。

综合起来看，孙中山建构自己的理论大厦时，并不是真正从民本出发去审视民主民权，而是从已经获得的西方民权思想和民主政治理论出发，去批评和反省中国的专制政治甚至民本思想。在民权主义那里，引进的欧美民主由于被"嫁接"到儒家民本之上而有了落脚之地，固有的儒家民本则由于借得欧美民主的风帆而有了新的发展，二者各得其所，相互为用，达到了一种协调与和谐。但西方民主特有的民有、民享的观念与传统

---

① 孙中山：《民权主义》，《孙中山选集》，中华书局1981年版，第72页。

② 孙中山：《军人精神教育》，《孙中山全集》第6卷，中华书局1985年版，第35—36页。

③ 孙中山：《在北京五族共和合进会与西北协进会的演说》，《孙中山全集》第2卷，中华书局1982年版，第439页。

的"民惟邦本、本固邦宁"的观念有所不同，民有、民享的观念强调民的主体性地位，"民惟邦本、本固邦宁"的观念则强调民的基础性地位。民的主体性地位为民主政治所肯定，却为专制主义所不容；而民的基础性地位则不仅为民主政治所称道，也为专制政治所接受。换言之，"民惟邦本、本固邦宁"的观念，无论对于民主还是专制都是适用的，所以，"传统民本思想在近代成了嫁接西方民主、民生的砧木，既为民权思想进入中国人的政治思想领域作出了合理化的解释，也为民主宪政在中国的发展清除了思想认识和价值观上的障碍。无论是在理论上还是在实践中，孙中山都把传统民本伦理创造性地发展到了新的历史高度，具有本质上的升华和飞跃，为民主思潮在中国的广泛传播打下了良好的思想基础"①。然而其理论设计和传统的民本伦理思想已有太大的不同，一旦转化为社会现实便会瓦解传统民本伦理体系的核心（君权之上）和基础（自然经济），彰显出民主的价值和作用。但民主是专制政治和传统民本伦理不能相容的价值规范，因为"专制政治"没有真正的"民权"，民本伦理亦缺乏"民治"的精神和"民权"的意味，因而，孙中山推动了传统民本伦理的进一步发展，但对其改造却遭到失败，长期在民本伦理笼罩下的中国，要想真正地走向现代民主，还有一段艰难的历程。

---

① 　王钧林：《孙中山的民权主义与儒家的民本主义》，《文史哲》2001 年第 1 期，第 71—79 页。

第四章　民本伦理的现代价值

如何对民众实施优良统治，一直是政治家和思想家们关注的核心问题，对之思考的优秀成果，形成了传统文化中民本思想的精华。由于民本意识在中国绵延久远，其精神文化要旨已深深根植于民族心理之中，成为当代政治文明建设不可忽视的一个因素，所以我们也必须对民本的现代价值进行剖析。本章主要通过对民本与民主、民权、人权和人本问题的关系梳理，希冀找到能够为政治文明建设提供有益借鉴的资源，实现历史为现实服务的目的。

一　民本伦理对现代民主的镜鉴

政治文明是我们的不懈追求，而民主是政治文明的中心内涵。在近现代政治文化体系中，民主是政治心理的要求，政治思想的重要内容，也是政治价值的要义。要想在中国建立真正的民主制度，必须对民主的本质和传统民本伦理中的民主因子进行辨析和吸纳。

（一）对民主政治的合理期望

"民主"一词含义丰富，有时指政治制度，有时指民主权利或民主原则，有时又指民主精神或民主的行为方式，但作为人民权利和国家制度的民主是它的基本含义。连民主的正宗传人卢梭都承认："从严格的字义上讲，真正的民主从来都不存在，将来也不会存在：大多数人来统治，少数人受统治，这有悖于自然秩序。""只有一个神仙的民族，才是民主地自己治理自己。一种如此完美的政制，并不适合于人类。"[①] 因为民主理想，

---

① 河清：《民主的乌托邦》，中国社会科学出版社2004年版，第6页。

始于民事和政治平等，终于社会和经济平等，平等是民主的终极原则，但
"民事平等和政治平等有可能实现，而社会条件的平等则是一个基于道德
激情而非基于现实理性的空想，没有实现的可能"①。也就是说，民主具
有明显的乌托邦性质，但它是千百年来人们孜孜以求的目标。为什么民主
具有如此大的吸引力呢？除了它具有很多实用主义的价值外，更重要的是
民主制度反映了来自人性中的深刻要求："相信民主是一种普世性的价
值，是因为确信人类不应该未经他们的同意而被统治。民主是对深深期望
得到体面对待的人的回应。民主是人类出自天然本性的期望，期望人人对
他们各自的命运都有发言权。而对个人最好的保护是由人民来选择管理
者，并使之对人民负责。其他意识形态承诺给人幸福，而民主仅承诺人们
可以自由地追求幸福。"②民主政治创造的一个奇迹是：自己自由追求获
得幸福的人多于由他人赐给幸福的人。当然，民主不是追求最优的求全机
制，而是一种保证满意的纠错机制，它不是一定能够实现最好的，而是一
般可以避免最坏的。正像美国政治学家科恩论述的那样："民主与专制之
间的差异，可比为木筏和帆缆俱全的帆船之间的差异。前者航行安全，但
很缓慢，在浪中起伏，有时后退，风暴冲击时，乘客的脚常常被弄湿。后
者虽航行时迅速壮观，舒服而有把握，但有时却撞在木筏可安然渡过的礁
石上，造成灾祸。"③民主理论是社会发展到一定阶段的产物，民主制度
是社会发展的必然趋势，但由于民主完全是西方文化的产物，中国向民主
制转化必然要吸收外来文化又要进行创造性的转换，这当然需要有一定的
思想根基，传统民本伦理恰巧为我们接受西方民主观念提供了理论和思想
前提，成为中国由专制转向民主的桥梁。

（二）民本对民主进程的积极影响

"尽管中国古代没有近现代意义上的民主思想和民主制度，但在思想
家的著述及历史记载中却有不少带民主性成分的，在制度设施方面，也存
在一些可资借鉴的东西。……主要有：民本思想、平等博爱思想、天下为
公思想、重舆论思想、法治思想、尊重个性和个人权利的思想、追求自由

---

① 河清：《民主的乌托邦》，中国社会科学出版社 2004 年版，第 51 页。
② 刘军宁：《民主与民主化》，商务印书馆 1999 年版，第 41—42 页。
③ ［美］科恩：《论民主》，聂崇信、朱秀贤译，商务印书馆 1998 年版，第 184 页。

的思想、农民起义中提出的带民主性的要求以及监察与言谏制度、选官与考试制度、法律与司法制度等。"① 尤其民本伦理是在统治者及思想家看到了民众是一股可以决定统治者和国家社稷命运的巨大社会力量后提出来的，在一定程度上表达了民众的所需所求及其合理性，并在客观上起到了利民、限制统治者实施暴政的作用，能够促使人们接受民主意识。首先，民本伦理对人在道德生活中的主体能动性的肯定和对人格修养平等性的承认，为民主意识的确立提供了条件。传统文化以人为核心，融天地万物与人为一体，把人的伦理精神、道德情操的提升与超越放在首位，儒家相信人皆可为尧舜，道家认为人人皆得于"一"，他们在理论范围内把所有人置于平等地位，这就有利于冲破等级的藩篱，奠定实施民主的形上根基。其次，民本伦理告诫当政者应该以利民、爱民为己任，要求统治者要实行仁政，真正地赢得民心，而不是以威逼利诱等方式，换取民众表面上的服从，这种对统治者的心悦诚服与民意的统一是现代民主政治的本质。再次，民本作为一种实践的政治理论，在它指导下的中国传统社会形成了一整套相当成熟的且具备若干基本民主功能的法制、政治制度和传统。如在选人用人方面，早在西周时期就有了"先论后使"、"以举为选"的措施。隋唐开考的科举制，作为一种具有一定开放性和竞争性的选人办法，体现了某些人人平等的价值趋向和权利意识。权力制约方面，春秋时期中小国家大多实行"朝国人"的制度，即重大事件征求国人的意见，以获得国人的支持。在进言纳谏方面，几乎各个朝代都有纳谏的传统，有的还形成了较完备的制度，设立了有关机构，为低级官吏和平民提供了下情上达的渠道和机会，在一定限度内承认了臣民的政治权利。民本伦理中的民主倾向已渐露端倪，它以民本为表达形式，民本是政治合法性的最高尺度，是限制君主权力膨胀的理论依据，也是民众的权利主体资格与政治诉求的终极凭借。

民主思想的本质人民主权论有两层含义：第一，国家是人民的国家，国家的一切权力归人民所有；第二，人民是国家的主体和根本，人民的力量和民心向背决定国家政权的兴亡。上述第一层含义在民本伦理中是不存在的，而第二层含义却在民本伦理中得到了比较充分的论述和阐发。② 在

---

① 李铁映：《论民主》，人民出版社、中国社会科学出版社 2001 年版，第 317—344 页。

② 万斌、诸凤娟：《论民本思想对中国民主进程的影响》，《学术界》（双月刊）2004 年第 3 期，第 106、78—89 页。

民本伦理中，不论是反对"足一夫之用"，还是主张"王者富民"、"立君为民"，都流露出这样一种鲜明的思想倾向："天下"不应为君主个人所私占私享，"天下"理应为人民所共享。"天下为天下人之天下"，而非一家一姓的私产，表达的是西方的民有之意。① 所有的政治家都强调"得民心者得天下"，因为现实中君权虽然是至尊的，但理论上它是人民赋予的，因此也就不是第一位的，而只是次级的权力，赐给君主以权力的人民才是第一位的，才是终极权力的拥有者。"立君为民"要求统治者必须增进人民的福祉，为人民提供符合人性的生活。这一倾向，应该说实质上包含了一种"民享"的思想因素。何况，民本伦理和民主思想均以人民为国家政治之本位，均以民意作为政权之基础，均强调重民、爱民、保民。可见，民本与现代民主有某些共通之处，正是因为二者的相通，我们才可以说，民本伦理是我国接受西方民主思想的衔接点和基础，它的内部蕴涵着从君主制向民主制发展的种子。李存山教授曾说，如果我们用现代民主的分权思想来比附夏、商、周三代的民本思想，那么我们可以说，在夏、商、周三代也潜含着三权分立的观念。因为天的意志代表民的意志，而王又须按照天的意志来执政，那么民似乎具有立法权，王则行使行政权，而对王的选举、监督和罢免权则属于天。当然，这只是一种比喻，我们以此比喻是想说明，按照《尚书》中的设想，社会的权力和权利是可以有所节制而保持平衡的。不过这显然要以统治者对天的信仰、崇拜和畏惧为条件。我们在《尚书》中可以看到，天子因为畏惧"天之罚"而不敢"不敬厥德"，而那些暴君最终被新的君王以"天讨有罪"的名义所打败。② 这是因为在民本伦理与君主制的结合中，存在一种内在的张力，君主的权利理应代表民众的利益和权利，二者一致时君主就可成为民之主，一旦人们认识到君主制最终是与人民的利益相悖时，民众就会行使自己的革命权改易新主，迫使君主制向民主制转变。传统民本要求为民做主，现代民主要求让民做主，二者都把人民的权益置于突出地位，其根据都是人民本身有权自己做主。所以，民本伦理包含的民主因子，既可为民主思想的成长提供适宜的社会生态环境，也可为民主建设提供借鉴和支持。

---

① 胡发贵：《"天下为天下人之天下"——中国古代民主观念的滥觞》，《东南大学学报》（哲学社会科学版）2004 年第 5 期，第 37—41 页。

② 李存山：《中国的民本与民主》，《孔子研究》1997 年第 4 期，第 4—15 页。

（三）民本与民主的本质区别

尽管民本与民主之间有相通之处，由于民主的历史性特征，二者还是有原则性区别，民本仅仅是统治阶级的一种治国方略，其根本目的是为了维护君主统治及其相关利益，而民主的目的是为了维护民众本身的利益，这种根本差异主要通过以下几点呈现出来：

首先，与现代民主弘扬个性、强调创新与个体发展有所不同，民本强调的是整体、秩序与稳定，缺乏真正的平等观念，在社会实践中更不可能实现平等，不仅理论上民众是整体性而不是个体性的，民众自身也缺乏个体意识和公民意识，他们只有作为集体才有意义和价值。一般来说，古今中外的各种政府，都不会承认自己是在为自身的利益而行使权力，它们总会打着各种各样的旗号宣布自己在"为民做主"，是在代表人民来管理国家，因此就产生了政治学中所谓"合法性"问题。究竟怎样才能判定一个政府确实代表人民，因而是合法的呢？近代的观点是：政府的合法性来自大多数人的认可与支持。显然这需要两个前提：一是对所谓"大多数人"确实可以在量上作出判定；二是现代意义上的民主意识，是以"人人生而平等"的观念为基础的，这里的平等的本质在于它的法律意义，即"法律面前人人平等"，不仅说明其实体意义，更强调其个体意义，是社会现实生活中的权利平等。显然，只有在人民具备较强的个体意识、公民意识并能独立思考、独立行动的社会中，这两点才能做到。在个体意识完全被泯灭的情况下，尽管有许多近似民主的举措，却不能转化为民主的事实，充其量只能是统治阶层的施舍和恩赐，泯灭个体的所谓民主没有任何实质意义。

其次，现代民主信奉的是主权在民的观念，而民本伦理在实践运作过程中，强调的是为民做主，而非人民做主。这种差异主要表现为以下几个方面：第一，二者目的不同。民本伦理并不是要摈弃专制制度，而是相反。它所倡导的得民之道、治民之术、爱民之法、利民之方都是在力图构筑一种比较高明的专制制度的理论模式，并不具备任何超越和否定专制制度的因素。尽管其有一定的历史进步性、合理性，但是它的本质与民主是完全背道而驰的。中国的民本是从君主民从的既定关系出发，讨论设君之道和治民之道，论证民对君的制约、君对民的政策以及君与民结为统一体的条件，其中心是强调民是国家、社稷的基础，治民是君主政治之本，能否安定民生关系到国家兴亡、政治盛衰，其精神实质是通过强调民在国家、社稷中的地位和作用，告诫统治者要重民、养民、恤民、保民，处理好君民关系，从而达到一种理想化的君主政治模式，其最终取向不是通过赋予民众政治权力而否定君权至上，而是通过规范君主对民众的政治行为实现国泰、君尊和民安。人民仍然处于完全的被统治地位，他们是被动的而不是主动的，他们是控制对象而不是控制主体，他们是统治顺序上的重要一环而不是统治秩序的决定者，总之，他们是工具性的。但民主从源头就强调人民是主权者，相对于政府行政官一类"统治者"而言，人民是主动的，是控制主体，是统治秩序的决定者，本身就是目的。现代民主更强调人民当家做主，人民是国家的主人，政府是执行人民意志的权力机关。因为政府的权力是人民授予的，所以政府要受到人民的监督和制约。如果政府滥用权力侵害人民的利益，人民便可收回政府权力，重新建立代表他们意志的新政府。第二，民众在政治生活中的作用不同。人民民主中，公民以一定的方式参与国家政治活动，管理国家和社会事务，包括新政府的产生、国家大事的处理、国家政策的制定等。在此，人民是主动的，政府行政官只能臣服于民意，他们必须在体现了公意即人民意志的法律与政府架构下活动，日常状态下的降服与非常状态下的暴力并不夸张地对峙，人民主权保障着规范内的安宁幸福与规范外对行政官的制度化替换可能。古代民本伦理也在一定程度上反映着下层民众的意愿，要求君臣权力的行使以民意为导向。如果沿着这一思想逻辑发展下去，把人民的最终决定作用转换为一种法定程序和政治权利，就会导向民主。但实际运作中，作为被动的人民，只要统治者能够施加恩惠，则民众只能在舟下做水，承担起被压榨、被奴役的重负。在负舟与覆舟的合适限度内，民众便不成其为令人担忧的力量。人民的作用，仅只限制于日常状态下的受压与非常状态下的暴动两点。由于君主政治的暴虐和民众没有合法的政治权利，暴动和起义便成了下层民众利益表达的最重要形式和施加政治压力最有效的手段。历代思想家们恰恰都是在原则上承认推翻暴君在道义上的合理性，把民作为介入政治运行过程或者使其成为新君主的政治工具，即君有赖于民，而民则归于君。在民本伦理中，民不是目的，也不是权力的主体，所谓重民也不含有对普通百姓个体价值和权利的尊重。真正的民主是站在民众的立场上，论证人民群众治理国家的合法性和正义性，它要建立的是保护人民群众权益的法律机制和政治制度，它内在地包含了人民群众是历史主体的思想。民本则是站在君主的立场上思考问题，它以君主为核心，志在得出君主重民爱民的结论。在它那里，君主是社会生活的主体，而人民群众则是这个主体行为被动接受的客体。第三，对权力的认知前提不同。民主的逻辑前提是人民拥有绝对的权力，这种权力具有天然的合理性，其他社会上的一切权力都是从这个权力中派生而来的，它们受制于这个权力并为这个权力服务。而民本伦理的前提却是君主拥有至高无上的权力，民则是君主管制的对象。在这里，君与民是对立的两极，君不是民中的一员，而是在民之上的一个社会主体，君主的权力是绝对权力，任何人都不得分享，在君王面前人民只能是无条件地服从，没有独立思考的权利。民本伦理所要求的只是，君主虽身在高位但要念及百姓，施惠于臣民，绝不存在给人民大众以政治权利的意图，所以从本质上来看，民本伦理根本不属于民主的范畴。

再次，民主是政治范畴，强调权力的制约与法律基础，民本是道德范畴，强调的是在上者的聪慧和贤良。现代民主不仅注重主权在民的思想，还注重法律至上思想，无论是对政府官员的任命还是对各种社会问题的处理，都必须以法律为准则。法律是公意的化身，具有最高的权威性，国家政府各级官员和各级部门被赋予的权力，在时间和空间上均受到法定的限制。民主作为一个政治权力范畴，它最初的提出就是为了制约统治阶级内部的个人专权和独裁现象，其目的是通过从理论上对社会多数人权力和权威的认定，在实践中对统治者内部掌权者的权力运用加以制约，从而防止社会政治权力被个别掌权者滥用，发生残害民众的现象，保障多数人的利益。因此在西方，民主一词总是在与政府专制相对立的意义上使用的，民主概念在后来西方思想史上的发展也正是沿着这个方向前进的。另外，民主既然作为制约政府的一个手段，我们就必须对其建立制约政府的权力机制和权力模式从理论上作出探索和挖掘。既然人民是一切权力的来源，而政府只是基于人民的委托才获得了权力，那么这种权力必然要受到人民的监督，因此政府是否受监督成了衡量民主制的另一个重要标准，在此基础上延伸出共和制、代议制、三权分立、法律至上等思想理论，由此民主又获得另一种价值，即作为保障人民利益的手段而存在。民主赋予公民以社会主人的地位，建立社会组织只是为了确认和保障公民的权利和利益，这样，从民主概念中又相应地延伸出平等、自由、人权等观念。民本概念则是一个道德概念，它表达的是一种道德诉求，旨在限制和约束君主的行为，重在对君主和官吏的品德人格的塑造，它所要解决的核心问题是如何保持一个王朝统治者政权的巩固和长治久安，其爱民利民的提出，则是针对封建统治者轻民、贱民的现象而言的，其目的是通过让统治者意识到人民力量的强大性和危险性，从而使统治者自觉地爱民，不做对人民有害的事。它论证问题的逻辑思路是：既然人民群众具有推翻君主的巨大力量，是威胁君主统治的最大祸根，那么从巩固自身的统治出发，君主就应该妥善处理好自己与社会民众的关系，节制自己的贪欲，施恩惠于民众，不要使自身与民众的矛盾激化。为此，民本伦理对君主和官吏的道德素质提出了较高要求，既要求君主无止境地修德养善以便选贤任能，真正做到爱民贵民，也要求所有官员修身养性以便清正廉洁，扶助君主实施德治仁政。民本伦理所要塑造的理想人物就是"明君"和"清官"，所要达到的最高境界就是"先天下之忧而忧，后天下之乐而乐"。可以说，民本概念的基本功能就是在肯定封建君主统治的合法性和封建专制制度的合理性的前提下，通过对拥有绝对权力的统治者的道德启发，实现官与民双方的互利互惠。在民本概念中内在地包含着两个相互关联的思想：一是德政思想，把统治者的道德看作是社会治理好坏和能否强盛的关键，由此引申出仁政、礼治、内圣、外王等思想观念；二是救世思想，即关爱众生，救护众生，这在后来的发展中形成了中国独有的所谓"为天地立心，为生民立命，为往圣继绝学，为万世开太平"以及"修身、齐家、治国、平天下"的救世主式的道德理想模式。① 在民本伦理中既孕育不出现代民主所需要的平等、自由观念，也孕育不出现代民主所需要的权利、法治意识，因此笔者并不赞同"民本是现代民主的初级表现形式"的说法。

最后，民主和民本的基础不同。近代民主建立在资本主义市场经济基础之上。马克思指出："如果该经济形式——交换，确立了主体之间的全面平等，那么内容，即促使人们去进行交换的个人材料和特质材料，则确立了自由。可见，平等和自由不仅在以交换价值为基础的交换中受到尊重，而且交换价值的交换是一切平等和自由的生产的现实基础。作为纯粹观念，平等和自由仅仅是交换价值的交换的一种理想化的表现；作为在法律的、政治的、社会的关系上发展了的东西，平等和自由不过是另一次方的这种基础而已。"② 建立在交换基础上的民主思想，首先表现为每个个

---

① 王来金：《"民主"与"民本"概念辩证》，《社会科学》2000年第4期，第16—20页。

② 马克思：《政治经济学批判》，《马克思恩格斯全集》第46卷（上），人民出版社1956年版，第197页。

人都有基本的自由权利，可以自由地支配自己的身体和精神，自由地决定自己的事务。真正的民主意味着个体之间的权利和义务的平等，不允许存在任何特权。但是，民本伦理所含的德治仁政思想，仅仅是停留在道德说教的层面上，没有也不可能在中国传统社会促成一种制约君主权力实体的产生，因为自给自足的小农经济是封建专制制度的基础，小农阶级的分散性和依附性特点，决定了他们对权利的无奈和漠视。在这个基础上，不仅个体的权利无从谈起，就连个体的尊严和价值也成为妄说。在民本伦理的熏陶下，人们习惯于人身依附，缺乏公民意识。重道德、轻法律，重义务、轻权利，不懂得或不习惯运用法律武器来争取生存和发展所必须拥有的权利，更谈不上积极地通过法律诉讼，冲破各种面纱与障碍去达到义务与权利的真实平衡。在现代民主的理念中，任何权力的合法性都建立在承认人的尊严和人权的基础上，建立在每个个体拥有基本的自由权利、每个个体之间的权利是平等的基础上。民主不是对个人的否定，而是对个人的尊重与高扬。马克思主义也从来不否定个人，而是认为"任何人类历史的第一个前提无疑是有生命的个人存在"[1]，"要不是每一个人都得到解放，社会本身也不能得到解放"[2]。马克思、恩格斯所设想的未来社会，就是要让每个人都能得到自由和全面的发展。历史表明，不论民主政治制度的具体实现形式如何多样复杂，只有真正认识到人民中个体的重要地位和作用，真正认识到人民群众才是推动历史发展的动力并将之转化为具体的制度和策略，伴之以法治的保障，才能实行真正广泛的、为普通民众所享有的民主，否则，民主必将成为少数垄断财团、特权阶级、政客用来分享国家的权力和图谋私利的工具。依照马克思主义理论的预测，只有到了共产主义社会，人们才能获得真正的平等和自由，因而也才会建立起真正意义上的民主管理制度。民本伦理和宗法等级制度难分你我，完全建立在等级制度之上并为之服务，民众既无经济自由更无权利，造成的结果是人对人的奴役，忽视人的尊严和主体资格，而政治民主和经济自由、个体权利与平等紧密相连，可见民本伦理和真正的民主追求无涉，民本无法转化为民主。

---

① 马克思、恩格斯：《费尔巴哈：唯物主义和唯心主义观点的对立》，《马克思恩格斯选集》第1卷，人民出版社1972年版，第24页。

② 恩格斯：《反杜林论》，《马克思恩格斯选集》第3卷，人民出版社1972年版，第332页。

综上所述，民主和民本既有本质的区别，也有一定的联系，把民主和民本绝对对立起来的认识是错误的。由于民主是个渐进的过程，就绝不会只有一个模式，它根植于现代的不同历史环境、不同社会制度的国家中，必须有各自的特点。历史事实表明，不以本民族的历史文化传统为根基，不充分考虑本国的具体国情，试图通过全面移植西方的方式构建现代民主，这在中国是行不通的。民主如果脱离了民本，漠视以至无视现实社会生活中普通民众的共同利益需求，那也只是一种虚伪的民主。同样，简单地把民本当作民主也是不合适的，它会带来我们观念认识上的失误，阻碍真正民主实现的进程。因为民主是民本的升华，吸取民本伦理思想中的精华有助于我们更快更好地走向民主。我们不得不承认，由于人性的弱点和人类良知的尚未普遍觉醒，单有民主政体并不适宜于全人类未来，单有民本观念靠统治者自觉地提高执政能力又是不可持久的，故而在政治制度的建设上，应该注意运用民主原则来塑造政治制度，建立和健全权力制衡、防治腐败的机制；在行政道德的建设上，则应该强调弘扬民本伦理精神，提升全民的伦理道德素养，立足于民族文化的根基，吸取并根据实际情况创造性地改造外来文化，创建自己特有的符合实际的民主型政治文化。

二　民本伦理的权利意识与不足

"民权"一词是由国外传过来的，那么，中国古代有没有民权呢？梁启超认为："民权之说，中国古无有也。法家尊权而不尊民，儒家重民而不重权，道墨两家此问题置诸度外，故皆无称焉。"[①] 赵馥洁先生也认为："公民权在政治方面就是自由和民主的权利。在封建时代，中国的政治制度是专制主义，广大民众没有民主权利。古代的民本思想诚然肯定了民为贵的价值地位，但这种价值是从属于、依附于君权的。"[②] 但夏勇教授在《中国民权哲学》一书中却指出："近些年来阅读古代尤其是先秦思想史料，我越来越多读出的，却是关于民权的思想。中国古代的民权思想，犹如一颗宝石，一旦拂去由种种御民学、统治术厚裹的岁月尘埃，洗尽由欧

① 梁启超：《先秦政治思想史》，天津古籍出版社2003年版，第212页。
② 赵馥洁：《价值的历程——中国传统价值观的历史演变》，中国社会科学出版社2006年版，第314页。

洲文化中心主义和长期的革命批判烙下的现代垢印，便会在我们的眼前熠熠生辉。"① 基于同样的历史事实，却得出差异如此明显的结论，使我们不得不对传统文化和现代权利意识进行更深入的剖析，以便明确历史真相。

（一）中国古代的权利意识

剖析历史会出现见仁见智的情况不足为奇，因为各自的立足点和看问题的视角有所不同。但要全面的理解民权就应该了解它的主要内容和表现形式、是否合理以及合理性的依据、产生的原因以及它的地位、价值和作用等。清末"民权"概念在中国开始流行，但其含义有两种说法：一种说法认为民权来自日本对英文"民主"一词的翻译，取的是卢梭"人民主权"之义。这是一种集合的民权概念，首先是针对君权的。"民权"概念是一个与"君上大权"的权相通的概念，即人民掌权的权。严复说到英国的情况时曾指出："二百年以往，其权在国王；百年以往，其权在贵族；五十年以往，其权在富人；直至于今，始渐有民权之实。"② 这个权是权力和主权之权，政治权力的权，也就是指的民主。这里的含义很清楚，就是一般的老百姓要掌握国家权力。所谓权力，既是处分、制约他人的能力，又是可以单方面地裁制他人，而不像权利那样是个体性的，并有个人义务作为附随。另一种说法认为"民权"是对"自由"一词的翻译，这样的民权就是一种分散的民权概念，即公民权和宪法权利，也就是对自由的一种法律化表达。廖仲恺在《革命继续的工夫》中说："民权这两个字的解释，在政治上说，就是人民有参预立法、容喙政治的权；在法律上说，就是人民有不许别人侵犯他的身体、言论、信仰、住居、集会种种自由的权。"而在中国的宪政史上，民权一词的含义一直徘徊在民主与自由之间，有时它可以指一种整体性的民主诉求，有时则指一种分散化的个人权利概念。但在 20 世纪后半叶以来，它的含义更多的指向后者。依此观之，我们不难发现以上研究者的说法在某种程度上都有其合理性，但也存在一定的偏颇。

笔者首先肯定民本和民权之间有着密切的联系，但并不相信古代中国

---

① 夏勇：《中国民权哲学》，生活·读书·新知三联书店 2004 年版，第 2—3 页。
② 王栻：《严复集》，中华书局 1986 年版，第 241 页。

已有现代的民权内容。正像夏勇教授所言，我们不能到古代文献里寻找像"民权"那样的词汇，而是要深刻的理解和把握权利概念。所谓权利，就是特定的主体对特定的客体提出与自己的利益或意愿有关的必须作为或必须不作为之要求的资格，也可以按照这里的资格所指向的目标和内容，把权利说成一种利益，一种意愿，或者一种要求。只要这种利益、意愿或要求获得了道德的正当性认可，从而使特定的主体获得主张该种利益、实现该种意愿或提出该种要求的道德资格或地位，就能成为一项道德权利，进而，再通过实在的制度体系，具备制度或法律上的资格，就能转化为一项法律权利。古代中国的民众有没有这种资格呢？答案是肯定的。"民惟邦本"的民本思想核心，既是一个价值判断也是一个事实判断。在价值法则方面，民本与人本相通，它们都把尊生爱人、保民养民作为最高的价值；在政治法则方面，把人民的赞同与否作为判断国家治理的政治标准，符合这样的价值法则和政治法则，统治就具有合法性和合理性，也才具有权威性。由于先秦思想中民与天是直接贯通的，爱民、尊民，乃是遵从天地之性。民是天生的，君是树起来的，树君的目的是为了更好地维护和拓展民众的利益，君与民有利害冲突时，自然要舍弃君的利益，保全民的利益。如果统治者违背了这种自然之性，民众也就有了借天易君、推翻统治者的天然权利。这样的天民关系论和相应的君民关系论，无疑肯定了民众作为自在主体的道德资格，为民众伸张自己的权利提供了天然的合法性。[①] 认同权利必须认同其道德基础，否则就有可能演化为强权。学者李祥俊以具体的事实展示了古代中国的民权内容，他说：古代民本思想中存在民权思想，主要表现为：（1）肯定君主、官吏的权力来源于民众；（2）君、官的主要职责是为民众服务；（3）君、官应该接受民众舆论监督；（4）民众对暴君、昏官有革命权。[②] 问题的关键是传统的民本学说里还缺乏明确的作为制度操作概念的民权，有关民权的思想基本上停留在理论层次上，作为一种社会批评思潮存在，由于提不出切实的民权措施，来源始终是来源，君主实际上是政治主权的拥有者，民众既无政治上的民主权利也无法律上的自由权利，这是中国传统民本论中微薄的民权因素和现

---

① 夏勇：《中国民权哲学》，生活·读书·新知三联书店 2004 年版，第 4—10 页。

② 李祥俊：《中国传统民本论中的民权思想》，《淮阴师范学院学报》1999 年第 2 期，第 18—22 页。

代民权观念的一个重要差别。

其次笔者不希望把民本伦理中的民权意识和理念当作民权本身，毕竟"权利是对个体意志的法律认可。人们通过拥有权利获得了他们的具体性、人性和主体性"①。民本中的"民"是一个整体性概念，其个体意志无从谈起。先秦儒家的民本伦理虽然包含着人民利益构成君主权力基础的意思，但并没有赋予人民以监督、节制和罢免君主的权利，而是把这种权利寄托于"天"，这也就是后世君主纷纷以"符命"、"谶纬"、"奉天承运"来建立自己权力的合法性的原因。当汉武帝"独尊儒术，罢黜百家"时，儒家的"五伦"已渗入法家的因素和"三纲"密切地联系在一起了，君主对于臣、民的权力被绝对化、神圣化。"显然，在君主集权的体制下，人民是没有公民和政治权利可言的。"② 但民权、民主表现更多的是政治价值，公民权在政治方面就是自由和民主的权利。只有到了明末清初，黄宗羲、顾炎武等人摆脱了天意君德的说教，直指君王与臣民、治者与民众之间的权利义务关系，一方面强烈呼唤能够自觉尽"兴天下公利"之义务的明君的出现，另一方面，强调用制度来扼制政治权力的滥用，才把传统民本伦理向前推进一大步，使民众政治权利的实现呈现出模糊的影像。

从理论本身进行考察，民本的价值法则和政治法则不仅不是专制制度的原因，而且还能发挥缓和专制政治、促进政治开明的历史作用，在某种程度上可以说是通向仁政的桥梁。但仁政的理想在现实运作中却有反民权的实质，正如梁启超所说："夫有权之人好滥用其权也，犹虎狼之嗜人肉也，向虎狼谆谆说法，而劝其勿食人，此必不可得之数也。"如何才能实行真正的仁政？曰："不可不钳制之以民权。当其暴威之未行也，则有权以监督之；当其暴行之方行也，则有权以屏除之；当其暴威之既革也，且有权以永绝之。"③ 要达到这一目的，必须由一定的可操作程序来保证，不能只停留在理论论说中。民权的程序法则是由一系列制度规设构成的，主要包括两个方面，一是积极意义上的民权制度，即关于民治的制度，从法律上解决民众如何确定政治主体资格，通过有序的参与来行使主权的问

---

① ［美］科斯塔斯·杜兹纳：《人权的终结》，郭春发译，江苏人民出版社 2002 年版，第 11 页。

② 李存山：《儒家的民本与民权》，《儒家传统与人权·民主思想》，齐鲁书社 2004 年版，第 83 页。

③ 陈永森：《告别臣民的尝试——清末民初的公民意识与公民行为》，中国人民大学出版社 2004 年版，第 138—139 页。

题；二是消极意义上的民权制度，即关于自由的制度，从法律上解决政府不得侵犯个人自由尤其是人身、财产等权利的问题。前者主要靠代议制的民主政体来实现，后者主要靠独立公正的司法制度尤其是诉讼制度来保障。传统的民本学说里恰好缺乏明确的作为制度操作的民权，只有作为起义暴动之动力的非制度、非程序的民权。梁启超指出："中国人很知民众政治之必要，但从没有想出个方法叫民众自身执行政治。所谓 by people 的原则，中国不惟事实上没有出现过，简直连学说上也没有发挥过。"①民本伦理的重点是对君主权力的维护，而不是对民众权利的重视，更不是对个体权利的保障。对于统治者的行为，只强调用道德的力量来约束。建立在以血缘为基础的宗法人伦之上的民本伦理思想，其价值追求在于实现伦理理性、伦理正义，古老的民本之树不会开出民权之花。

（二）西方权利观念对中国民本伦理的修正

众所周知"民权"这一概念源于西方传统政治文化，古希腊时期主要指公民参与城邦管理的权利和资格。到了近代，社会契约论所阐述的原则构成了西方民权思想的主要理论基础，它从"自然法"、"自然权利"和"社会契约"的角度，主张人的生命、自由和财产是人人享有且不可剥夺的自然权利，政府的产生源于与民众订立的契约，政府如果违背了民众的委托施暴政于民众，就等于践踏了契约，民众就有权推翻政府，这就是"主权在民"的本义，意味着民众对国家政治制度建设与运作有着决定性力量。随着西方殖民主义势力的入侵，其民权概念也渐渐被中国人所接受。然而，中国先进的知识分子在关注、宣扬西学、西法的同时，又把目光投向中国传统的思想文化范畴，试图从传统的文化典籍中找到与西方民主思想制度相契合的内容，依据中国传统文化对西方思潮进行理解和加工，将中国传统的社会政治思想与西方的民权思想进行对接。在早期改良派思想家的心目中，唯有采纳西方的议会制度才能解决"君民之隔"的状况，西方的民权思想就成了他们倡导在中国实行君主立宪制度的有力武器。他们提出"民权不过重，君权不过轻"的"君民共主"方案，要求在君权专制之下一定程度地提升民权，希冀把政治推向既非君主亦非民主的境地。他们心目中的民权是"达民情，采公议"之权——有限的政权，

① 梁启超：《先秦政治思想史》，天津古籍出版社 2003 年版，第 229 页。

要求君主一定程度的分权于下，意在补专制之偏失，但民权与君权之间并不平等，似乎是为了君权才发展民权；同时"对民权中的'民'缺乏严格的界定，或者是官吏，或者是士人，或者是工商业者，或者兼而有之，而对普通的农民大众恰恰采用忽略的态度。戊戌变法期间，维新派虽然在学理上承认民是天下之真主，但在实践上则始终把民放在受教育和被统治的地位，'兴民权'实际上不自觉地被换成了'兴绅权'"①。但维新派提出的"民权"说，已经超越了民本伦理的皇权主义层面，进展到民权主义层面，希望用宪法来保证民权的实施。从法哲学层面，站在"民"或"绅"的立场来谈人民权利问题，对于被专制集权和政治伦理观念紧密结合起来主宰历史命运几千年的中国来说，实在是具有革命性意义，"君民共主"的设计提高了民意的政治地位，对封建统治合法性的道统产生了微弱的动摇，民权被当作不可剥夺的"天权"。民权与君权的共容不再以民权的依附性为度，民权的权利价值与扶危致强作用大为张扬，民权与君权几乎平等。但维新派的民权理论毕竟是不彻底的，因为他们同时认为中国民众尚不具备使用权利的素质，在实践中就用传统的"重民说"、"君民共主论"对西方民权思想进行改造，使西方原有的带有反对君主专制的民权思想演变为维护君主立宪制度的产物。

资产阶级革命派的民权观全面阐述了人民主权原则，主张完全根除专制君权，民权与君权彻底对立。孙中山的民权主义在理论上以民主为第一要义，树立主权在民的政治权威，希望以人民的力量去管理政治，贯穿自由、平等、博爱的精神，其实现的必由之路是实行国民革命，构建共和制的中华民国。"今者由平民革命以建国民政府，凡为国民皆平等以有参政权。大总统由国民公举。议会以国民公举之议员构成之，制定中华民国宪法，人人共守。敢有帝制自为者，天下共击之。"② 国家主权属于国民全体是孙中山特别强调的，主权在民实际上就是确立公民权利至上的原则。辛亥革命终于实现了民权对君权形式上的替代，反君主专制的结果是民作为一个整体上升为权力的主体，理想化的人民主权被视为独立自主的全能状态。这种民权明显地具有自己的特点：第一，具有工具主义特征。在浓

---

① 陈永森：《告别臣民的尝试——清末民初的公民意识与公民行为》，中国人民大学出版社2004年版，第123页。

② 孙中山：《同盟会宣言》，《孙中山全集》第1卷，中华书局1981年版，第299页。

厚的民族主义观念背景中，并没有从政治本质上来对民权进行深入思考，更多的是被作为救亡的工具来考虑。第二，具有理想主义特征。一方面，民权的社会作用被夸大，实现过程被认为可以缩短、可以迅速达到；另一方面，民权实现的本土资源和现有社会基础被忽视，民权制度建设的复杂性被忽视而倾向于照搬外国制度。第三，具有集体主义特征。人民仍是一个集合性概念，其权利是集体本位，而非个体本位。[①] 总之，民权作为一种政治话语，在近代的政治发展中发挥了重要的指导功能，它是中国化的民主权利话语，在中国民主革命的特定场景中继承并改造了传统政治文化中的有进步意义的价值观念，有目的地借鉴了西方各种政治学说的适用成分，与西方民主观念在内涵和使用方式以及目标导向方面有着或明显或微妙的差异。[②] 近代民权的进程主要以统治者与被统治者之间的矛盾为中心，以寻求这种矛盾的彻底解决为任务，以改造整个社会结构为目标，并未把个人之间、个人与社会之间关系的调整与平衡作为首先考虑的要点，因而与真正的民主与民权尚有一段距离。

近代民权思想者与古代民本思想者的最大区别，乃是学会了使用权利词汇，并且希望通过赋予民众以权利，用民权来武装民众，使他们自立、自为、自强，真正成为坚不可摧的国家之本。民权概念中灌注了权利意识，冲击君主专制就势所必然。严复以社会契约论为武器，展开对君权的大力批判，斥君主为"民贼"、"大盗"，谭嗣同通过对三纲五常的深刻揭露，提出君末民本的说法。[③] 由于梁启超等人认为君权之轻重与民众智慧之高低密切相关，所以又以"新民"为要务，开民智、新民德以鼓民力，最终使人人有自主之权、人人平等的观念在实践中慢慢萌芽和成长起来。经过他们的启蒙和争取，中国的先进志士开始关注民权而轻视君权，最后民权与君权彻底对立，结成生死矛盾。革命派以暴力手段推翻清朝专制统治，以革命求共和，以革命兴民权开民智，以民主立宪伸民权，以法治为体现和保障人民权利的机制。近代中国历史发展的态势表明，辛亥革命前

---

① 韩英军：《对中国近代民权含义与特性的几点认识》，《教学与研究》2005 年第 7 期，第64—71 页。

② 韩英军：《中国近代民权的演化及其逻辑》，《天府新论》2005 年第 1 期，第109—112 页。

③ 赵馥洁：《价值的历程——中国传统价值观的历史演变》，中国社会科学出版社 2006 年版，第 316 页。

十年间，民本伦理在民权民主革命思潮和民族主义思潮的双重夹击下，不仅丧失了其政治功能发挥作用的机会，而且内部结构和性质特征也发生了前所未有的变革，开始了转型或消解的过程。但是，民本伦理思想并没有因其政治生命的完结而丧失其道德方面的价值和意义。一方面，近代思想家为了减轻革命的阻力，仍借用民本伦理思想的某些话语来宣传民主民权学说和阐述自己的政治主张；另一方面，民本伦理所蕴涵的重民利民爱民和为民谋利的道德精神，已经内化为中国人的伦理道德观念和价值规范，直接或间接地左右着传统中国人的政治行为和思维方式，成为政治家和思想家变革现实、拯救民族危机的精神支柱和思想动力之一。①

（三）对新型民权观念的企盼

传统的民本伦理，虽然在一定程度上充当了中国传统社会批判的武器和政治评价的标准，但对于统治者来说，"民为邦本"的认识至多具有某种警示作用，什么时候自己权力不那么稳固，什么时候才会想到民的作用；对于士大夫阶层来说，至多提供了劝谏统治者不要忽视民众最基本利益要求的微薄资源，一旦上位者忽视民众利益，士大夫除了劝谏之外，根本没有其他的办法；而对于普通民众来说，则谈不到任何具体权利的保障，更不用说从个体出发尊重基本人权了。欲使民权深入发展，取得彻底反专制的效果，大致应从两方面努力：一是广泛宣传自由权利思想，实现文化上的创新，在经济关系的变革中贯彻广大民众的民主利益、巩固民主制度；二是发动相当程度的民众广泛参与，组建新式的政治组织以领导平民运动，推动制度创新，逐渐向民主靠近。

政治的目的在公益，公益以自由为本，而非以仁政为本。西方的民主思想强调的是"个人"为本。人民的概念，无论在全民自决的卢梭模式那里，还是在议会代议的孟德斯鸠模式里，在理论上都是作为一个同质一致的整体，即人民是由一个个自由而平等、彼此相同、可以互换的个体所组成，每个人都有追求美好生活的权力；而民本伦理强调的并不是个人，"民"是一个整体性概念，它必然产生一种虚幻的群体意识，其实质是在保持和巩固绝对的等级权力前提下，通过把群体、社会及人民抽象化、偶

---

① 胡波：《民本思想在近代中国的演变及其特点》，《现代哲学》2005年第4期，第99—104页。

像化，而全部剥夺每个个体的具体权利，用一种错觉使每个人自愿地放弃和交出自身的权利而又并不觉得丧失了自我，使每个人对等级制度不产生任何怀疑，安于既定的生命，并把自己的命运寄托在皇帝身上，形成一种必须接受上天恩赐的主宰的救世主意识。[①] 所以，历史要呼唤新的民权观念，必须对传统民本进行改造。在社会政治领域，民之所本者，乃是民权，唯有享有权利，才能拥有尊严并有力量，唯有民众享有政治权利，才能真正当家做主。公民不仅享有管理国家的权利，也有"反对国家的道德权利，当一个人受到国家的不平等对待时，纵然这种对待是以维护社会的普遍利益的名义进行或甚至这事实上的确有利于普遍利益，他也拥有反对国家的道德权利，这种权利也可称为反对政府的权利或违法的权利"[②]。同时，在某些场合下，民众的权利诉求并不指向利益，而是指向自己的人格尊严和自由。我们应当更多地从关于人性的伦理学角度来解说权利之所本。民权出自每个人的活生生的本性，出自每个人之作为人的伦理资格。这样的本性和伦理资格，可言之为德性。是故，民权本于民性，德性统摄权利。[③]

民权制度不是单纯地要人们遵守什么，而是要培养对别人的尊严和自由的尊重，同时，也学会维护自身的尊严和自由。我们要发扬传统儒学精神并弥补其弱项，一方面，把民权落实到社会的实际生活，成为日常政治的重要内容；另一方面，通过权利与义务的协调互动，彰显民性，升华民德，移风易俗，把传统民本改造为新型民本模式，注重民之所本。"民以为本者，人身、财产、自由也；人身、财产、自由以为本者，权利也；权利以为本者，人性也；人性以为本者，尊严与自由也；尊严与自由以为本者，制度也；制度以为本者，社会也。新民本论不仅从道德心性上讲民本，而且从制度上讲民本；不仅讲民意、民德、民风，而且讲民智、民能、民力；不仅讲得民心，而且讲保民权。一言以蔽之，新民本说之要旨为，民惟邦本，权惟民本，德惟权本，是谓'三本'论。由此，新民本说应当大大方方地展开自己的思路，从民之所本讲起，追问权利之所本，激浊扬清，兼收并蓄，致力于建构新的文化本体，培养合格的权利主体，

---

① 河清：《民主的乌托邦》，中国社会科学出版社 2004 年版，第 91—92 页。
② 余涌：《道德权利研究》，中央编译出版社 2001 年版，第 224 页。
③ 夏勇：《中国民权哲学》，生活·读书·新知三联书店 2004 年版，第 52 页。

改造现存的权利制度并使之得以有效地运作。"① 以上所述表明民本中的民权内容和关注对象与方式必须发生改变，夏勇先生把这种改变称为"新民本"，但笔者拙见，认为上述新民本之说一旦真的变为现实，也就意味着传统民本伦理完全改头换面走向了解体，为了避免概念的混淆和误用，最好不要再沿用民本这个词了。

三　现代人权与传统民本伦理的对接

从历史的发展可以看出，到了 17、18 世纪，人权一词才正式出现。从第一次提出"人权"这个名词后，多少世纪以来，各国人民为争取人权作出了不懈的努力，其内容也得以不断扩充，人权思想逐渐发展成为系统的学说。通常所说的第一代人权，主要指公民权利、政治权利；第二代人权包含了人的经济、社会和文化权利；第三代人权囊括了全球合作以维护和平、保护环境和促进发展的"连带权"。人权的内涵随着社会发展不断丰富，享有充分的人权，是长期以来人类追求的理想，但由于各国的文化传统和现实条件的差异，人权实现的模式又不能等齐划一，各民族在实现人权的路途中都必须在过去与未来之间架起一道桥梁，才能更好地通向自己的未来。

（一）现代人权概念的价值内涵

人类历史上，权利概念出现于人类社会由"人的依赖关系"的社会形态向"以物的依赖性为基础的人的独立性"的社会形态的历史转型过程中。权利的产生和存在的前提，就是社会对利益分配的不平等。恰如马克思所强调的，权利永远不能超出社会的经济结构以及由经济结构所制约的社会的文化发展。范伯格的态度十分有助于我们的理解，他认为："权利并不是由爱心和同情心激发的纯粹的赠品和恩赏，因为如果是恩赏，对它的适当反应则只能是感恩戴德。权利是人们能够用来维护自己的东西，当人们所应有的权利得不到时，所作出的适当的反应是义愤；当权利及时被赋予时，也无须因此而感恩，因为它只不过是人们自己的东西，或他所

---

① 夏勇：《中国民权哲学》，生活·读书·新知三联书店 2004 年版，第 54—55 页。

应得的东西。"① 所谓人权，就其完整的意义而言，就是人人自由、平等地生存和发展的权利，或者说，就是人人基于生存和发展所必需的自由、平等权利，它包括个人人权和集体人权两种，前者是指个人依法享有的生命、人身和政治、经济、社会、文化等各方面的自由平等权利；后者是指作为个人的社会存在方式的集体应该享有的权利，如种族平等权、民族自决权、发展权、环境权、和平权等。从伦理上看，珍视人的生命、尊重人的尊严是人权伦理的首要内容；尊重人的自由和平等是人权伦理的本质内容；发扬民主精神和互爱精神是人权伦理的重要内容；促进人的发展是人权伦理的终极目标。

人权的产生根源于人的本性，人的自然属性和社会属性是人的本性不可分割的两个方面。人的自然属性是人权存在的重要基础和基本根据，也是推动人权向前发展的动力，因为人的本质属性，人们要求过优裕的物质生活和良好的精神生活的愿望是不断发展的，因而人权的发展与进步也是无止境的。人的社会属性是指人是社会动物，每一个人都有资格要求因成为一个人而有尊严并得到尊重，同样也必须尊重他人的尊严。为了维护人的尊严，就有资格主动地提出应享有的要求或诉求（而不是恩赐），因此，权利是可以强索的，享有权利能够使人像一个人似的立足于社会，能够使一个人确实地感到他与任何人在某些基本方面是平等的，有自己独立的人格。个人的生命权、自由权和财产权等基本权利都是维系一个人的尊严所必需的。从伦理上看，"权利是对个体意志的法律认可。人们通过拥有权利获得了他们的具体性、人性和主体性"②。其要旨就是每一个人都有"自由意志"、即具有"自在自为的意志"的自主人格的人，并受到他人的尊重。黑格尔在《法哲学原理》中把它表达为："成为一个人，并尊重他人为人。"没有人格尊严，人就变成了会说话的工具，康德所说"自身就是目的"表达了人之"权利"的真谛。何况只要社会存在，个人与个人之间，群体与群体之间，个人与群体之间，个人、群体与社会之间，在利益上就既有一致的一面，又有彼此矛盾和相互冲突的一面，这就需要有各种社会规范，首先是法律规范，通过权利与义务的形式去调节与调整各种

---

① 余涌：《道德权利研究》，中央编译出版社 2001 年版，第 39 页。
② ［美］科斯塔斯·杜兹纳：《人权的终结》，郭春发译，江苏人民出版社 2002 年版，第11 页。

利益关系，防止一些人或群体侵犯另一些人或群体应当享有的权利，这就产生了人权问题。由此可见，人的自然属性与社会属性，是人权产生与存在的内因即内在根据。人权既同一定权利主体的利益有关，它是权利主体（包括个人、群体、民族、国家等）在利益上的理想追求、合理分配和实际享有，同时人权又是为一定的道德理想与伦理观念承认与支持的人所应当享有的各种权益，什么样的个人或群体应当或可以享有什么样的人权，法律或其他社会规范应当或能够对哪些人权予以规定和保障，总是受人类普遍认同的某些道德伦理所支持和认可，其核心是正义理念、人道主义、平等思想与自由观念。"利"与"义"构成人权的两种基本成分，是决定人权本质的两个重要因素，是推进人权进步的两个重要轮子。如此一来，"权利"理论也就是一种道德理论，"权利"也就获得了应有的道德价值，伦理学也必须讨论权利问题，民本伦理必然涉及对人权的态度和认识。

由于权利允许人们去追求自己的利益，但又不等于利益本身，从而使权利也变成了对他人的一种禁令，使个人的权利不受侵犯以保护自己的利益。人们在行使人权时必须有所限制，法国《人权宣言》就宣称："每个人行使天赋的权利以必须让他人自由行使同样的权利为限。"凡是符合权利以及道德、法律规范的利益，都是合理合法的，都应受到充分尊重，而尊重的根据就在于符合权利。由于人们的道德观念在某些方面存在差异，因而不同国家对应有权利的理解，对法律权利的规定，对实有权利的保障，又存在一些差别。同时由于历史条件的变迁，人权的原理根据也在慢慢变化，1993 年维也纳人权会议上的宣言，已不再强调"上帝"，而首先指出"承认并肯定一切人权都源于人类固有的尊严和价值，人是人权和基本自由的中心主体"，从而凸显出人本身的价值。人的权利与义务应该统一，凡是履行义务的人应是权利主体，即具有"自由意志"的人格，因为康德认为权利就是"意志的自由行使"。唯有"权利主体"的确立，才可能有自愿奉献、善行、善举，而且唯有"权利主体"的确立，才能"成为一个人，并尊重他人为人"，这样的"一个人"，才有了尊严，因而才会自尊，并以尊重别人的权利为义务，视他人为"目的"，进而通过实践不断提升自己的德性修养，这就规定了讲义务、讲道德的自愿、自觉特性。马克思主义的人权理论主要包含以下观点：第一，人权不是天赋的、永恒不变的，而是历史地产生和发展的。恩格斯以平等权利为例，阐述了人权在历史上产生和发展的过程："在原始社会，只存在公社成员之间的平等，妇女、奴隶和外地人自然不在此列。在奴隶社会，占统治地位的意识形态默认贫穷、不平等和压迫，而且嗜好奴役、酷刑以及战争的残忍和暴虐。在欧洲中世纪，基督教虽然也讲平等，但只是一切人原罪的平等，作为上帝选民的平等。只有在一个相互影响和相互防范的、相互平等地交往而且处在差不多相同的资产阶级发展阶段的独立国家所组成的体系的基础上，只有在孕育出市民等级之后，才有可能谈人的平等和人权的问题，自由和平等也很自然地被宣布为人权。"① 第二，人权是具体的，没有抽象的人权。"任何一种人权都没有超出利己主义的人，没有超出作为市民社会的成员的人，即作为封闭于自身、私人利益、私人人性、同时脱离社会整体的个人的人。在这些权利中，人绝不是类存在物，相反的，类存在物本身即社会却是个人的外部局限，却是他们原有的独立性的限制。把人和社会连接起来的唯一纽带是天然必然性，是需要和私人利益，是对他们财产和利己主义个人的保护。"② 第三，人权内容的变化发展是由特定的生产方式所决定的。马克思对此有精辟的论述，他说："如果说经济形式，交换，确立了主体之间的全面平等，那么内容，即促使人们进行交换的个人材料和物质材料，则确立了自由。可见，平等和自由不仅在以交换价值为基础的交换中受到尊重，而且交换价值的交换是一切平等和自由的生产的、现实的基础。作为纯粹观念，平等和自由仅仅是交换价值的交换的一种理想化的表现；作为在法律的、政治的、社会的关系上发展了的东西，平等和自由不过是另一次方的这种基础而已。"③ 第四，权利和义务是对立的统一。马克思认为："一个人有责任不仅为自己本人，而且为每一个履行自己义务的人要求人权和公民权。没有无义务的权利，也没有无权利的义务。"④ 实际上是个人利益和社会利益的关系，这是人权问题中的价值关系。研究传统民本伦理必须以上述有关人权理论为出发点和依据，才能正确认识民本思想中的人权因子。

（二）民本伦理中蕴涵的人权精神

在我国，所谓"天赋人权"的思想是从西方输入的。毛泽东在评美

---

① 《马克思恩格斯选集》第 3 卷，人民出版社 1995 年版，第 447 页。
② 《马克思恩格斯全集》第 1 卷，人民出版社 1985 年版，第 439 页。
③ 《马克思恩格斯全集》第 46 卷上册，人民出版社 1985 年版，第 197 页。
④ 《马克思恩格斯全集》第 16 卷，人民出版社 1985 年版，第 16 页。

国白皮书的文章中曾讲过，从 1840 到 1919 年五四运动前夕的 70 多年中，"中国人民被迫从帝国主义老家即西方资产阶级革命时代的武库中学来了进化论、天赋人权论和资产阶级共和国等思想武器和政治方案"①。古代中国不可能有人权概念，然而丰富灿烂的文化传统中包含有人权思想的萌芽。学者龚艳认为："人权精神就是一种人在人与自然、人与社会、人与自我的对立关系中先行承认个人、并视个人为首要的道德良知和道德价值判断主体的精神。""经过几千年发展的儒家文化其中虽然没有直接出现'人权'的概念，但其人文精神、伦理道德观、政治法律思想等内容蕴涵着丰富的、朴素的人权精神。因为儒家文化主张以人为本、以人为贵，提倡思想言论自由，重视满足人民基本的物质生活需要，肯定人民有平等受教育的权利，并将道德教育作为预防犯罪的重要手段，关注个体与集体的和谐发展，主张'天人合一'，实现人与自然、人与人、人自身的和谐。"② 这些内容都是人权精神因素的体现，但它们仅仅是模糊的、片段的、朴素的，没有直接用"人权"概念概括，也没有形成一个完整的理论体系。

近代人权观认为，要保障人权的实现，必须以民主制的国家政体为基础，而儒家民本拥护的是君主专制，这一点显然与民主政体相抵牾；人权概念是人生而平等，不论其性别、地位、种族、宗教、国籍都应享有人之为人而应有的权利，而儒家文化是强调以伦理义务为本位，维护的是君主专制和等级观念，似与人权观念格格不入。但人权的概念与人权的精神是有区别的，人权精神应该是人道精神、大同精神和法治精神的结合。中国传统文化是富于人道精神的，儒家的"己所不欲，勿施于人"、"仁者爱人"、"泛爱众"、"己欲立而立人，己欲达而达人"、"天地间，人为贵"，这些信手拈来的习俗用语，充分展示了儒家思想中在处理人与人之间关系时应该怀有尊重、爱护、体恤。③ 大同精神也是中国古代思想另一展高擎的大旗，但是推行人道追求大同，不是借重个人权利，而是借重个人义务，不是借重法治，而是借重德治，中国缺少的主要是能够与达致人权、实现人权相契合的法治精神。因为中国传统文化把人权的实现，寄托在道

---

①　《毛泽东选集》第 4 卷，人民出版社 1991 年版，第 1451 页。
②　龚艳：《儒家文化之人权精神》，《理论学习》2007 年第 6 期，第 55、53 页。
③　庞从容：《儒家伦理法中的人权思想》，《宁夏社会科学》2003 年第 3 期，第 105—108 页。

德的力量上，希望依靠"仁君"实行"仁政"和"德治"来保障人的权利。霍尔巴赫曾高度赞扬中国的政治与道德原理，他说："中国可算世界上唯一将政治的根本法与道德相结合的国家。"① 伦理型的文化特质决定了其人权思想也主要从道德原则来论述人权问题，并试图依靠道德的力量实现人权，完全不同于从自然法角度提出人权的西方智利型人权思想，它重人文，不重天文，强调道德，而轻功利。同时从价值判断的角度来说，民本伦理主要包括两种含义，一指人民是国家和社会的价值主体，二指只有得到人民拥护的君权才能得以确立、巩固，所以，在古代中国，礼与法结合，君王实行相对开明宽松的政策，这一方面是古代帝王为了维护与巩固自己的统治地位所必需，另一方面为帝王尊重民意保障生命权利、追求当时时代所能达到的平等提供了某种可能性，为人权的发展提供了一定的文化资源。有学者认为："人权是人的价值的社会承认，是人区别于动物的观念上的、道德上的、政治上的、法律上的标准。"② 在这一定义中，包括人权"是人的权利"、"是人作为人的权利"、"是使人成其为人的权利"、"是使人成为有尊严的人的权利"等多个层次。中国文化对人的观察，更多的也是去挖掘人的本根（本性）、人的价值，而较少停留于物质和形体层面，不仅认为人有德性是其区别于动物的主要标志，而且在人神关系的处理中，秉承人是目的神是手段的精神，"人人皆可为尧舜"、"涂之人可以为禹"又论证了人在道德面前的平等性。社会中的人主要是符合一定伦理规范并在一定的伦理圈子中活动的人，从中很难找到个体独立意义上的人权概念，主要是道德意义上的人权。儒家认为道德力量的来源是"善"，只有"善"，才能"仁"，只有实施"仁"，人民才可能得到权利。孟子明确承认人具有自然属性，他说："口之于味也，目之于色也，耳之于声也，鼻之于臭也，四肢之于安佚也，性也。"③《荀子·解蔽》中也认为饥而欲食，寒而欲衣，劳而欲息，是人生来的本性。北宋的功利派同样认为，饮食男女，人之大欲，趋利避害、追求富贵是人的需要和正常欲望，要求尊重人们的这种天性和需要，最起码体现了对人的生存权的重视。儒学的核心价值就是仁，仁的根本是爱人，如果每个人都以爱别人、

---

① 朱谦之：《中国哲学对欧洲的影响》，上海人民出版社 2006 年版，第 306 页。
② 张文显：《法理学》，高等教育出版社 2003 年版，第 59 页。
③ 《孟子·尽心下》。

喜欢别人、尊重别人、体谅别人作为社会交往的前提，那么每一个人的尊严都可得到尊重，每个人的存在价值都能得到充分的体现，每一个人的生存权和发展权毫无疑问不会受到任何的质疑和伤害。

中国传统如果继受现代人权观念，也可根据一些传统的价值标准来评定为一种在道德上有积极意义的发展。传统价值标准主要包含在儒家思想中的仁义之道及它对于每个人的性善、理性、道德自主性和在学识、品格和心灵上趋向成长和完善的可能性的信念之中。儒家思想中的"仁"的基本概念、对于统治者施行"仁政"和"德治"的道德要求、重视统治者征询民意的价值（并要求统治者赢得民心而不只是人民在外表行为上的服从）、肯定每个人在道德上的自主性和可完善性、相信人性本善和"人皆可为尧舜"（即肯定所有人在求学、进行道德修养和达到个人成长方面的能力的平等性）、关于人是万物之灵、人在天地之间有特别尊贵的地位的人文思想以至对于"天理、国法、人情"的立体道德世界的认识，都和人权学说的基石不谋而合。[①] 若干较晚期出现的人权观念，甚至可被理解为与传统中国文化的价值观念特别相融的理念，例如接受教育的权利。因为儒家文化特别重视教育，相信只有通过教育，蕴藏在每个人心中的美善的可能性才能真正体现和发挥出来。此外，在人权思想中较晚期出现的关于各种弱势群体的权利，也与儒家的仁爱理念中对于社会中较不幸的人的特别照顾，互相呼应。再者，当代思想家理查·罗迪（Richard Rorty）指出："确保人权得到实现的最佳办法，便是培养和扩展人们对于自己的民族、文化或社会共同体以外的人的同情心。"[②] 儒家所主张的也是人的仁心或同情心的逐步扩展，沿着修齐治平的路径，首先是自我的道德修养，然后是关心与自己有某种家庭或社会关系的人，最后再把这种关爱之情进一步扩展至离自己更远更远的圈子里的人，直至全人类。对传统文化进行过深入研究的牟宗三先生也认为，西方的民主、自由、人权、宪政和法治理念，不但并不违反中国自己的文化传统，而且能促使这个传统更真正地、更完全地实现自己。他认为民主宪政和人权保障在中国的建立，是以儒家为主流的中国文化传统的"内部的生命"的要求，这种政

---

　　① 胡艳玲：《从"己所不欲，勿施于人"谈孔子的人权思想》，《新乡师范高等专科学校学报》2003 年第 5 期，第 90—91 页。

　　② 陈弘毅：《中国文化传统与现代人权观念》，http://www.okfw.com/lwzx/fxlw/xsfx/2005/10/28/19546.html。

治上的"现代化"，有助于成就儒家的价值理想。但传统宗法意识的空前膨胀，加之其与自然经济意识、皇权意识等相结合，进一步挤压了人权一类观念发展的空间，造就了中国人权观念先天不足，后天脆弱的状况。然而，这种以爱为基本精神的仁的思想，凝聚了中国古代的人道主义思想，并给中国人的思想留下了深刻的烙印，为接受并改造西方传来的人权学说创造了条件。

（三）民本伦理与现代人权的隔阂

尽管传统民本伦理中蕴涵有人权因素的萌芽，但专制制度下的特权政治成为一种强大的、具有操纵功能的异己力量，专制政治制度于"特权"仅仅是实现、加固它的工具，特权实质上就成为超越制度制约性之上的巨大的"恶"。马克思曾深刻分析道："专制君主总把人看得很下贱。他眼看着这些人为了他而淹没在庸碌生活的泥沼中，而且还像癞蛤蟆那样，不时从泥沼中露出头来……君主政体的原则总的来说就是轻视人、蔑视人，使人不成其为人。"① 中国传统文化虽然产生了人权的某些理性内容，儒家思想中的伦理道德以及它的关于人性、人与人的关系，尤其是关于统治者道德上的责任的学说，便体现了人权理性在内容上的表现，却缺乏形式上的拓展，其理性内容的实现，不是寄托在制度改革的基础上，这就使其丧失了法律和制度的保障。在理论上虽然具有美好的一面，可现实中具备极大的随意性，使其在社会的运作当中产生许多与现代人权观念大相径庭的元素，主要包括被视为"天子"的皇帝手中的绝对专制权力、由士大夫阶层构成的统治阶级自视为人民的"父母官"的思想、等级分明的社会伦理关系。在这些关系中，都是一方享有绝对的权威，另一方只有绝对地服从的义务。另外，对于社会和谐的重视和把个人融入家族之中的倾向，虽然和现代人权追寻的目标相近，但现代人权强调的是尊重个人权利基础上的和谐与友善共处，而传统文化不仅不鼓励个人主张自己的权利，而且用麻痹、不人道甚至极端残忍的惩罚方法对于个人的主体性和自主性进行压抑。

恩格斯说过："一旦社会的经济进步，把摆脱封建桎梏和通过消除封建不平等来确立权利平等的要求提上日程……这种要求就很自然地获得了

---

① 摘自《"德法年鉴"的书信》，《马克思恩格斯全集》第 1 卷，人民出版社 1956 年版，第 411 页。

普遍的、超出个别国家范围的性质，而自由和平等也很自然地被宣布为人权。"① 但"由于资本主义生产所关心的，是使绝大多数权利平等的人仅有最必需的东西来勉强维持生活，所以资本主义对多数人追求幸福的平等权利所给予的尊重，即使一般说来多些，也未必比奴隶制或农奴制所给的多"②。因为要在这些彼此间存在差别甚至是利益上根本对立的不同阶层或等级之间寻求秩序与和谐，就不能不赋予某些阶层以特别的权利，而加于另一阶层以完全的义务；把某些人视为目的，而把另一些人当作手段；有些人天生治人，有些人天生治于人。也就是说，阶级社会中共同体的和谐是通过承认差别、承认人的不平等来实现的。可我们努力追求的是人人平等、没有阶级和压迫的美好社会，卢梭曾把一种理想的道德社会描述为这样一种联合形式，它将以全部共同力量保护每个参加者和他的利益，而每个参加者在其中可以将他自己同整体统一起来。在这样一种意义上说，公共利益和幸福与个人幸福不是分离和对立的，它是个人可以在其中分享的幸福。③ 这就意味着社会应当为每个人都能以社会平等一员的身份参与社会交往和合作以谋求个人利益的实现创造条件，同时，每个人也都应积极为社会的合作作出贡献。因为，在现代人看来，为一部分人的福利而牺牲另一部分人的福利是不可取的，把一部分人视为目的，而把另一部分人当作手段也是决不可接受的，因为它暗含了人的道德地位与道德价值上的不平等，故而诺齐克得出两个推论，一是国家不可用它的强制手段来迫使一些公民帮助另一些公民；二是不能用强制手段来禁止人们从事推进他们自己利益或自我保护的活动。他的结论是："可以得到证明的是，一种最弱意义上的国家，既一种仅限于防止暴力、偷窃、欺骗和强制履行契约等较为有限功能的国家；任何功能更多的国家都将因其侵犯到个人不能被强迫做某事的权利而得不到证明。"④ 民本伦理下的国家显然极大地扩充了自己的权利。维护个人权利不仅是国家产生的根据，也是判断国家在道德上能否被接受的唯一标准，⑤ "政府必须关心它统治下的人民，就是说把

---

① 恩格斯：《反杜林论》，《马克思恩格斯选集》第 3 卷，人民出版社 1972 年版，第 145 页。

② 恩格斯：《路德维希·费尔巴哈和德国古典哲学的终结》，《马克思恩格斯选集》第 4 卷，人民出版社 1995 年版，第 235 页。

③ 余涌：《道德权利研究》，中央编译出版社 2001 年版，第 88 页。

④ ［美］诺齐克：《无政府、国家与乌托邦》，姚大志译，中国社会科学出版社 1991 年版，第 1 页。

⑤ 余涌：《道德权利研究》，中央编译出版社 2001 年版，第 207 页。

他们当作会遭受痛苦和挫折的人；政府必须尊重它统治的人民，就是说，把他们当作根据他们应当如何生活的理性概念有能力组织起来并采取行动的人。政府必须不仅仅关心和尊重人民，而且必须平等地关心和尊重人民。它千万不要根据由于某些人值得更多地关注从而授予其更多的权利这一理由而不平等地分配利益和机会"①。正因为如此，公民具有反对国家的道德权利，当一个人受到国家的不平等对待时，纵然这种对待是以维护社会的普遍利益的名义进行或甚至这事实上的确有利于普遍利益，他也拥有反对国家的道德权利，这种权利，也可称为反对政府的权利或违法的权利。

马克思和恩格斯在谈到人权时指出，人类需要的是社会的人权，因为"人权是社会的。人有三种基本需要：即物质生活的需要，如需要食物、住房、穿衣、休息和新鲜空气等。由于人不是动物，所以又有自治和自由的需要，因而必须制定人权的标准，但标准的依据离不开道德根基，而在一个群体内起作用的、被该群体的每一个成员的道德意识完全接纳了的道德准则的内容，完全取决于他们的生活条件，他们规模的大小和力量的强弱，他们与环境的关系，他们的文明、他们的风俗习惯和宗教观念。"②中国当然要从自己的历史和国情出发，建设有自己特色的人权思想，因为依据麦金太尔和伽德默尔的洞见，人的理性思维、道德判断、价值观念和理想追求，都是根植于他们所身处的文化传统的，似乎并不存在任何超越和独立于传统的关于理性和道德的绝对的、客观的标准。没有了传统或者脱离了传统，我们便没有可能进行思考和对事物赋予意义。当我们继承民本传统时，就要仔细考量其合理的因素，更要用现代理念来对之进行评判，对其中不合时宜的或者错误的东西要坚决予以摈弃，才能真正吸取其精华，剔除其糟粕，为当今文明建设服务。

四　"民本"通向"人本"的社会发展前景

所谓人本即以人为本，"以人为本"概念并不是一个创新，它是在继承和发展中外人学思想积极成果的基础上形成的。其含义在《哲学大辞

---

① ［美］德沃金：《认真对待权利》，信春鹰、吴玉章译，中国大百科全书出版社1998年版，第357页。

② ［德］莫里茨·石里克：《伦理学问题》，孙美堂译，华夏出版社2001年版，第73页。

典》中是如此解释的："以人为本指以人为价值的核心和社会的本位，把人的生存与发展作为最高的价值目标，一切为了人，一切服务于人。""人本"的主要思想内涵是推崇人的主体地位与能动作用，关注人的本质、价值、地位和使命，强调个体的人的自主、自由、利益、人格、个性、幸福等基本权利，称颂人的智慧、能力和品德，要求人们在分析、处理和解决具体事务时，坚持"以人为目的、以人为根本"的价值准则，其基本思想体现着对人自身的生存境况及生活意义的热忱关怀。

(一)"以人为本"的历史概述

尽管人本的含义在现代相对清晰，但其在中西方却经历了不同的发展路径。在中国很早就有了人本概念，《管子·霸言》曰："夫霸王之所始也，以人为本。本治则国固，本乱则国危"，但这里的人主要指向国家统治的对象——民，而不是单个的人。西方传统人本主义对共性的探求是以对个体的肯定与尊重为基础的，儒家的人则是"人伦"的人，儒家的人伦既以宗法道德为其基础，必然强调整体的利益而否认个体。正如梁漱溟先生在其《中国文化要义》中对中国传统社会的分析："人一生下来，便有与他相关系之人（父母、兄弟等），人生且将始终在与人相关系中而生活（不能离社会），如此则知，人生实存于各种关系之上。此种种关系，即是种种伦理。伦者，伦偶，正指人们彼此之相与……是关系，皆是伦理；伦理始于家庭，而不止于家庭。"伦理是中国传统社会的基础，中国人就家庭关系推而广之，以伦理组织社会。李存山教授认为，"人本"一词不见于古汉语，其所表述的"以人为本"，不是从哲学的存在论上说以人为"本根"或"本原"的意思，而是从价值论上说以人为中心或以人为最有价值的意思。① 中国古代表述"价值"的概念是"贵"，《论语》载有"礼之用，和为贵"，即以"和"为最有价值。《孝经》云："天地之性（生）人为贵"，即以人为最有价值。《吕氏春秋》云："孔子贵仁"，即以"仁"为最有价值。因此，"人本"或"以人为本"的确切含义应该是"以人为贵"，即以人为最有价值。最能代表中国文化的是仁，《吕氏春秋·爱类》篇云："仁于他物，不仁于人，不得为仁。不仁于他物，独仁于人，犹若为仁。仁也者，仁乎其类者也。"可见，中国的人本

---

① 李存山：《"人本"与"民本"》，《哲学动态》2005 年第 6 期，第 21—25 页。

意识和民本意识是交织在一起的，它注重的是人的社会性。

在西方，人是万物尺度的概念在古希腊时期已经出现，标志着古希腊哲学的研究对象已由自然转向了人。英国学者阿伦·布洛克在《西方人文主义传统》中指出："古希腊思想最吸引人的地方之一，在于它是以人为中心，而不是以上帝为中心"，但中世纪盛行的"经院哲学总是准备告诉我们那些对于丰富我们的生活没有任何贡献的东西"，而对"人的本性，我们生命的目的以及我们走向哪里去这样至关重要的问题却不加理会"①。为了挣脱神的束缚，以理性和人道主义为核心的人文主义思潮兴起。人文主义者不断反复要求的就是，哲学要成为人生的学校，致力于解决人类的共同问题，尤其到了康德和费尔巴哈时期人文思想体系渐为完备。康德重视人的生存和价值，提出："要以这样的方式来行动，对待人永远不要简单地当作工具，在同时永远要当作目的，无论是对自己还是对于他人。"② 费尔巴哈把人从宗教的异化中解救了出来，把人看成至高无上的存在和哲学的最高对象。在他看来，"我"是一个实在的思维实体，肉体属于"我"的本质，肉体的总和就是我"的实体本身。在《未来哲学原理》一书中，他解释道："未来哲学应有的任务，就是将哲学从僵死的精神境界重新引导到有血有肉的，活生生的精神境界，使他从美满的神圣的虚幻的精神乐园下降到多灾多难的现世人间。为了达到这个目的，哲学不需要别的东西，只需要一种人的理智和人的语言。"可见人本主义并不是我们所说的以人为本，因为人本主义视野中的人几乎完全是感性的具体的人，具有片面性、孤立性和停滞性。马克思修正了人本主义，他在人与社会关系的角度上论述人的本质，认为人首先是自然存在物，是为自身而存在着的存在物，但也是类存在物，"人的本质不是单个人所固有的抽象物，在其现实性上，它是一切社会关系的总和"③。尽管马克思在某种意义上摒弃了费尔巴哈的"人本主义"，但他从未抛弃费尔巴哈坚守的人文情怀，他的一切努力就是想在现实世界中真正实现人文关怀，所以他明确地向全世界宣布，社会发展的目的就是让每个人获得自由而全面的发展。可见，以人为本中的人应该是"个体的人"与"类的人"的辩证统

---

① ［英］阿伦·布洛克：《西方人文主义传统》，董乐山译，三联书店1997年版，第14页。
② ［德］康德：《道德形而上学原理》，苗力田译，上海人民出版社1986年版，第143页。
③ 马克思、恩格斯：《费尔巴哈：唯物主义和唯心主义观点的对立》，《马克思恩格斯选集》第1卷，人民出版社1972年版，第18页。

一。但西方社会过于注重个体人的利益，资本主义的迅猛发展又使商品拜物教盛行，物本现象日趋严重，导致人的异化。为了反抗以物为本的社会历史观，现代西方思想家不断加强对人的研究，主张哲学向人和人的交往及全面性回归。20 世纪后期，出现了把人本主义和马克思主义相结合的趋势，表现出对人的生命的关注和对人的自由、尊严的追求，企图将理性和非理性结合起来，给人以更大的生存和发展空间。

我们坚持认为人应是社会人与个体人的统一，主要是因为人首先应是社会人，人的本质不是单个人所固有的抽象物，在其现实性上，它是一切社会关系的总和。"人的社会性是人在扬弃自身自然的过程中创造出来的，它形成的标志就是人把社会性提升为一个单个人的人格，内化为每一单个人的本质。只有到这个阶段，人才能把他的社会性变成他的自由存在，从而摆脱群居形式，把自己的生存方式与动物的生存方式、把自己的社会性与动物的社会性根本区分开来。"① 人必须摆脱动物性，造就伦理性，才能显示自己的本质特征。同时，一个社会的所有成员，都一定具有共同或相似的社会生活条件和历史背景，不可避免地要从事某些共同或相似的社会实践，从而发生各种社会关系和联系，有某些共同的需要和利益，具备某些共同的人性。其次人也是个体人，每个人有着各自特殊的利益需求和不同的个性，所以社会发展的目标应是人的自由发展，历史进步应是社会发展和人的发展相统一的过程。人自身的发展和社会的发展，是社会有机体发展同一过程中的两个方面，社会的发展内在地运行着人的发展。人的发展既是社会发展的手段，又是社会发展的目的；既是社会发展的结果，又是社会发展的原因。

我们理应坚持以人为本，因为人不仅是社会价值的根本和社会中的价值主体，离开人所有的价值都无从产生，而且人也是衡量一切问题的根本，人是现实世界的中心，是处理和解决一切问题的最高出发点和最后归宿点。但这里的人既不是抽象意义的人，也不是生物学意义的人，更不是作为手段的人，而是生活于现实、具有创造性、实现目的与手段相统一的人。我们既要避免中国人本意识的偏颇，也要修补西方人本主义的缺陷，以人为本首先应该是对人在社会发展中主体作用与地位的肯定，强调人在

---

① 王鹤岩、李春明：《论马克思关于人的本质的理解》，《哈尔滨工业大学学报》（社会科学版）2005 年第 3 期，第 11 页。

社会发展中的主体地位和目的地位，任何时候都不能作为手段。其次，它代表着一种价值取向，强调尊重人、解放人、依靠人、为了人和塑造人。既要尊重人的类价值，也要尊重人的个体价值和社会价值，尊重人的独立人格、特殊需求、能力差异和平等权利，冲破一切对人的束缚和压制，最大限度发挥人的潜能，使每个人都能获得自由全面的发展。

（二）"民本"与"人本"的殊异

由于民本伦理对中国民族心理的影响根深蒂固，当我们向往以人为本时，必须厘清民本和人本的关系，才能扬弃传统。因为民本和人本之间的相似点，两者之间才可以通约，又因为二者的不同，才需要超越。对二者之间的差异学界虽认识不完全相同，但争议并不大，主要表现在以下几个方面：

第一，关注对象的性质不同。传统民本伦理建立在自然经济基础上，由于生产力水平低下，人和人相互依赖，没有获得独立性，人们是以群体的形式存在的，但这种群体不是真实的集体，而是虚幻的集体、冒充的集体，因为这种集体中的个人"不是作为某种独立的东西，而使自己与各个个人对立起来"①。我国封建社会"民贵君轻"的民本思想，说到底就是这种虚幻集体的反映。民本中的民是作为抽象概念而存在的，实际上是属于"类的群体"的概念，一旦化为个体，他们便不具备存在的意义和价值，这种"民"在社会中不具有独立的主体资格，他们不过是"载舟覆舟"的被统治对象，阶级性和阶层性是民的实然属性。在专制体制下人人平等，因为人人都在皇帝面前等于零，他们只有义务没有任何权利，完全是一个个可以被人利用的工具，无自己本身的利益可言，有的只是统治者的利益。伴随生产力的逐渐发展，人与人之间虽然仍保持着一种群体性组织性，但人获得了前所未有的独立性，人们虽还以集体的形式存在，但在这种真实的集体里，人与人既相互独立又相互联系，"各个个人在自己的联合中并通过这种联合获得自由"。因为"只有在集体中，个人才能获得全面发展其才能的手段，也就是说，只有在集体中才可能有个人自由"②。人本思想是以"类的个体"为关注焦点的，并以此为理论基点和

① 马克思、恩格斯：《费尔巴哈：唯物主义和唯心主义观点的对立》，《马克思恩格斯选集》第 1 卷，人民出版社 1972 年版，第 82 页。
② 同上。

逻辑起点衍生出对人类普遍价值的颂扬。"人本"理念尊重的主要是作为普遍意义上个体性的人的价值、利益、权利、尊严等。

第二，体现的价值理念不同。"民本"的基本价值理念主要表现为重民贵民、爱民仁民、安民保民。由于它建立在封建专制的基础上，君主虽然把"民"作为政治的根本出发点，赞同民为贵，社稷次之，君为轻。但是，这里的"民"既不是指民众的个体，也不是指民利，而是指民心。因为封建君主深知，只要顺应民意，安抚民心，就可以得天下，就可以坐稳江山，维护自己的统治地位。只要能够满足百姓最基本也是最低水平的生活需求，百姓就能安居乐业，然后富而教之，使之趋之以善，从而更好地实现统治。"人本"主要坚持"以人为目的、以人为根本"的价值准则，推崇人的主体地位和能动作用，肯定人的价值、尊重人的人格，颂扬人的自由，呼唤个性解放，追求现世幸福，称颂人的能力和品德，歌颂人的理性和理智。既关注个体的物质利益，也关心个人的精神利益，一切都以人本身的需求和发展为出发点，这些内容和民本伦理思想基本无涉。传统社会中民本思想蔚为壮观，君本一面获得极度扩张，民本一面大多时候只是一种思想学说观念，始终未能体制化、制度化，而人本以民主制度为追求目标之一，它不仅是一种政治管理体制，同时以法治的形式并通过法治保证民主的实现。

第三，追求的价值目标不同。民本思想认为君主专制是出自社会的需要，是唯一合理的社会制度。荀子说："人之生，不能无群，群而无分则争，争则乱，乱则穷矣。故无分者，人之大害也；有分者，天下之本利也；而人君者，所以管分之枢要也。"[①] 由于民本维护君主专政政体，所以其核心必然是"治民"，是主权在君而君为民做主，"明君、忠臣、顺民"是民本在春秋战国时代所能给我们描绘的一幅最佳的政治画面。统治者遵循民本伦理的根本目的是欲通过整合民意以维护、巩固和强化特定的统治秩序和社会秩序，进而谋求特定的阶级利益和实现特定的政治目标。以人为本的核心是"民治"，意味着主权在民，人民当家做主，成为国家的主人，任何人都没有理由凌驾于他人之上，所有人一律平等。根本目标主要是对人的个性解放及利益权利的追求，价值多元、个性差异及利益多样是其必然逻辑。如果说民本观与君主专制并不存在根本冲突，究其

---

① 《荀子·富国篇》。

实质是因为，民并不是真正的"本"，所以，承认"民本"也不妨碍"君本"。可是，个体观与君主专制则存在根本冲突，凡是真正确立了个体主体地位的地方和时候，就没有君主专制存在的根据和理由，反之一样，因为君本和君主专制的根本特征是将所有社会权力高度集中于君主、皇帝一人，君主专制必然剥夺每一个个体的主体地位，使个人的尊严和价值都化为虚无。

第四，参照对象和归宿不同。在政治关系中，民与君、民与官以对称的形式而存在，民本主要是相对于君本及官本而言的，并由此在理论上建立了"民贵官轻"的伦理关系，其目的主要是制约君本和官本，希望统治者以民为本位；人本是相对于神本及物本而言的，并由此在理论上建立了"人主神次"及"人本物末"的主客体关系，其中心是强调以人为本位。从历史的角度讲，以神为本和以君为本是蒙昧时代和野蛮时代的产物，此时人们或许是无知的，或许是不自觉的，于是多少是可理解的；但以物为本则是现代社会的产物，人们作出这种选择或多或少是自觉的或有意识的，于是更应该受到批判或更应该自觉地被超越。因为物只是人生存和发展的手段，当我们形神均为物所役的时候，我们正在悲哀地离人的本性而去。以物为本是一种必然，是一种无可逃避的"是"，但它绝不是"应该"，只有人本符合人是目的的价值理念，才是科学发展观的必然归宿。

（三）"民本"通向"人本"的可能与必然

通过仔细辨别，我们不难发现民本和人本之间不仅有差异而且还有许多共通之处，正是这些共通之处，为我们吸取民本伦理的精华，抛弃其不利当今社会发展的因素，最终确立以人为本理念，建设和谐社会目标准备了条件，奠定了基础，使我们得以从民本走向人本，取得个人和社会的共同进步。

第一，从民和人的含义来分析。中国政治文化中民和人的含义尽管有区别，但经常混同使用。在中国古代关于治国的文论中，"人"和"民"是一样使用的同义词，从文献中查阅到的关于"以人为本"、"以民为本"的语段更加多，体现在君主日常的"祀神"活动中，要以"人"为主。因为"天"或者"神"的喜怒哀乐是与"人"息息相关的，所以说在"祀神"活动中，切不可颠倒了主次。"祭祀之义，以民为本。间者，岁数不登，百姓困乏，郡国庙无以修立。"① 如果民不聊生，那么"神"也会不高兴，而不会赐福。因为"帝以天为则，天以民为心，民之所欲，天必从之"②，所以说，"民（人）"的安乐才是君主的得福之门，"人主承天命以养民者也，民存则社稷存，民亡则社稷亡。故重民者，所以重社稷而承天命也"③。重民、养民是君主"承天"的基础。"阴阳者以天为本，天心顺则阴阳和，天心逆则阴阳乖。天以民为心，民安乐则天心顺，民愁苦则天心逆。"④ 更有甚者认为："所谓天者，非苍苍莽莽之天也，君人者以百姓为天，百姓与之则安，辅之则强，非之则危，背之则亡。"⑤也有学者认为，从民与人之间的内在含义方面来分析，人的外延比民要宽泛，因为民本中的民主要指作为群体性意义上的被统治阶层全体，显然不包括统治阶层，这种差异恰恰构成民本向人本过渡的中介。因为其相同，我们在心理上能够接受和理解，更因为其不同，我们才要改变自己的思维方式。古代思想家所说的以民为本也好，以人为本也罢，其目的往往是维护封建统治阶级的策略和手段，只是一种理想化的意识。与古代民本伦理相反，"以人为本"的重心是"人"，强调人的主体性，强调人是社会的真正主人，人是一切事物的中心，只有人才是目的。它不仅是一种思想方法和理念，更是一种用科学发展观指导的社会实践，其核心是要关注人的现实生活世界，要对现实中具有共同性的人和个性差异性的人的生存和发展切实确立终极关怀。马克思在《〈黑格尔法哲学批判〉导言》中指出："必须推翻那些使人成为受屈辱、被奴役、被遗弃和被蔑视的东西的一切关系。"⑥ 以人为本的终极目标就是要求我们彻底摈弃等级观念，树立平等意识，用同样的心态关注现实中的每一个个体，不仅要实现人的个性解放，而且要实现人的全面解放和全面发展。

第二，从民本政策的落实和民众利益的实现形式来考察。"民本"政策最终要落实和惠及现实中的社会个体，满足整体的民的要求，也就是力

---

① 班固：《汉书·韦贤传》，中华书局1962年版。

② 《尚书·泰誓》。

③ （汉）荀悦：《申鉴·杂言上第四》，http://shuku. mofcom. gov. cn/book/htmfile/17/s3209. html。

④ 王符：《潜夫论·本政》，中华书局1979年版。

⑤ 刘向：《说苑·建本·说苑校证》，向宗鲁校，中华书局1987年版。

⑥ 马克思：《〈黑格尔法哲学批判〉导言》，《马克思恩格斯选集》第1卷，人民出版社1995年版，第9—10页。

争满足不同群体或阶层的民的合法利益和需求，同时也就是满足人的基本需求。当然民本政策中对民的需求还只限于物质层次的满足，我们提倡的以民为本需要从民之所本出发，也就是从个人的需要出发，注重个体的需要和利益。按照马斯洛对人类需求层次的划分顺序，一要以民生为本，满足人的最基本需求；二要以民富为本，满足人的物质需求；三要以民安为本，满足人的安全需求；四要以民权为本，满足人的政治需求；五要以民智为本，满足人的精神和发展需求。如此一来，民和人就走向了共通，既有作为人民群众的类的含义，也有作为人的生物性的含义，其目的是为了达到人的个体和群体相统一，人的需要层次中的物质需求与精神需求相统一。

第三，民本与人本的当代结合。中国哲学中，孔子的仁爱，墨子的兼爱，孟子的仁政，莫不是以人为根本。这些人道主义思想，渗透到封建朝廷的仁政政策和人们的日常伦理里，博施于民而泛爱众，存养鳏寡孤独、赈济灾荒、抚恤照顾残疾人，使民本伦理充满人道主义的关怀，仁爱之心和仁爱之举是其主要内容，人道的观念化为人道的行动。人道行动是人格修养和道德品质高尚的表现，得到社会的普遍支持和褒奖，就能树立社会的主导价值观，转而激发、培养人的仁爱之心。人道主义的传统为我们关注人生提供了思想根基，为以人为本观念的确立奠定了牢固的思想根基。但民本伦理中的民在政治领域中不仅不包含统治者，甚至不包括对统治利益无益的个体，即使有幸被当作统治根基进入思想家的视阈的这些人，也享受不到任何社会权利，甚至没有独立的人格，因为有关民本伦理的一切说教，其本质都是为既存君主政治寻求合法性依据，进行合理性论证，找寻统治长久的良方，所以民本伦理集中关注个人的道德和人格完善，而忽视了个体的自由和发展，与人是目的的伦理要求也相去甚远。以人为本不仅把人民群众当作社会发展的动力，相信群众能够自我解放和自我发展，而且把人的发展当作社会的最终目的，对人的起码尊严、人格等基本权利予以关注和重视。以人为本就不仅要满足人们的物质利益需求，而且要努力为个人的发展创造条件，促进每个人自由和全面的发展。正是基于对全人类个体利益和权利的重视，人本思想才为更多的人所认可和接受，其理论才得以逐渐传播、发展和完善。

基于民本和人本的诸多异同，树立以人为本的理念是历史发展的必然，传统民本伦理为这一理念的确立奠定了思想基础。但伴随着以人为本观念的确立，我们的思维方式也要发生改变，既要坚持历史的尺度，也要确立并运用人的尺度，关注人的生活世界并对人的生存和发展树立起终极关怀意识，既要关注人的普遍性、共性，也要关注人的特殊性、个性，使集体的人和个体的人有机统一。但民本到人本的转向不是照搬西方的人本意识，因为与中国传统社会盛行的群体本位观不同，西方素来盛行的是个体本位思想。在西方个体性思想看来，任何人的存在都是而且只能是以个体和自我的形式而存在的，任何离开和否定个体与自我的群体都只能是虚幻的群体。它主张自我的存在是人的存在的最重要形式，自我的人才是唯一的、至上的。黑格尔曾指出："苏格拉底的原则就是：人必须从他自己去找到他的天职、他的目的、世界的最终目的、真理、自在自为的东西，必须通过他自己而达到真理。"① 近代以后，西方的个体和自我意识越来越盛行，卢梭指出："人的第一条法则是维护自己的生存，人最关心的是他自己。"② 康德认为，人作为理性存在者在本质上是自由的、自决的，自由意志就是作为道德本位的人自己支配自己，不受外部原因的支配。对人来说只有自己立法，自己遵守，悉从自己、不从外界，才能够显示出人格的无比尊严和崇高。西方每一次人的发现、人的解放，归根到底都是关于自我个体的发现和解放，人的觉醒就是自我及其意识的觉醒。但我们倡导的以人为本中的"人"含义较广，既包括类存在意义上的人、社会群体意义上的人，又包括具有独立人格和个性的个人，所以我们就应坚持以民为本与以人为本的结合，坚持个人利益和社会利益的辩证统一；当二者发生冲突时，个人利益需要服从社会利益。当然，这种服从是有条件的，因为个体利益是社会利益的基础和前提，不以个体利益为终极价值的社会利益是不正当的，所以这种服从的目的是要有助于个体利益的改善，需要服从的特定社会利益是客观的、紧迫的，而且这种服从在绝大多数情况下应当是能够得到补偿的，其最终目的就是促使个体利益和社会利益的共同实现。

---

① ［德］黑格尔：《哲学史讲演录》第 2 卷，贺麟、王太庆译，商务印书馆 1960 年版，第41 页。

② 葛力：《十八世纪法国哲学》，商务印书馆 1960 年版，第 163 页。

结　语

我们的现实目标是以人为本，全面协调，可持续发展，走向现代化并建立起和谐的社会。但综观世界各个发达国家的现代化历程，不难发现，任何国家实现现代化，都不可能完全抛弃传统。"现代化必须依靠传统的力量才能实现，否则，离开了传统就无法维系人心。"① 简单地抛弃传统的价值观念和历史智慧，不仅未必意味着现代化的必然实现，相反却可能导致价值体制的解体和文化认同的失落，进而损害到现代化秩序建构进程本身。对兴起于西周而贯通整个中国古代的民本伦理，我们更要利用现代视野对其进行反观和透析，明确其精华和糟粕所在，从而更好地利用和发展。

所谓民本，就是认定民为国家之根基，在社会治理中要以民为出发点，满足民众要求的同时赢得统治的长久。民本思想在萌芽时期，就将敬德和保民紧密地联系在一起。作为天之骄子的君王，既有崇高的社会地位和道德地位，也有重大的社会责任和道德义务，必须不断修身养性才能内圣外王。成王后要彰显德性于外，尽为君之道，引领万民安伦尽分，维持社会井然有序，维继江山万代永固。但君权极易膨胀，陷民于水火并引发社会危机，为了避免此类灾难，思想家们从不同的角度设计自己的治国方案，儒、墨、道三家的主张都在不同程度上对君本意识有所制约，不仅为开明专制奠定了理论根基，而且培养了一代代为民请命的贤士良臣，为社会进步作出了巨大贡献。其富民教民策略对治国安邦有借鉴意义；民为邦本，本固邦宁思想有助于升华现代民主意识；为政之德的深刻论述可为我们提供丰富的历史经验；义中取利的价值观更富有时代气息。因为即使在现代，当我们贯彻以人为本的治国理念时，仍要关注为民用权、为民谋

---

① 鸣化、秦树：《信仰危机与现实冲突》，吉林人民出版社 1992 年版，第 180 页。

利、理顺民心问题。但民本伦理思想本身并没能真正地认识到人民群众才是历史的真正主人，其理论的宣扬和实践发生了背离。儒家倡导德治仁政，虽然提出民贵君轻，但君舟民水之说后来居上，尤其是君权神授和纲常之理把其民本的最终目的彻底暴露；墨家兼爱节用非乐皆为民，但结局仍是尚同于天子。道家追求无为，其手段和途径却是愚民，目的是让君主实施无为而治。尽管各家都有一系列利民限君的主张，但其目标都是为了维护君本。正是为了维护君本，才使民本思想内包含许多矛盾和悖论，导致其政治理想带有浓厚的伦理色彩，伦理的向往变为政治化运作，道德理想和专制现实矛盾地纠结在一起。到后来，随着社会的变迁和经济的增长，工商皆本意识确立，义利观念变更，思想家们对君权展开了猛烈批判，并试图用制度化方式来实现民本理想，把传统民本伦理推到悬崖边缘。尽管近代思想家想用西方思潮对之进行嫁接，但民本和民主、民权、人本等现代观念有着本质的不同，其嫁接只能满足一时的政治需要，却无法解决学理本身的问题，传统民本思想必须进行现代转换。笔者并不赞同所谓新民本的说法，认为它可能会混淆视听，因为，一旦现代转换真的发生，它也就不能成其为自身了，再用民本之说不仅容易使人误解，而且难以表达其真切的含义。

虽然民本已失去现今存在的合理性，但"任何思想的形成，总要受某一思想形成时所凭借的历史条件的影响。历史的独特性，即成为某一思想的独特性。没有这种独特性，也或许便没有诱发某一思想的动因，而某一思想也将失掉其担当某一时代任务的意义。历史上所形成的思想，到现在还有没有生命，全看某一思想通过其特殊性所显现的普遍性之程度如何以为断。换言之，即看其背后所倚靠以成其为特殊性的普遍性的真理，使后世的人能感受到怎样的程度。特殊性是变的，特殊性后面所倚靠的普遍性的真理，则是常而不变"①。作为中国传统政治思想核心的民本思想之所以能长期受到学界的重点关注，其主要原因就是它虽然产生于远古时期，可其精神却代表人类的某些根本性价值诉求。

首先，民本思想的德性诉求具有永远的生命力。中国文化中的终极关心问题，是如何成德，如何成就人品的问题。对此，法国的启蒙思想家霍

---

① 李维武：《中国人文精神之阐扬：徐复观新儒学论著辑要》，中国广播电视出版社1996年版，第229页。

尔巴赫也说："中国可算是世界上所知唯一将政治的根本法与道德相结合的国家。这个历史悠久的帝国向人们显示，国家的繁荣必须依靠道德。在这片广大的土地上，道德成为一切合于理性的人们的唯一宗教。"① 这种文化特性也使民本思想突出道德，强调伦理，道德是其考虑问题的出发点和归宿点。面对社会现实，表现为一种强烈的批判主义，主张人性人道高于君权，人民高于君主，以抗衡并改变实际政治运作的状态和结果，使严酷的政治变得"有道"。尽管在中国古代，皇权思想一直占据统治地位，一切都是为了维护至高无上的皇权，但在执政过程中，统治者如果完全抛弃人民这个根本，必然将国家推向崩溃的边缘，皇权也就岌岌可危。所以，统治者虽然不可能将民本伦理作为根本原则，但他们是否在一定程度上进行民本思维，对他们的统治产生着不可小视的影响。当统治者的大政方针接近这根中轴线时，社会矛盾趋于缓和，生产力发展，人民生活水平有所改善，其统治具有合法性可以继续存在。一旦偏离这根中轴线，君主无道以致四海困穷，则其统治丧失合法性，天禄永终。决定其存亡的主要力量当然是人民群众，民本伦理的人民性、开明性及人道主义精神，对于整合统治体系、调和阶级矛盾，限制昏君暴政，改善民众生活都起了重要作用，民本思想的主要特色就是它与德治思想密不可分。如今，我们日益强调德治和法治并重，但大家对法治的道德根基和现实局限的认识也越来越清晰，越来越理智，尤其是物本意识泛滥导致道德失范和人的精神失落所带来的危机，让更多的人希求德治的舒心和温馨，民本伦理的道德追求可能会补偿某些精神的缺失。

其次，民本的理想色彩永远感染着我们的精神世界。大同理想是儒家为我们设立的令人向往也使人振奋的理想社会，这种既相互关爱又秩序并然同时体现天下为公精神的理想状态，和我们所追求的和谐社会的理想目标趋于一致。要想达到这一理想境界，首先要求统治阶层的以身作则，不断加强自身修养，集各种优秀品质于一身，真正为天地立心，为生民立命，为往圣继绝学，然后通过风俗的淳化和教育，引领天下万民也潜移默化地提升自身素质，使修身齐家治国平天下成为共同的理想追求，历代无数仁人志士都为此目标呕心沥血努力拼搏。这幅美好的画卷虽然带有极大的幻想色彩，但正是由于其幻想才对我们有更大的吸引力，因为人的意义

① 匡亚明：《孔子评传》，南京大学出版社1992年版，第408页。

既存在于人的本质之中，又是对本质的超越。以人为本是以人的实体性本质为本，还是以作为意义存在的人的超越性本质为本，这不是一个方法问题，而是一个价值取向问题，人的最高本质当然是以人的超越性为本，是本真的生存抉择，是人的意义世界的根据。意义世界的呼唤，使我们的精神世界富有活力和朝气，激发我们奋斗和创造的勇气，引领我们朝向美好的目标永不停息。

可世间万物经常呈现一种缺陷美，民本伦理极大地显示了它的道德价值。因为按照倡导政治和伦理分离的马基雅维利的观点，政治生活中判断道德是否有价值，主要看它能不能巩固政权和保卫国家，显然是以政治功利来判断道德价值。民本伦理对统治的巩固建功最伟，当然其道德价值理应得到高扬。但民本伦理的缺陷也一目了然，这里拣其要者归纳为两点：

第一，民本伦理只追求个体德性的至善至美，而忽略了整个社会制度本身的善恶，从而使其人性完善基础上的理想永久性地陷入空想。道德的追求应该和幸福联系在一起，才能对人产生真正的吸引力，同时也更符合善的要求，但民本伦理强调的往往是个人的道德修养，忽略了对社会制度的反思和重构。罗尔斯指出："正义是社会制度的首要价值"①，离开制度的正当性来谈个人的道德修养和完善，甚至对个人提出严格的道德要求，那只能起到一个牧师的角色。"制度的正义状况直接制约乃至决定了社会成员个人的职责，所以社会制度正义较之个人行为正当有更重要的意义。"② 制度正义的理想是平等，可社会现实中不平等始终存在，那是否有合乎正义的不平等呢？罗尔斯认为，如果我们能够使社会的不平等对于社会的最少受惠者有益，那这种不平等的存在就合乎正义。民本伦理的价值取向显然和这一理想相悖。同时，人们总是首先选择用于制度的根本道德原则，然后才能选择用于个人的道德准则，对制度的道德评价和选择，应当优先于对个人的道德评价和选择。必须使环境合乎人性，因为只有在一个合乎人性的环境中，人性才能得以健康发展。但专制制度从根本上说无视民众的主体地位，使人与人之间的平等和尊重化为泡影，在此前提下，想使个体的道德修养获得充分和良性的发展也是不可能的。失去个体完善的前提，社会本身的完善也就无从谈起。

---

① ［美］约翰·罗尔斯：《正义论》，何怀宏等译，中国社会科学出版社1988年版，第1页。
② 同上书，第106页。

　　第二，民本伦理忽视了个体的独立地位和价值。民本伦理肯定了人在万物中的卓越和伟大，视人为天地之灵，表达了对人的生命、价值和意义的关爱和尊重，但在思维模式中始终把人看成一个整体概念，完全泯灭了人的个体意义。民本伦理基于一种整体的考量，希冀建造一个充满温情的理想社会，确实体现出一种人道主义精神。但"在人际关系中做到仁慈友爱、温厚大度，甚至忍恶勿诤、以德报怨，当然是一种人道主义美德。不过……这些道德规范只是属于人道主义的较低层次。更高层次的人道主义，或者说，人道主义的根本意义，是实现人的本质，使人在社会中按照人的本质生活，成为一个真正的人"①。自由是人的真正本性，自由是自我实现的根本条件。一个人越自由，他的个性发挥得越充分，他的创造潜能越能得到实现，他的自我实现的程度也越高。但民本伦理观照下的人只有尽义务的本分，却不可能是平等自由的主体，"以神为本"、"以君为本"的实质就是抹杀人、否定人、轻视人，使人不成其为人。我们很清楚，只有对社会成员的基本权利予以切实的保证，才能够从最起码的意义上体现出对个体人缔结社会的基本贡献和对人的种属尊严的肯定，民本伦理对个体人的忽视，造成其基本的政治思路，人只能分为两类：治者和被治者，中国的政治只能由贤能的人来做，走进政治圈的人就是贤能之人，这种心理一直成为困扰民众的情结。

　　虽然早期的文化早已化为灰烬，但其精神将萦绕着灰土。民本伦理的优缺点不一而足，前文也进行了大量的分析，在这里就不再一一赘述，但"政治是在现有行动路线中选择最小之恶的艺术，而不是人类社会至善的努力。政治是道德上和物质上可能之事物的艺术。这种艺术的实践将使人类能够持续受益，而不是对至善的努力追求"②。综观人类政治伦理史可以看出，人们对政府治理合法性诉求经历了一个由道义合法性到效率合法性再到治理合法性的一个追求过程。当我们以民本伦理作为政治的指南时，不仅要寻求道义的合法性，更要寻求治理的合法性，真正做到以民之所本为一切问题的出发点，既要尊重个体公民的正当利益，也要尊重人类的根本利益；既要尊重权利，也要对权利有所限制；既要提倡法治，也要

---

　　①　吕大吉：《人道与神道》，上海人民出版社1990年版，第120页。

　　②　刘军宁：《共和・民主・宪政——自由主义思想研究》，上海三联书店1998年版，第2页。

倡导德治；既要继承历史，又要超越传统；既改变自己，也改变环境。善的、公正的制度是追求善的、公正的人在现实生活中创造出来的，让我们在改变不太完满的社会过程中与社会一起变得比较完满。

当前，人们更热议的话题是民生。民生的定义多种多样，《辞海》将"民生"解释为"人民的生计"，这当然是一个狭义的概念，主要指民众的基本生存和生活状态，以及民众的基本发展机会、基本发展能力、基本权益保护状况等，但广义上民生应指向同民生有关的所有直接相关和间接相关的事务，既有人本思想也有人文关怀，它涉及政治建设、社会进步、制度安排、公平正义、公共服务等内容。传统民本伦理虽然也重视民生，但其本质是为统治者服务的，表现的是上对下的恩赐。如今，"权为民所用、情为民所系、利为民所谋"是解决民生问题的根本要求，执政的目标就是努力使全体人民学有所教、劳有所得、病有所医、老有所养、住有所居，推动建设和谐社会，和传统的民本伦理已大相径庭。民本伦理虽已失去往日的光彩，但其中蕴涵的精髓仍熠熠生辉，尤其是它体现的辩证思路和中庸智慧以及对现实的睿智妥协和理性思考，都值得我们深入探究和体会。由于民本思想历史悠长，其内容本身已相当繁多，再加上学界和政界的相关研究成果也可谓汗牛充栋，作者尽管已尽最大努力对前人的研究成果采取客观公正的态度进行借鉴、吸纳和评判，并运用自己的学识尽可能地紧扣民本伦理思想递进的脉搏，进行相对全面系统的分析，但由于学识和能力有限，纰漏和不当之处难以避免，期待大家批评斧正。

参考文献

一　专著类

1. 《十三经注疏》，中华书局 1980 年影印版。

2. 杨伯峻：《论语译注》，中华书局 1980 年版。

3. 陈鼓应：《老子注释及评介》，中华书局 1984 年版。

4. 《五经全译》（多卷本），中州古籍出版社 1991 年版。

5. 《韩非子索引》，中华书局 1982 年版。

6. （宋）朱熹：《四书章句集注》，中华书局 1983 年版。

7. 杨伯峻：《孟子译注》（上、下），中华书局 1960 年版。

8. 王先谦：《荀子集解》，中华书局 1988 年版。

9. （清）孙诒让：《墨子间诂》，中华书局 1993 年版。

10. 董仲舒：《春秋繁露》，中华书局 1992 年年版。

11. 《中国哲学史资料简编》（清代近代部分）（上、下），中华书局 1963 年版。

12. 陈少峰：《中国伦理学名著导读》，北京大学出版社 2004 年版。

13. 蔡元培：《中国伦理学史》，商务印书馆 1988 年版。

14. 赵馥洁：《价值的历程——中国传统价值观的历史转变》，中国社会科学出版社 2006 年版。

15. 陈瑛：《中国伦理思想史》，湖南教育出版社 2004 年版。

16. 樊浩：《中国伦理精神的历史建构》，江苏人民出版社 1992 年版。

17. 樊浩：《伦理精神的价值生态》，中国社会科学出版社 2001 年版。

18. 刘泽华：《中国政治思想史研究》，湖北教育出版社 2006 年版。

19. 金耀基：《中国民本思想史》，台北商务印书馆 1993 年版。

20. 朱贻庭：《中国传统伦理思想史》，华东师范大学出版社 2003

年版。

21. 张锡勤等：《中国近现代伦理思想史》，黑龙江人民出版社 1984 年版。

22. 侯外庐等：《中国思想通史》（多卷本），人民出版社 1957 年版。

23. 柴文华：《中国人伦学说研究》，上海古籍出版社 2004 年版。

24. 沈善洪、王凤贤：《中国伦理学说史》（上、下），浙江人民出版社 1988 年版。

25. 唐凯麟、张怀承：《成人与成圣：儒家伦理道德精神》，湖南大学出版社 1999 年版。

26. 王泽应：《自然与道德：道家伦理道德精粹》，湖南大学出版社 1999 年版。

27. 温克勤：《毛泽东伦理思想的理论和实践》，天津教育出版社 1993 年版。

28. 魏英敏：《毛泽东伦理思想专论》，北京大学出版社 1993 年版。

29. 任剑涛：《伦理王国的构造：现代性视野中儒家伦理政治》，中国社会科学出版社 2005 年版。

30. 张岂之、陈国庆《近代伦理思想的变迁》，中华书局 2000 年版。

31. 陈永森《告别臣民的尝试——清末民初的公民意识与公民行为》，中国人民大学出版社 2004 年版。

32. 刘晓虹：《中国近代群己观变革探析》，复旦大学出版社 2001 年版。

33. 夏勇：《中国民权哲学》，生活·读书·新知三联书店 2004 年版。

34. 梁启超：《先秦政治思想史》，天津古籍出版社 2003 年版。

35. 张师伟：《民本的极限——黄宗羲政治思想新论》，中国人民大学出版社 2004 年版。

36. 陈启智：《儒家传统与人权·民主思想》，齐鲁书社 2004 年版。

37. 陈明：《中国传统文化中的人道主义》，华夏出版社 1996 年版。

38. 陈波：《马克思主义视野中的人权》，中国社会科学出版社 2004 年版。

39. 戴木才：《政治文明的正当性——政治伦理与政治文明》，江西高校出版社 2004 年版。

40. 葛兆光：《中国思想史》第 1 卷，复旦大学出版社 2001 年版。

41. 冯天瑜、谢贵安：《解构专制：明末清初"新民本"思想研究》，湖北人民出版社 2003 年版。

42. 杨清荣：《儒家传统伦理的现代价值》，中国财政经济出版社 2003 年版。

43. 王中江：《视阈变化中的中国人文与思想世界》，中州古籍出版社 2005 年版。

44. 罗国杰：《伦理学名词解释》，人民出版社 1984 年版。

45. 李幼蒸：《仁学解释学：孔孟伦理学结构分析》，中国人民大学出版社 2004 年版。

46. 程立显：《伦理学与社会公正》，北京大学出版社 2002 年版。

47. 龚群：《道德哲学的思考》，河南人民出版社 2003 年版。

48. 王正平：《伦理学与现时代》，上海三联书店 2004 年版。

49. 何怀宏：《伦理学是什么》，北京大学出版社 2002 年版。

50. 余敦康：《中国宗教与中国文化》（多卷本），中国社会科学出版社 2005 年版。

51. 高恒天：《道德与人的幸福》，中国社会科学出版社 2004 年版。

52. 张抗之：《公共行政中的哲学与伦理》，中国人民大学出版社 2004 年版。

53. ［英］A. J. M. 米尔恩：《人的权利与人的多样性——人权哲学》，中国大百科全书出版社 1995 年版。

54. 张岱年：《中国伦理思想研究》，江苏人民出版社 2005 年版。

55. 唐凯麟、邓名瑛：《中国伦理学名著提要》，湖南师范大学出版社 2001 年版。

56. 焦国成：《中国伦理学通史》（上），山西教育出版社 1997 年版。

57. 李泽厚：《中国古代思想史论》，天津社会科学院出版社 2003 年版。

58. 余英时：《中国思想传统及其现代变迁》，广西师范大学出版社 2004 年版。

59. 高兆明：《伦理学理论与方法》，人民出版社 2005 年版。

60. ［美］A. 麦金太尔：《追寻美德：伦理理论研究》，宋继杰译，译林出版社 2003 年版。

61. ［苏］阿尔汉格尔斯基：《伦理学研究方法论》，赵春福译，中国广播电视出版社 1992 年版。

62. ［古希腊］亚里士多德：《尼各马可伦理学》，廖申白译，商务印书馆 2003 年版。

63. ［英］罗素：《伦理学与政治学中的人类社会》，肖巍译，中国社会科学出版社 1992 年版。

64. ［加］约翰·华特生编《康德哲学原著选读》，韦卓民译，商务印书馆 1963 年版。

65. ［美］莱茵霍尔德·尼布尔：《道德的人与不道德的社会》，蒋庆、阮炜、黄世瑞译，贵州人民出版社 1998 年版。

66. ［美］约翰·罗尔斯：《正义论》，何怀宏、何包钢、廖申白译，中国社会科学出版社 1988 年版。

67. ［英］布莱恩·巴里：《正义诸理论》，何怀宏、孙晓春、曹海军译，吉林人民出版社 2004 年版。

68. ［古希腊］亚里士多德：《政治学》，吴寿彭译，商务印书馆 1965 年版。

69. ［德］马克斯·韦伯：《儒教与道教》，王容芬译，商务印书馆 1995 年版。

70. ［英］阿伦·布洛克：《西方人文主义传统》，董乐山译，生活·读书·新知三联书店 1997 年版。

71. ［美］列奥·施特劳斯：《政治哲学史》（上、下），李天然译，河北人民出版社 1993 年版。

72. ［德］黑格尔：《精神现象学》下卷，贺麟、王玖兴译，商务印书馆 1997 年版。

73. ［德］黑格尔：《法哲学原理》，范扬、张企泰译，商务印书馆 1995 年版。

74. ［德］黑格尔：《历史哲学》，王造时译，上海书店出版社 2001 年版。

75. ［德］康德：《实践理性批判》，韩水法译，商务印书馆 2003 年版。

76. ［美］阿拉斯代尔·麦金太尔：《伦理学简史》，龚群译，商务印书馆 2003 年版。

77. 《马克思恩格斯选集》（1—4 卷），人民出版社 1995 年版。

78. 《毛泽东文集》（多卷本），人民出版社 1996 年版。

79. Barbara Mac Kinnon，Ethics Theory and contemporary issuse，北京大学出版社 2003 年版。

80. Denise，White，Peterfreund，Great traditions in ethics，北京大学出版社 2002 年版。

81. Jacques P. Thiroux，Ethics theory and practice，北京大学出版社 2005 年版。

二 论文类

1. 樊浩：《论"伦理世界观"》，《道德与文明》2005 年第 4 期。

2. 樊浩：《伦理精神"预定的和谐"》，《哲学动态》2006 年第 1 期。

3. 王海明：《道德终极标准新探》，《东南学术》2005 年第 1 期。

4. 任剑涛：《道德与中国传统政治的合法性》，《华中师范大学学报》（社会科学版）2005 年第 1 期。

5. 樊浩：《中国伦理理念的价值生态及其在文明互动中的意义》，《中国人民大学学报》2003 年第 6 期。

6. 戴兆国：《孟子德性伦理思想研究》，博士论文。

7. 陈开先：《民本与民主：中西文明源头民本政治理念之比较》，《华南师大学报》2000 年第 4 期。

8. 温克勤：《康德对幸福论伦理学的批判》，《天津师范大学学报》2001 年第 5 期。

9. 陈瑛：《怎样看待儒家家庭伦理在当今的作用》，《高校理论战线》2004 年第 4 期。

10. 陈瑛：《政德——政权兴亡的生命线》，《伦理学研究》2004 年第 2 期。

11. 陈瑛：《人性新探》，《南昌大学学报》（人文社会科学版）2002 年第 1 期。

12. 戴木才：《政治伦理的现代建构》，《伦理学研究》2003 年第 6 期。

13. 贾红莲：《中国传统政治伦理思想的架构与现代价值》，《中国哲学史》2004 年第 2 期。

14. 冯显德：《康德至善概念的另外两种内涵》，《理论月刊》2005 年第 5 期。

　　15. 唐凯麟：《论伦理学的逻辑起点》，《湖南社会科学》2004 年第 1 期。

　　16. 任剑涛：《儒家伦理政治与保守政治模式的建立》，《广东社会科学》2002 年第 2 期。

　　17. 李建华、刘激扬：《政治文明的伦理分析》，《伦理学研究》2003 年第 6 期。

　　18. 高兆明：《技术祛魅与道德祛魅》，《中国社会科学》2003 年第 3 期。

　　19. 周舜南：《论中国古代民本主义的类型与要旨》，《湖南科技大学学报》（社会科学版）2005 年第 3 期。

　　20. 张分田：《论立君为民在民本思想体系中的理论地位》，《天津师范大学学报》（社会科学版）2005 年第 2 期。

　　21. 允春喜：《民本思想的历史沿革及其评价》，《北京工业大学学报》（社会科学版）2004 年第 1 期。

　　22. 胡波：《民本思想在近代中国的演变及其特点》，《现代哲学》2005 年第 4 期。

　　23. 王来金：《"民主" 与 "民本" 概念辩证》，《社会科学》2000 年第 4 期。

　　24. 崔宜明：《政治伦理与伦理政治——析传统民本思想的理论困境》，《华东师范大学学报》（哲学社会科学版）2000 年第 5 期。

　　25. 伍洁：《论我国历史上的民本思想及启示》，《理论界》2006 年 1 期。

　　26. 兰华、付爱兰：《孟子民本主义与现代民主》，《山东社会科学》2005 年第 9 期。

　　27. 温克勤：《试论儒家传统理欲观及其当代价值》，《天津师范大学学报》1997 年第 2 期。

　　28. 卢珂：《民权：民本到民主演进的中介》，《学术论坛》2005 年第 6 期。

　　29. 夏勇：《民本与民权——中国权利话语的历史基础》，《中国社会科学》2004 年第 5 期。

　　30. 陈永森：《民本与民主辨析》，《广东社会科学》1996 年第 4 期。

31. 李存山：《“人本”与“民本”》，《哲学动态》2005 年第 6 期。

32. 晋卫：《人本与民本——两汉儒家政治思想的中心》，《云南社会科学》2002 年第 5 期。

33. 陈文、谢振才、黄卫平：《“民本”与“人本”论析》，《社会科学》2005 年第 4 期。

34. 马国钧：《民本是现代民主的初级表现形式》，《理论探讨》1998 年第 5 期。

35. 朱宏军：《中国传统民本与西方民主之比较》，《理论研究》2005 年第 3 期。

36. 万俊人：《“德治”的政治伦理视角》。

37. 朱贻庭：《道家伦理文化及其现代价值》，《学术月刊》1997 年第 4 期。

38. 李兰芬、王国银：《德性伦理：人类的自我关怀》，《哲学动态》2005 年第 12 期。

39. 高兆明：《近代中国价值构建之反思》，《江苏社会科学》1995 年第 5 期。

40. 唐凯麟：《论儒家的忠恕之道——兼对普遍伦理的历史反思》，《求索》2000 年第 1 期。

41. 朱贻庭：《权利概念与当代中国道德建设研究》，《伦理学研究》2005 年第 4 期。

42. 朱贻庭、赵修义：《权利观念义利之辨》，《毛泽东邓小平理论研究》2004 年第 5 期。

43. 葛晨虹：《儒家德性思想的血缘根基》，《史学集刊》1996 年第 2 期。

44. 万俊人：《儒家伦理传统的现代转化向度》，《社会科学家》1999 年第 4 期。

45. 葛晨虹：《试论先秦儒学的实践理性》，《中国人民大学学报》1996 年 1 期。

46. 罗国杰：《荀况政治伦理思想新探——“德治”和“法治”的相辅相成》，《湘潭大学学报》（哲学社会科学版）2005 年第 4 期。

47. 王保国：《两周民本思想研究》，郑州大学 2003 年博士论文。

48. 李兰芬：《政治伦理：“以德治国”的本体定位》，《伦理学研究》

2003 年第 11 期。

49. 万俊人：《政治伦理及其两个基本向度》，《伦理学研究》2005 年第 1 期。

50. 万俊人：《制度的美德及其局限》，《中国人民大学学报》2005 年第 3 期。

51. 唐凯麟：《中国明清时期伦理思潮的早期启蒙性质论纲》，《道德与文明》2000 年第 2 期。

52. 万俊人：《制度伦理与当代伦理学范式转移——从知识社会学的视角看》，《浙江学刊》2002 年第 4 期。

53. 曾加荣：《中国古代民本思想的现代转换》，《宁夏大学学报》（人文社会科学版）2005 年第 2 期。

54. 俞荣根：《民权：从民本到民主的接转——兼论儒家法文化的现代化》，《学习与探索》1999 年第 1 期。

55. 甘绍平：《以人为本的生命价值理念》，《中国人民大学学报》2005 年第 2 期。

56. 王小锡：《中国近代经济伦理思想的转型及其现代性》，《江苏社会科学》1996 年第 6 期。

57. 张淼：《墨子民本思想的现代审思》，《齐鲁学刊》2006 年第 3 期。

58. 游唤民《论老子的民本思想》，《湖南师范大学社会科学学报》1991 年第 1 期。

学术索引

后　记

　　本书是我的博士学位论文，也是在导师的命题下直接进入这一领域的，从而省却了自己选择的烦恼和纠结。历经苦辣酸甜和多位师长的点拨教诲，总算有了这一和导师期望相差还远的成果。本书得以完成，首先感谢我的导师陈瑛教授和董群教授。从论文的选题、开题、写作、修改直到完成，他们都给予了大量的关心、帮助和悉心指导。在我的写作处于困境时，电话向陈老师求救，更是经常聆听董老师的教诲，才使思路渐渐清晰。在文章的关键之处，导师们更是提出了自己的真知灼见。他们深厚的学术功底、严谨的治学态度，敏锐的学术眼光、高尚的学术风范和朴实的做人风格都深深地影响了我，不仅使我在研究中能戒骄戒躁，而且将惠及我的整个人生。

　　与此同时，我还要特别地感谢樊和平教授，虽然在学校制度序列里不是我的导师，但文章从选题、写作、修改到定稿，他都付出了无数的心血，百忙之中多次找我谈话，倾听我的疑问和困难，然后给我启发和指导。一方面用特别严格的要求使我不敢有丝毫松懈；另一方面又鉴于我的能力与现状给予最大的宽容和鼓励。此书最终能够面世，得益于樊老师的无私付出，在此郑重地说声：樊老师，谢谢！

　　在论文写作过程中，我更经历了生活的磨难和心灵的磨砺，多谢我的同学田广兰和刘琼豪，她们不仅给我学术上的帮助，而且不断给我生活上的鼓励和信心，她们的一次次苦口婆心的规劝才使我有了生活下去的勇气，她们在我整个求学的岁月里几乎成了我精神的支柱和生存的依托，在她们不厌其烦的说教和陪伴中，我才能最终完成自己的学业。也要感谢我的朋友孔大树和董枫的关心和安慰，他们几乎变成我的"精神垃圾桶"，任我唠叨和倾诉，给我指点和分析，陪伴我度过人生的艰难岁月。

　　当然，论文之所以能够顺利完成，也和在校期间所学课程密不可分，衷心感谢田海平教授、陈爱华教授、孙慕义教授、王珏教授，他们的讲解给了我莫大的启发。同时感谢许建良教授、徐嘉教授、许敏博士和我的学友黄瑞英、高月兰、薛桂波等的关心和帮助。文章写作过程中还得到人文学院很多老师的支持和鼓励，并参阅了国内外大量学者的科研成果，在此一并表示感谢。

　　唯一觉得对不起的就是我的女儿，在她成长的关键时期，我却陷入人生无法自拔的痛苦里，很少关心她的生存，最后恰恰是她的存在最终唤醒我生命的残存火种，觉悟到活下去是一种必需的责任和义务，人生终于由盼死转化为求生。她从不埋怨和要求我，处处体谅并经常用微笑面对我，同时刻苦和自觉地学习，不分散我的精力。生活极其节俭，生怕耗费我仅有的收入，用成绩和爱心展示自己的独立和成长。非常感激女儿对我的理解和帮助，我一定会用余生为她的幸福创造条件。同时感激父母对我的鼓励和支持，才使我能够坚定地走下去。

作者

2013 年夏于南京